講座
近代日本と漢学

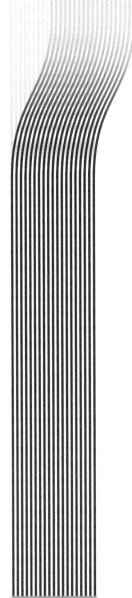

第4巻

漢学と学芸

牧角悦子
町泉寿郎 編

戎光祥出版

「講座　近代日本と漢学」刊行にあたって

ここでいう「漢学」という言葉は、「国学」や「洋学（蘭学）」に対しての表現であり、近代の用語である。それが近代以降の用語であるのは、それ以前において漢文漢籍を読解することは、学問そのものだったからだ。もっとも中国の漢籍から学ぶこと自体は、朝鮮半島を経た漢字の伝来から始まったといってもよいだろう。以来、日本人は漢籍から学び続けることになる。しかし、江戸幕藩体制から明治新政府に政権が移った時、天皇制日本は欧化政策による近代化を目論んだために、「漢学」という学問は衰退することになる。江戸時代後半には、各藩にあった「漢学」を学ぶ藩校も、明治期に入ると近代的な教科内容の学校として組み替えられていくか、廃止されていくことになった。

しかし、江戸時代に育った若者たちには、手に入れた「漢学」の読解素養で新時代の知見を手に入れようとするものもいた。新しい帝都には、たくさんの漢学塾が開かれており、地方の若者たちが遊学したのである。もちろん、いち早く英語塾で学ぶものも多かっただろう。しかし、こうした西洋の言語や諸制度に、多くの若者たちが目を向けたことは、近代の私立学校の成立史にはっきりと示されている。やがて世代の推移とともに漢学塾そのものは消滅していき、漢文で書かれた小説を読むものも、漢詩文を作るものも少なくなっていった。明治末年、自然主義文学の流行からより新しい文学の台頭に見るように、明治期の近代的な教育制度のなかで育った世代が若者に成長してきたからだ。

しかも、帝国大学文科大学の制度では、中国の文献を対象とした領域の「漢学」は、ひとつは各国文学としての中国文学に向かわざるを得ないことになる。各国文学とそれを対象にした学問研究が、近代国民国家の成立と共に生みだされたからである。さらに、学問体系が哲学・史学・文学に再編されていくなかでは、「国学」が対象としたものは、哲学（神道）と国史学と国文学に分かれ、「漢学」が対象としたものは、中国哲学と中国史と中国文学に分かれていく。これらを近代史のなかでの学問領域の再編と呼んでもいいだろう。

また、藩校や漢学塾などで学ばれていた、「漢学」の教育的要素は、近代教育制度のなかでは、中等教育に移されていく。その後、幾度も存亡の危機に会うことになる、いわゆる漢文科の登場である。

こうして、江戸時代後半期に「漢学」として明確な輪郭をこの日本に現した、いわば総合的な学問領域は、近代日本の諸社会制度のなかで切り刻まれ、その姿を消すことになる。あるいは、天皇制イデオロギーと結びついて、新たに再編された姿を現すことになる。ここでは、江戸時代から近代までの、日本の「漢学」という領域の軌跡を追うことで、広く学問というものの意味を問いたいと思う。そのための講座本を、何よりも漢学塾から展開してきた二松学舎大学が提供したいと考えた。漢学塾二松学舎の軌跡は、あるいは、創設者三島中洲の人生は、日本の「漢学」が近代社会のなかで揺れ動き、切り刻まれた歴史そのものでもあるからだ。

＊

本講座本は、町泉寿郎を代表者とする「二松学舎大学　文部科学省私立大学戦略的研究基盤形成支援事業（SRF）」によるものである。ここでは、「漢学」が解体・再編された過程を、通時的、共時的かつ多面的にとらえることによって、「漢学」から日本の近代化の特色や問題点を探ることを目的とする。したがって、時間軸としては前近代・近代を分断せず通時的に見ることに努め、内容的には西洋由来の外来思想と東洋の伝統文化がいかなる接点を探ったかを問題とする。また、東アジア諸国を含む国外の多様な分野の研究成果をできる限り取り込んだ。より広い視野を備えた「近代日本漢学」という学問領域の構築と、その普及を目指したい。

二〇一九年一〇月

二松学舎大学学長　江藤茂博

目次

【研究の窓】

【凡例】

・本講座の編集にあたって、文字の統一や表記、さらに記載内容・考察などは各執筆者に委ねた。したがって、各項目の文責は各項目執筆者に帰属するものである。
・本講座の写真の選択はすべて執筆者による。
・人名や歴史用語には適宜ルビを振った。読み方については、各章の執筆者による。

第Ⅰ部　幕末明治期における漢学の変容

第一章　昌平坂学問所
——寛政三博士の時代から文久三博士の時代へ

町　泉寿郎

第一節　幕末期における変化——寄宿寮と書生寮

本叢書において、昌平坂学問所《しょうへいざかがくもんしょ》に関しては第二巻「漢学と漢学塾」に前田勉氏による「昌平坂学問所の教育」があり、林家私塾時代の前史と寛政期における官立化以降のありかたを対照して説いている。したがって、本稿では官立化以降から起稿して、幕末明治維新期の状況に及ぼし、過渡期における「漢学」をめぐる教育制度と教育内容、漢学者群像を略述しよう。

昌平坂学問所関連の文書に、寛政改革期の昌平坂学問所における学問吟味に関する次のような松平定信の意見が収められている。

一統、説経の儀は何様の学問つかまつり候者たりとも此の儀お構ひなく、聖堂御吟味の席におゐては宋儒の説に従ひ申すべき旨仰せ渡され候儀、ごもっともに存じ奉り候。但しただいままで心得違い異学つかまつり候者は、これより相改め申すべきはずの儀に御座候へば、伊藤源助[*1]、荻生物右衛門[*2]などはじめ和人の説は申すに及ばず、白沙[*3]、陽明[*4]の

＊1　伊藤源助は京都の儒者伊藤仁斎（一六二七—一七〇五）のこと。

＊2　荻生物右衛門は江戸の儒者荻生徂徠（一六六六—一七二八）のこと。

＊3　白沙は明代の学者陳献章（一四二八—一五〇〇）のこと。

＊4　陽明は明代の学者王守仁（一四七二—一五二九）のこと。

類たりとも、御吟味の席におゐて相交へ申さざる様つかまつりたく存じ奉り候。偏固の様に相聞こえ申すべく候へども、さやうこれ無くては学風純正に帰し申すまじきやに存じ奉り候。これに依って、清朝、朝鮮等も右体に相聞こえ申し候[*5]

これまでどのような学風を身に着けてきたかは不問に付し、学問所における試験の際には「宋儒《そうじゅ》」の解釈に従うべきこと、「宋儒」の解釈以外の日本人の解釈や明清人の解釈、朝鮮人の解釈はすべて禁止すべきことを明記している。こうした措置の「偏固」さは十分承知しているが、学問所における教育研究を「純正」な正統的でまとまりのあるものへと方向づけるためには必要な措置であると考えていることが分かる。かくて学制の整備が進行した。

ところで、学問所で学ぶ生徒には、幕臣子弟に対しては通学生と寄宿寮（南楼と北楼に二つの施設あり）に入る寄宿生の別があって、そのほかに諸藩からの遊学者のための書生寮があった。一般の幕臣子弟である寄宿生と、諸藩の藩校などから選抜された俊秀である書生では、年齢も学業の程度にも開きがあった。明治二四年（一八九一）に行われた旧幕府時代の関係者に対する聞き取りのなかに、次のような証言がある。

◎答　（前略）（会員）すべて悧巧にならぬようにとしたので、一方では学問を奨励する、一方では道徳を奨励したのです。道徳を奨励するのが目的だから、政事をどうするのという事に至っては、少しでも喙を容れると睨まれるから、御儒者の前などでは黙っているのです。

＊5　『昌平学分類雑載』第九冊（尊経閣文庫所蔵）。

◎問　時の弊政を道理に照らして極論するというようなことは。
（会員）書生寮ではよほど法外の議論もあるが、寄宿寮の方はおとなしい。
◎問　御旗本の方が規則が厳でしたか。
◎答　さようです。もっとも寄宿寮の方は多く年少の人でしたから、そんな乱暴なこともできず、ただ出精する一段でしたが、書生寮の方は一通り学問もできていて、ちょうど今日の洋行ですな（中略）諸藩から洋行しているようなものです。
◎（会員）書生寮と寄宿寮との間に交際をしなかったのですか。
（会員）最初は境界もしなかったが、書生寮は今言う通り、暴れ者が多くて、寄宿寮の方は力が及ばぬから、それにあちらは少年が多くて、未熟の人が多いから、書生寮の方でしきりに圧倒したのです。それから相通ぜぬことになったのです。それで、私どもがあそこに這入ってから、あそこで今の中村正直[*6]、田辺太一[*7]というような人がいて、大分力のある人ができて、こうしてはいかぬ、互いに交通して、親密にしなければいかぬというので、それから通ずるようになったのです。しかしながら、その前までは少しも往来しなかったので、あれから詩文なども廻すようになった（後略）[*8]

概して言えば、諸藩からの遊学者向けのそれに比して、幕臣子弟向けの教育内容が未熟かつ微温的であったこと、だが外圧に対する危機感が高まる中でそうした沈滞状況が打開されて、幕臣・陪臣といった身分に掣肘されない交流が生じていったことが語られている。

＊6　中村正直（一八三二―一八九一）、号敬宇。
＊7　田辺太一（一八三一―一九一五）、号蓮舟。
＊8　『旧事諮問録』第八回昌平坂学問所の事（岩波文庫）一四二―一四六頁。

幕末期の書生寮の規則や在寮書生の外出記録を見ると、書生たちが毎月一〇回の外出や毎月五回の結髪の規定回数を越えて外出しようとした様子が窺える（図1）。書生たちは外出日を待ちかねて諸家を歴訪し、時務策など自作の詩文を呈して批評を請うたり、議論を闘わせたりした。幕府側から言えば、お膝下の直轄学校における「処士横議《しょしおうぎ》」の風潮には手を焼いたらしく、慶応二年（一八六七）の「書生寮掲示*9」では、「時事を諷議《ふうぎ》いたし候様の詩文」を作ることを禁じ、違反者には退寮等の処分を科した。さらに、書生寮の修繕を名目に、一旦全ての書生寮生を退寮させ、再開した書生寮の入寮資格を厳しくして「処士横議」の徒を学問所から締め出そうとした。

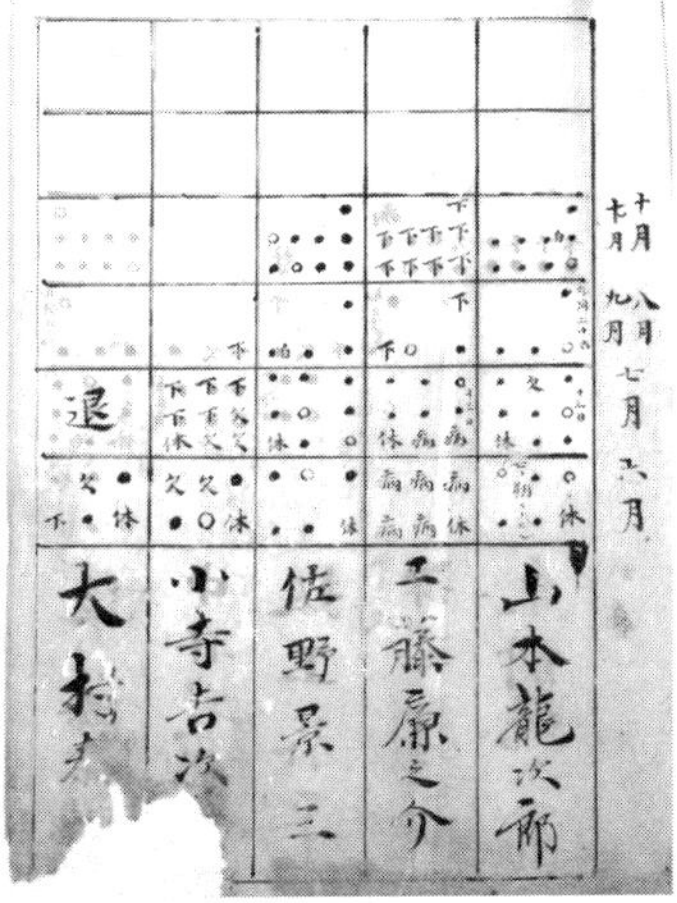

図1　山本龍次郎『舎長手扣』　二松学舎大学図書館蔵

後述する文久三博士（塩谷宕陰《しおのやとういん》・安井息軒《やすいそっけん》・芳野金陵《よしのきんりょう》）たちも、こうした漢学書生の「処士横議」と日々応接する環境にあった。金陵門下からは、勤王家として知られる存在が何人も出ており、例えば松下村塾の俊秀として知られる久坂玄瑞《くさかげんずい》*10は、江戸再遊時に西洋医学の修学にあきたらず金陵に入門し、同門の河《かわ》本正安《もとまさやす》*11・松田和孝《まつだかずたか》*12・中村太郎《なかむらたろう》*13や金陵の三男桜陰《おういん》*14と親交を持った。河本は坂下門外の変に死し（文久元年〈一八六一〉）、久坂が長州

*9　『日本教育史資料』第七冊。

*10　久坂玄瑞（一八四〇―一八六四）、萩藩医の家に出生。

*11　河本正安（一八四〇―一八六二）、通称杜太郎、越後十日町出身。

*12　松田和孝（一八三七―一八五九）、越前藩士、藩主松平慶永の謹慎処分に憤慨し切腹。

*13　中村太郎（一八四四―一八六四）、駿河田中藩士、天狗党の挙兵に加わり処刑。

*14　芳野桜蔭（一八四四―一八七二）、天狗党に加わり捕縛され、維新後、弾正台に出仕。

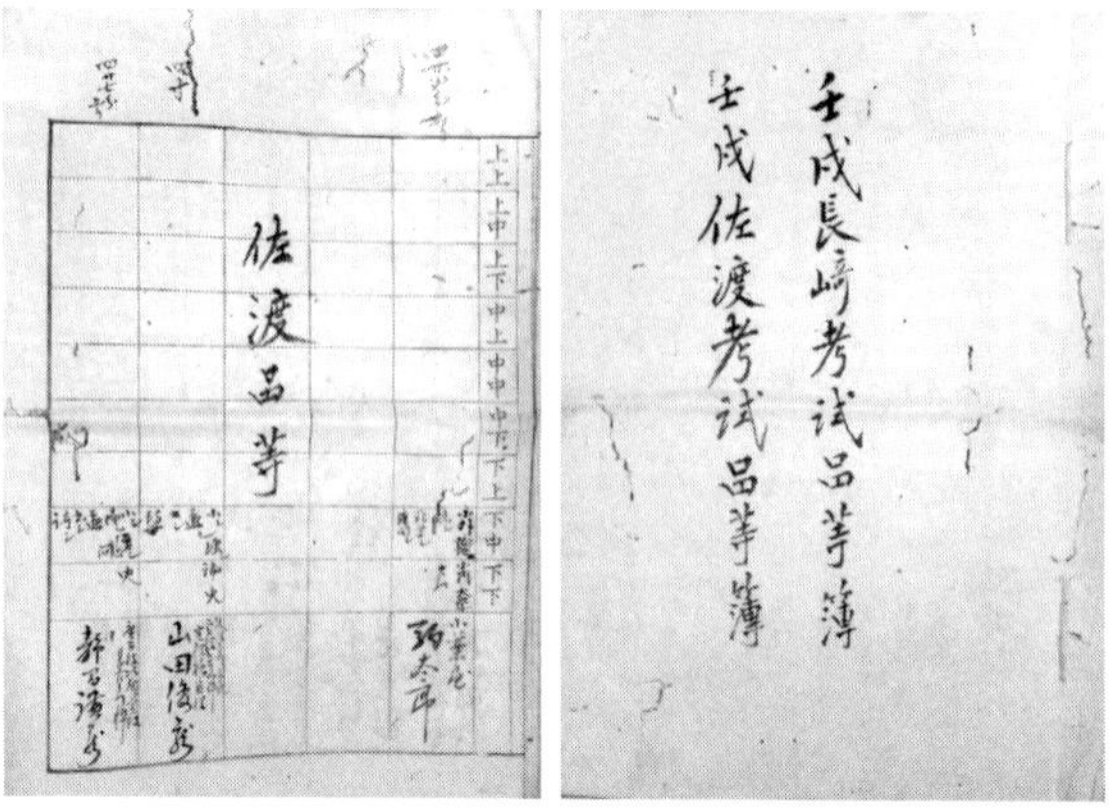

図２　『壬戌長崎考試品等簿・壬戌佐渡考試品等簿』写本１冊　二松学舎大学・芳野文庫蔵

から兵を率いて上京するのと時期を同じくして、桜陰は天狗党の挙兵に共感して参加している（元治元年（一八六四））。

安井息軒の女婿である北有馬太郎《きたありまたろう》*15（一八二七—一八六二、中村貞太郎とも）は、近代の漢学者として著名な安井小太郎《やすいこたろう》*16（一八五八—一九三八）の父にあたる。勤王家として知られ、夷人館焼撃を計画した清河八郎《きよかわはちろう》*17が、傷害事件の末に逃亡したのを幇助した廉で捕縛され、獄死した。嘉永・安政中には、関東周辺（はじめ埼玉県狭山市奥富、後に千葉県成田市飯岡）の豪農層を頼って漢学塾を開いて学問を講じており、その時期の安井息軒宛ての北有馬太郎書簡から、北有馬太郎が息軒を通じて、さまざまな国内外情勢が報知されていたことが分かる。大都市に遊学経験を持つ在村儒者が、農村に最新情報を伝達する役割を担ったことが窺える。類似の例として、若き日の渋沢栄一（一八四〇—一九三一）が同志と挙兵を謀り、高崎城を攻略し横浜港を放火しようと計画したと言われる。渋沢をこうした活動に向かわせた契機は、従兄の尾高惇忠《おだかあつただ》*18・長七郎《ちょうしちろう》兄弟から受けた影響が大きいとされ、こ

---

*15　北有馬太郎については、小高旭之『漂泊の志士—北有馬太郎の生涯』（文芸社、二〇〇一年）、拙稿「安井息軒宛て中村貞太郎（北有馬太郎）書翰の翻印と解題」（『日本漢文学研究』一〇、二〇一五年）を参照。

*16　安井小太郎（一八五八—一九三八）、号朴堂。第一高等学校教授。

*17　清河八郎（一八三〇—一八六三）については、徳田武『清河八郎伝—漢詩にみる幕末維新史』（勉誠出版、二〇一六年）を参照。

*18　尾高惇忠（一八三〇—一九〇一）、号藍香。

れも在村儒者が農村に最新情報を伝達した一例である。*19

このほか、幕末の昌平坂学問所では、全国各地の幕府直轄領に開設された学問所での試験に関与することを通して、広域的な教育機関の管理を担うようになった。昌平坂学問所に次ぐ規模をもつ甲府徽典館《きてんかん》は、享和三年（一八〇三）に初めて学舎が設けられ、文化二年（一八〇五）に林述斎《はやしじゅっさい》*20によって徽典館と命名された。徽典館の歴代の学頭・教授には、乙骨《おつこつ》耐軒《たいけん》・友野霞舟《とものかしゅう》・林鶴梁《はやしかくりょう》・田辺石庵《たなべせきあん》・中村正直《なかむらまさなお》・田辺蓮舟《たなべれんしゅう》ら、昌平坂学問所出身の俊秀が赴任しており、また春秋二回実施された考試の出題と評価は、昌平坂学問所の儒者によって行われていた。向井元升《むかいげんしょう》創設の聖堂以来の長い歴史をもつ長崎学問所「明倫堂《めいりんどう》」、文政八年（一八二五）に創設された佐渡学問所「修教館《しゅうきょうかん》」、安政元年（一八五四）に再置された箱館奉行所の下に作られた学問所、安政六年（一八五九）に創設された駿府学問所「明新館《めいしんかん》」、万延元年（一八六〇）に創設された日光学問所、これら諸機関においても、安政年間以降に試験制度が整備され、いずれも考試の出題と評価は昌平坂学問所の儒者によって行われた。（図2）。幕府による広域的な教育機関の組織化は注目に値する動きである。

第二節　幕末期の学問所改革——文久三博士と学問所奉行

寛政中に直轄化された昌平坂学問所の儒者を拝命した三人（柴野栗山《しばのりつざん》・尾藤二洲《びとうじしゅう》・古賀精《こがせい》

*19　渋沢栄一自伝『雨夜譚』を参照。

*20　林述斎（一七六八―一八四一）、林家中興の祖。美濃岩村藩主大給乗薀の子。

里《り》）を寛政三博士と呼ぶのに対して、文久二年（一八六二）一二月に昌平坂学問所の儒者を拝命した三人（塩谷宕陰・安井息軒・芳野金陵）を文久三博士と呼ぶ。

安井息軒（一七九九―一八七六）は、日向国飫肥《おび》藩領の清武に藩儒安井滄洲《そうしゅう》の子として出生。初め大坂の篠崎小竹に学び（一八二〇―二二）、次いで江戸に遊学し（一八二四―二七）、古賀侗庵《とうあん》*21に入門して昌平坂学問所に入り、後に松崎慊堂《こうどう》*22に入門した。昌平坂学問所再遊（一八三七）を経て、江戸に移住し三計塾を開く（一八三九）。塩谷宕陰・木下犀潭《きのしたさいたん》*23ら知友と文会を結成して、持ち回りで月例開催して文を論じ、また海辺を巡覧して『海防私議《かいぼうしぎ》』『靖《せい》海問答《かいもんどう》』などの時務を論じた著書を著した。朱子の性理学を好まず、松崎慊堂の影響を受けて漢唐注疏《かんとうちゅうそ》の学に通じ、古文を能くし、かたわら天文・地理・工技・算数などの実学にも通じた。

芳野金陵（一八〇二―一八七八・図３）は下総国相馬郡松ヶ崎村（現、千葉県柏市）の儒医芳野南山の子として出生。金陵は江戸で折衷学者亀田鵬斎《ぼうさい》・綾瀬《りょうらい》父子に学び（一八二三―二六）、開塾。弘化四年（一八四七）に駿河国田中藩儒となり、藩主正寛《まさひろ》の弟正訥《まさもり》に教授した。海防問題についても関心が高く、香港の漢字新聞や和蘭風説書などを読んで海外情報を知り、諸大名に献策を行った。正訥の世子擁立に尽力した金陵は、万延元年（一八六〇）に正寛が歿して正訥が襲封すると、藩政改革に重用された。

塩谷宕陰（一八〇九―一八六七）は、浜松藩水野家に仕えた医者塩谷桃蹊《とうけい》の子として、江

図３　芳野金陵肖像　大学中博士免官時に下賜された直垂を着用している。

*21　古賀侗庵（一七八八―一八四七）、古賀精里の三男。外交など時務策に通じた。

*22　松崎慊堂（一七七一―一八四四）、肥後益城出身。考証学に長じた。

*23　木下犀潭（一八〇五―一八六七）、熊本藩儒。明清律に通じ、門下に井上毅らがでた。

戸愛宕下に出生。一六歳で昌平坂学問所に入学し、主に松崎慊堂に学び、父の没後、藩儒として浜松藩に仕え、時事に関して藩主水野忠邦にしばしば諫言や献策を行って信任を得た。忠邦の老中致仕後、弘化二年（一八四五）に水野家は山県藩に転封になったが、忠邦から後継藩主忠精の輔導を託されてよくその任に当たり、若年寄や老中など幕府政治の大任を担う忠精を支えた。欧米列強のアジア進出を深刻に受け止めて時事に関する著作を数多く刊行し、その『籌海私議《ちゅうかいしぎ》』『阿芙蓉彙聞《あふよういぶん》』『隔鞾論《かくかろん》』『探辺聯報《たんぺんりゅうほう》』などは当時広く読まれた。荻生徂徠《おぎゅうそらい》の学問・文章、頼山陽の文章を重んじた。

上記のように、文久三博士はいずれも昌平坂学問所が直轄化以来、堅持してきた朱子学を奉ずる学者ではない。安井息軒と塩谷宕陰は昌平坂学問所に学んだことがあるとはいえ、その学問は徂徠学や漢唐訓詁学を重視し古学を奉じた。芳野金陵は寛政異学の禁の際に異学者として指弾された亀田鵬斎の学統に属し、一度も昌平坂学問所に学んだことがない。異学者亀田鵬斎の学問は井上金峨に始まる折衷学に属し、その学風は個人的修養よりも政治的実践を重んじ、その博覧多識は経書や詩文に止まらず、北方問題等の外交的危機意識のなかで海外情勢にも及び、それが政権側からは忌避されもした。金陵が仕官した田中藩の学問も、同じく「異学五鬼《いがくごき》」に数えられた山本北山に学んだ石井縄斎《いしいじょうさい》（一七八六―一八四〇）の藩儒招聘を起点として始まり、縄斎から金陵へと折衷学の系譜が継承された。

安井息軒・塩谷宕陰らが始めた月例の漢作文結社「文会」には、間もなく芳野金陵も参加し、この結社を核に形成された人脈は、全国的な広がりや多様な階層・年齢に亙った。結社での議論はいきおい海防や攘夷などの時務策に発展し、その幕府批判の舌鋒は鋭く、安政の大獄時には藤森弘庵《ふじもりこうあん》*24のように同人から処罰者も出ている。息軒・宕陰・金陵も幕府批判において藤森弘庵に劣るものではなく、金陵は「和戦決セズ国是定マラザルヲ以テ彼ト折衝ス。彼ノ峻拒シテ肯ゼザル、知ルベキノミ*25」と海防策を明示せず事勿れ主義に終始する幕府政策を批判した。息軒も金陵宛書簡の中で、「時事も拝借造船等*26、追々新令出候得共、根本之處一切依然、此躰ニ而は何事も出来立申間敷、不堪浩歎候。大厦将覆、非一木所能扶、世之衰乱ニ赴候ハ、誠是非なき次第御座候。」（嘉永六年九月二二日）と述べて、弥縫策《びほうさく》では国難を乗り切ることはできないと幕府政策を厳しく批判している。

幕府政策に批判的であり、学統の上でも従来と異なる学者たちを学問所儒者に任命したことは、風雲急を告げる幕末において、学問所の「官学」のありかたが変質したことを意味するものである。ただし、この変質は学問所内部の改革努力によってもたらされたものとは言い難い。三博士の任命に先立つ文久二年一一月一四日に、田中藩主本多正訥と高鍋藩世子秋月種樹《あきづきたねたつ》が新設された学問所奉行に任じられた。学問所奉行を新設した理由は、先に創設された講武所《こうぶしょ》には万石以上の大名が奉行として配置されているので、学問所にもそれに相当する奉行職を置く必要があるというものであった*27。幕府としては学問所改革を林家に任せておいてはおぼつかないと見たものであり、これは林家にとって相当の衝撃であった*28。一方、文久

*24　藤森弘庵（一七九九―一八六二）、天山とも号す。

*25　『金陵年譜』二松学舎大学東アジア学術総合研究所・芳野金陵文庫所蔵。

*26　嘉永六年九月一五日に幕府が諸藩の大船建造を解禁し、また、海防の費用に充てるために旗本に知行に応じた醵金を布告したことを指す。

*27　『旧事諮問録』第八回昌平坂学問所の事（岩波文庫）一三九―一四〇頁。

*28　倉沢剛『幕末教育史の研究　二』（吉川弘文館、一九八三年）三八頁。

三博士たちにとっても昌平坂学問所儒者の拝命は予想外のことであったらしく、金陵はこの人事を政治総裁職となって復権した松平慶永（号春嶽《しゅんがく》）の意向によるものと判断して、松平慶永に宛てて書簡をしたため、厚恩に感謝しつつも、配置換えを懇願している。

此度は先規を破られ、御英断を以て異派の陪隷御登用に相成り候ては、林氏を始め不快に存じ候は必定の儀に存じ候。外両人の者も、両御奉行（※学問所奉行の本多正訥と秋月種樹）に深く知遇を得候儀は旁人も能く存じ居り候故、仮令御奉行の腹より議を立て候事も、三人より底を入れ候様に相心得、手により党を結び候疑心を生じ申すまじきや。（中略）仲平（※安井息軒）儀は元来才知超倫、深く幕朝の御為を存じ込み、毎々共に涙を垂れ慮仕り候者に御座候得共、林氏は兼ねて嫌ひ候由。（中略）甲蔵（※塩谷宕陰）儀も時有て磊落の態相見え、且つ往年員長を堅く辞し候事もこれ有り、旁々荘吉（※若山勿堂）など程には存じ申すまじ。老朽儀は林氏の門に立入り候事曽て之れ無し。（中略）老朽相応の御勤め向きに罷り成り、多年の抱負も相展べ、御為に成候場所に三人とも御役下され候様、亦復御徳に縋り祈り奉り候。[29]

もちろん金陵の配置換えの希望は叶えられなかったが、この書簡はまた金陵が松平慶永に直接に意見を伝えるルートを持っていたことをも示している。金陵の長女菅子《すげこ》は約二〇年に亙り福井藩江戸上屋敷で奥勤めをした人物で、明治期に越前松平家を継承する康荘《やすたか》（一八六七―一九三〇、信次郎）の生母でもある。金陵はこのルートを使って松平春嶽に書信を届ける

＊29　『建白書類編　坤』所収。文久二年一二月二五日付　二松学舎大学東アジア学術総合研究所・芳野金陵文庫所蔵。

ことができる立場にあり、実際に人材推挙（例えば幕末三公子や門人久坂玄瑞など）や具体的な建策を行っている。本多正訥・秋月種樹と唐津藩世子小笠原長生《おがさわらながなり》は幕末三公子と呼ばれる将来を嘱望された大名であったが、息軒・宕陰・金陵ら儒者たちはその間を取り持つ伝達役であり、また三公子らを幕府上層部に推挙して、その登用を促す立場でもあったのである。

その後の三博士たちの動向はと言えば、息軒は学問所の儒者としてはさほど目立った活動をせず、宕陰は修史事業（徳川歴代将軍の治績の編纂）に従事したが業半ばにして没した。それに比べると、金陵は学問所の儒者としてその改革に積極的に関わろうとしたように見える。学問所において「学政更張」の議論が起こった際に、金陵は「十数の小学を府下に設けんことを建白[30]」した。幕末多端の折柄、小学校設立案は結局実立ち消えとなったけれども、この建言は早速聴許されて、文久三年（一八六三）二月には学政更張・小学校取建の御用掛が置かれている。また、幕府から学問所儒者（中村敬宇と塩谷簣山であったと言われる）に命じて日本人の文集を編纂させた際に、金陵は「先儒の経書を註釈すること、充棟も啻ならず。其の萃を抜き其の要を撮りて一部の経解を作らば、則ち以て文物の美を異域に揚ぐるに足らん[31]」と言い、本邦諸儒の経書解釈を抜粋集成することを提案した。本邦諸儒の経書解釈の集成を目指す以上、その解釈は朱子学系以外のものを包摂することを意図したはずであり、金陵が昌平坂学問所の学問を朱子学に拘泥せず、より広範な折衷学的なものへ改変しようと志向したことがわかる。また、昌平坂学問所管轄のもと江戸府下に十数の小学校を建設するこ

＊30　「金陵先生行状」（『金陵遺稿』所収）による。

＊31　「金陵先生行状」（『金陵遺稿』所収）による。

とは、昌平坂学問所がその上位学校となることを意味することから、ここに教育内容の程度による学校組織の階層化の動きが見いだせる。これはまた、既述した全国の直轄地の学問所の組織化とも考え合せるべき動きである。

第三節　昌平坂学問所と儒者たちの明治維新

文久三博士のうち、塩谷宕陰は慶応三年（一八六七）八月二八日に、幕府の大政奉還を知らずに病没している（五九歳）。

安井息軒は、慶応四年（一八六八）三月一五日の官軍による江戸城総攻撃の期日が迫るなか、三月一三日に家族とともに江戸を脱出して領家《りょうけ》村（現、埼玉県川口市）の農家善兵衛のもとに身を寄せた。息軒は、官軍が江戸に入った場合、官軍中に数多くいる息軒門人が来訪する可能性があり、その場合に世間から官軍内通者と疑われることを懸念したのである。[*32] 新政府にも仕えることなく、著述に励み、明治九年（一八七六）九月二三日に没した（七八歳）。

慶応四年（一八六八）の芳野金陵は、江戸に留まって戊辰戦争のさなかも学問所において学問を講じており、その後、明治政府から学問所あらため昌平学校の教官に任じられ、宕陰の弟塩谷簣山とともに学問所時代からの数少ない経験者として育英に当たった。

明治維新によって昌平坂学問所から昌平学校・大学へ改組されていく組織改編の流れを主

＊32　『北潜日抄』（安井小太郎刊、一九二五年）は、息軒潜伏中の日記である。

に『東京帝国大学五十年史』*33によって概観し、併せて芳野金陵の履歴を確認してみよう。

慶応四年（一八六八）五月一二日に芳野金陵は学問所儒官を致仕して田中藩士の籍に復帰することを幕府に請うた。五月一五日の上野戦争に官軍が勝利した後、五月一九日に江戸を統治する軍政機構として鎮台府が設置され、七月一七日には江戸から東京府に改称される。この間、六月一一日に昌平坂学問所は鎮台府《ちんだいふ》に接収され、「才学アル者ハ採録スルニ因リ、各々去就ヲ上申ス」るよう鎮台府から命じられたが、金陵は「老衰事ニ堪エザルヲ以テ」辞退した。六月二九日に昌平坂学問所は昌平学校と改称して再開され、鎮台府あらため鎮将府の所轄下に置かれ、金陵は再び鎮将府から徴命を受けたが病気を理由に再度辞退した（図4）。九月になって金陵はようやく幕府から田中藩士に復籍することが許可されたが、この時、徳川宗家の静岡藩移転にともなって田中藩は安房長尾藩に転封となっている。

学問所儒者を辞職した金陵は、一〇月に学問所内の官舎を出て、下谷練塀小路に転居した。一〇月一八日の鎮台府廃止によって昌平学校が行政官の所轄となった後、一二月一〇日に昌平学校に関する行政職や教官が設置された。一二月一二日に行政官から長尾藩主本多正訥に対して金陵を「徴士昌平学校二等教授」（図5）に任ずるので早々に出仕させるようにとの徴命があり、金陵もこのたびは辞退することができず、これを受諾した。

あくる明治二年（一八六九）正月一七日から、昌平学校に生徒を入学させることが正式に許可され、四月には定員三〇〇名に限り、身分に拘らず有志者の入学を許し、月額八〇〇両

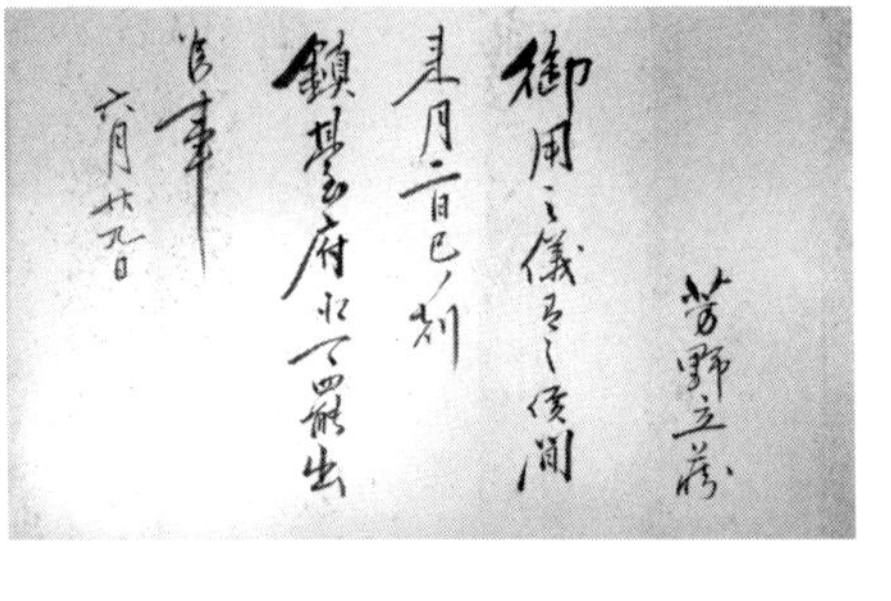
図4　鎮台府から金陵への徴命　二松学舎大学・芳野文庫蔵

*33　昭和七年、東京帝国大学刊。第一巻「前史」参照。

（一年九六〇〇両）で学校を運営することが定められた。この間、一二月一二日に金陵は火災によって居宅を焼失したため、再び昌平学校内の官舎に転居した。

この時点で政府の直轄学校と見なせる教育機関は、昌平学校のほかに、開成所（洋学を学ぶ幕府機関）あらため開成学校と、医学所（西洋医学を学ぶ幕府機関）あらため医学校があった。所在地はいずれも幕府時代と変更がない。昌平坂学問所と昌平学校の最大の相違点は、学問所が漢学だけの教育機関であったのに対して、「王政復古」に伴う国学の伸長を受けて、昌平学校では漢学だけでなく国学が加わったことである。ただしこの時点では、昌平学校・開成学校・医学校の三校はそれぞれの設立趣旨が必ずしも明確になっておらず、またそれぞれ独立の機関で統一感に欠けた。そこで、六月一五日に三校を総合して大学校として、かつ昌平学校をその根幹として昌平学校の名を大学校と改め、開成学校・医学校を大学校の分局とした。大学校は、学校というより後の文部省のような教育行政の中枢機関としての性格をあわせ持ち、また学問としては国学および漢学の研究教育を通して「道の体」を明らかにすることを目的とする。それに対して、開成学校・医学校はそれぞれ「道の用」を極めることを目的とする機関である。

七月八日には行政官が廃止となり、替わって二官六省が置かれ、大学校は集議院の下、弾正台の上に位置する機関となった。また大学校の行政職として、別当・大監・少監・大丞・権大丞・少丞・権少丞・大主簿・少主簿が設置され、別当には松平春嶽、大監には秋月種樹

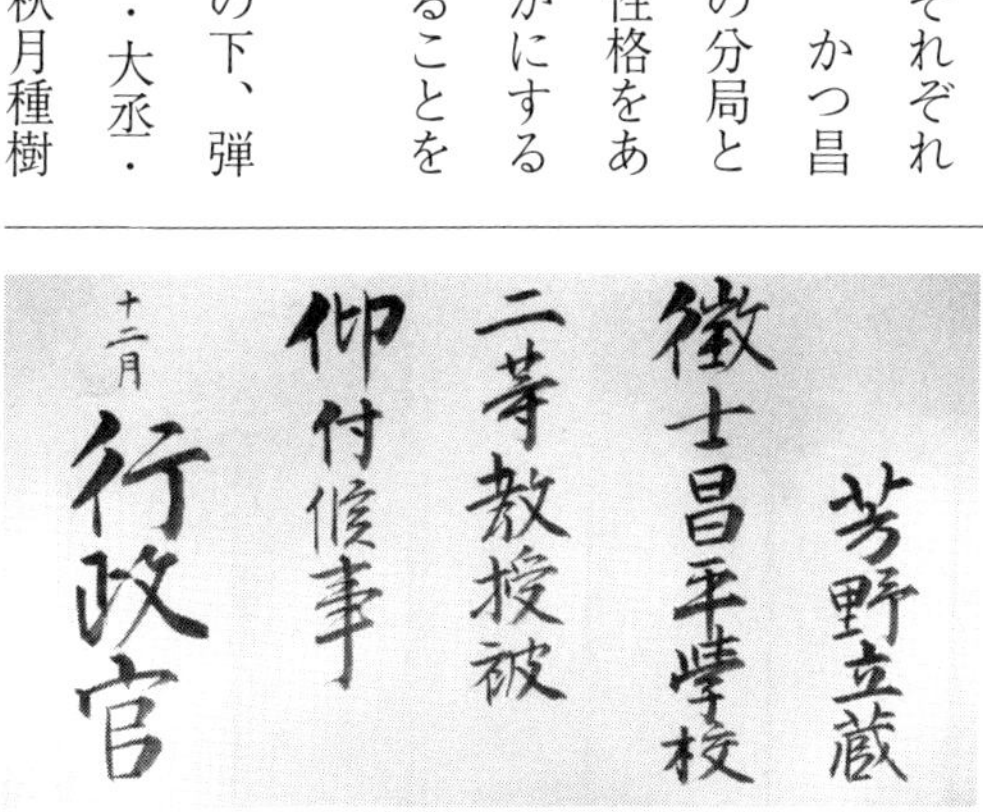

図5　行政官から金陵への昌平学校二等教授の徴命　二松学舎大学・芳野文庫蔵

が任じられた。教官の職制としては、大博士・中博士・少博士、大助教・中助教・少助教、大寮長・中寮長・少寮長、大得業生・中得業生・少得業生が置かれた。これをうけて金陵は七月に少博士の辞令を太政官から受け取り、更に一〇月には中博士・正七位に昇進している。

この間八月には、大成殿で毎春秋挙行されてきた儒教式の釈奠《せきてん》に替わって、新築された講堂において「八心思兼命（やごころおもひかねのみこと）」を祭る「学神祭」が挙行された。これが引きがねとなり、平田鐵胤《かねたね》（大博士）・矢野玄道《やのはるみち》（中博士）・権田直助《ごんだなおすけ》（中博士）・榊原芳野《さかきばらよしの》（中助教）・黒川真頼《くろかわまより》（中助教）らを擁して漢学派の勢力を排除しようとした国学派と、いつの間にか地位が逆転してその下位に立たされた漢学派は対立を深めた。政府は国学漢学合併のための学制四か条を集議院に下問して輿論に問うたが、国学中心の学制案に同調する意見は殆どなく、問題解決に至らなかった。一二月一四日には大学校三校の校名を改め、お茶の水の大学校を大学（大学本校）とし、大学本校から見て南に位置する神田一ツ橋の開成学校を大学南校とし、大学本校から見て東に位置する浅草橋の医学校を大学東校とした。

大学本校の紛議が解決しないまま、明治三年（一八七〇）二月には大学規則、中小学規則が発布され、全国の学校に対して統一的な教育課程を制定することが試みられた。四月二〇日には明治天皇が近日、大学に臨幸することが通達され、五月に入って金陵は「大学臨幸次第取調」の任務を命じられ、臨幸時に挙行する釈奠や進講等の式次第を作成した。結局、天皇の大学臨幸は沙汰止みとなった。一方、五月四日には金陵以下、国学漢学の教官一〇人が連名で大学の改革を要求する建白書を別当松平慶永に提出した。建白書からは事務官と教官の軋轢が読み取れるが、軋轢の背景には事務官が大学南校の洋学教官と謀って学制整備を進めつつあり、それに伴う国学漢学派と洋学派の意見対立があった。この対立が解消されないまま、七月一二日に大学本校は当分の間閉鎖となり、金陵を始めとする教官は全員免官（図6）となり、翌明治四年（一八七一）七月一八日には大学本校は廃止され、替わって文部省が設置されるのである。大学本校の廃止に伴い、大学南校・大学東校はそれぞれ南校・東校と改称されたがそのまま存続する。この組織改編を反映して、明治五年（一八七二年）発布の「学制」では、大学は「高尚ナル諸学ヲ教ル専門科ノ学校」と規定され（つまりこの時点での大学は専門学校に過ぎない）、その専門科とは南校・東校での授業科目である理・化・法・医・数理だけであって、ここに「文」の学びが公的な高等教育の中から脱落し断絶したのである。

以上、昌平坂学問所から大学に至る沿革はわずか三年に満たないが、洋学主導によると近代化と、日本のアイデンティティー確立をめぐる国学と漢学の論争は、その後も続く近代日本の研究教育の基調と言える。この間繰り広げられた国学と漢学、国学漢学と洋学の紛議は、それを解決できないままに松平慶永が別当を辞任し、政府による大学廃止という一方的な措置で終結したことによって、政治と学問に何がしかの影響を残したと思われる。

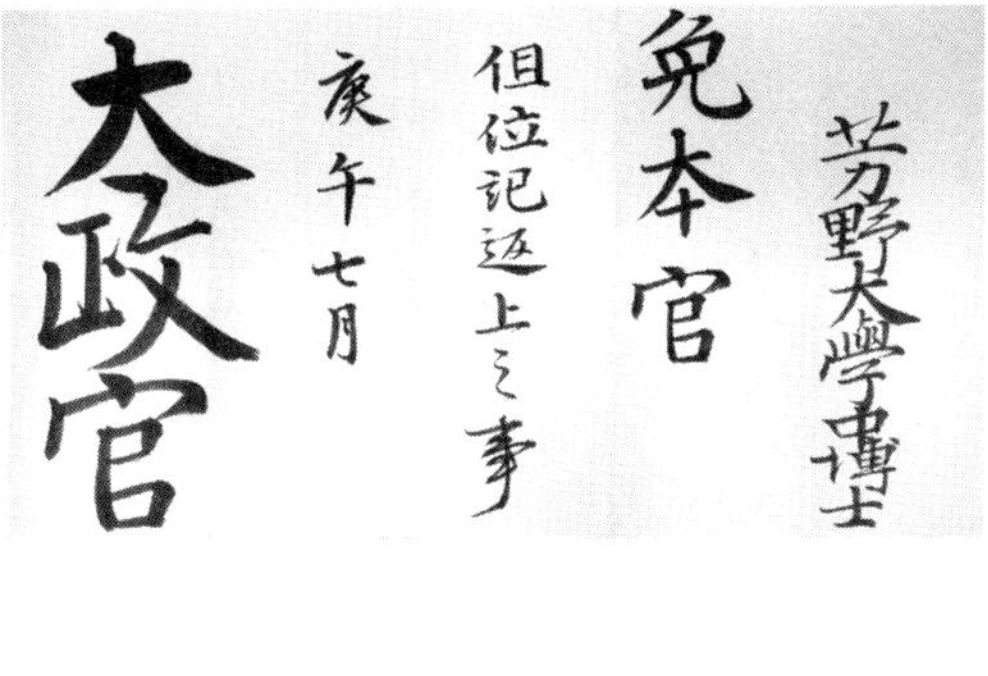

図6　金陵の大学中博士免官の辞令　二松学舎大学・芳野文庫蔵

第二章　島田重礼と考証学

町　泉寿郎

第一節　島田重礼の学統

帝国大学令以下の諸学校令が公布された明治一九年（一八八六）は、近代日本の教育制度・学校制度史において、記憶されるべき年の一つである。東京大学から帝国大学への改組時に、教官のうち残った者と辞した者（免官になった者）があった。東京大学法学部・文学部に和漢学を講じた教官のうち、帝国大学改組後もなお教授として留まった者は、法制史を講じた国学系の小中村清矩《こなかむらきよのり》、考証学を奉じた漢学系の島田　重　礼《ちょうれい・しげのり》（号篁村）、水戸史学の流れを汲む内藤耻叟《ちそう》、国文法を講じた物集高見《もずめたかみ》の四人だけで、特に漢学では島田重礼が唯一であった。帝国大学への改組に当たり、何が国家に須要な学問であるかが吟味されたと見ることができるならば、ここから和漢古典に関する旧学のなかで高等教育の内容として何が選択されたのかを知る材料になりうるはずである。本稿では、島田重礼とはどのような存在であり、またその学問はどのような特色をもち、その学問が何ゆえに必要とされたのかを明らかにすることを目的とする。

倉石武四郎講義『本邦における支那学の発達』において、江戸後期の儒者大田錦城（一七六五―一八二五）に関する次のような叙述がある。

要するに、山本北山の風をさらに出でて、わが考拠学をひらいた学者で、その門に海保漁村を出したことは、学術史の上に大きな跡をのこした。[*1]

次に、海保漁村（一七九八―一八六六）については、次のように述べる。

元来、錦城は漢唐の古注を主としながら、義理は朱子をとることが多かったが、漁村も古注を主とし、程朱の説をとること錦城より多かった。（中略）門人には、島田篁村・信夫恕軒・渋沢栄一などあり、篁村先生において、その学統、大いにひらけた。[*2]

次に、島田重礼（一八三八―九八）については、次のように述べる。

漢唐の古学を治め、ことに「詩」「書」「三礼」に詳しく、博覧強記を以て明治学界の泰斗と仰がれた。[*3]

そして、島田重礼のあとその学統を継いだものとして、東西両京の帝大の中国学を牽引した服部宇之吉（一八六七―一九三九）・狩野直喜《かのなおき》（一八六八―一九四七）の二名をあげて、次のように述べる。

明治年間における東京帝国大学は、これらの諸先生を中心として、若い支那学者の養成にあたったわけで、その間に現れた人たちの中で特に名を成したのは、服部宇之吉先

＊1　第九章「江戸期学芸のひろがり、白話小説・戯曲」（汲古書院、二〇〇七年）六三頁。

＊2　第九章「江戸期学芸のひろがり、白話小説・戯曲」（汲古書院、二〇〇七年）六九頁。

＊3　第十章「幕末明治の漢詩文と学芸」（汲古書院、二〇〇七年）七四頁。

生および狩野直喜先生であって、いずれも島田篁村先生の薫陶を受けられた方々であり、（以下略）[*4]

倉石武四郎（一八九七―一九七五）にとって服部宇之吉と狩野直喜はそれぞれ東京帝大と京都帝大（大学院）における恩師であり、特に倉石がその影響を強く受けた狩野は〝（自分が学んだ）島田篁村は偉い学者であったが、その先生の海保漁村はもっと偉かったかもしれない〟という評価を残している。したがって、倉石は自分自身につながるこの大田錦城―海保漁村―島田重礼の学統について自覚的であり、また一定の関心を持ったと思われる。『本邦における支那学の発達』において、江戸期以来の学統が近代に継承されたことを叙述している例はほかにない。

大田錦城[*5]は加賀国大聖寺藩の藩医の家に生まれ、その実兄樫田北岸は明・袁宏道の性霊の詩風提唱者として知られる。初め越前藩医県《あがた》氏に学び、江戸に出て一時山本北山に師事した。三河国吉田藩に招かれ、晩年、加賀藩に仕えた。経学を得意とし、漢唐から明清、および日本人の説に精通し、詩・書・易・春秋および四書に注釈書を残している。また治乱興亡の歴史、英雄割拠の事蹟に詳しく、よく辺境塞外の事を議論した。天明・寛政の頃から後に幕府の医学館を創設した幕府医官多紀《たき》氏と親交があり、医学館二代館主多紀元悳《もとのり》（一七三二―一八〇一）は若い錦城の学識を高く評価し、元悳の嗣子で錦城と比較的年齢が近い三代館主多紀元簡《もとやす》（一七五五―一八一〇）は錦城と親交を結び、元簡の弟貞吉や元簡の子多紀元胤《もとつぐ》

＊4　第十一章「漢学・東洋史学」（汲古書院、二〇〇七年）八〇頁。

＊5　大田錦城の伝記については、藤田幽谷撰「錦城先生大田才佐墓表」などを参照。

（一七八九―一八二七、四代館主）と多紀元堅《もとかた》（一七九五―一八五七）は錦城を師として学んだ。海保漁村[*6]は南総武射郡北清水村の儒医恭斎の子に生まれ、二四歳で江戸に出て多紀元胤に入門し、その紹介によって大田錦城に学んだ。諸藩から藩儒に招聘されたが応じず、江戸で私塾伝経廬《でんけいろ》を営んだ。その経学は錦城の博覧に比べれば、漢唐の注疏を主とし史・子・集の言を参照して、字句の異同の校勘・校訂を重んじた点に特色がある。小島宝素の京都訪書行（一八四二）に同行したり、渋江抽斎・森枳園編『経籍訪古志』の初稿に修正を加えるなど、一貫して医学館の考証学者たちと親交があり、安政四年（一八五七）多紀元堅らの計らいによって医学館の儒学教授に任じられた。

大田錦城、海保漁村の学問が島田重礼に継承されたことは、今日、東京大学総合図書館所蔵の島田氏寄贈図書に海保漁村の旧蔵書や自筆稿本が大量に含まれていることからも証しうる。例えば、外題「病間随筆」・内題「硯北筆記」と題する文政頃の漁村の筆跡にかかる写本（函架番号 A90-1418）は、実は錦城の『稽古録』と題する編著から抄出されたものである。『稽古録』[*7]は天明七年（一七八七）頃から寛政三年（一七九一）にかけて成った考証随筆であり、その「万舞」[*8]という項には本書の成立を窺わせる一文がある。錦城は「万舞」に関する解釈が、天明六年（一七八六）に多紀氏に寄寓していたころ多紀元簡からの指示によって数か月かけて考証したものであると記しており、その言の通り『稽古録』に先行する『遡源録』[*9]という抄録集にも「万舞」に関する諸書からの抄出が見える。大田錦城『稽古録』は多紀氏に

＊6　海保漁村の伝記については、海保元起撰「漁村海保府君墓銘」（『伝経廬文鈔』所収）などを参照。

＊7　『稽古録』は未刊。所見は石川県加賀市教育委員会所蔵の大田錦城遺稿中の五巻五冊本。

＊8　錦城は『詩経』邶風・簡兮に見える「万舞」という語の解釈について、舞に文武の別があると説き、また舞の時に手にするものを考証したうえで、或は羽や楽器を手にした文の舞とし、或は戎備（武装）を練習する武の舞とし、或は文武の舞の総名であるとする説を紹介し、諸書の説が一定しないことを論じている。

＊9　『遡源録』も未刊。所見は石川県加賀市教育委員会所蔵の大田錦城遺稿中の錦城自筆にかかる三巻三冊本。

寄寓していた若き日の錦城が清朝考証学など最新刊本に富む多紀氏の蔵書を縦横に駆使して編纂した著述であると言え、その一七九〇年前後の著作が海保漁村を経て明治期の島田重礼に継承されているのである。

島田重礼は天保九年（一八三八）に武蔵国大崎村の庄屋を務める家に生まれ、はじめ江戸の海保漁村に学んで医学館系の考証学者たちによる「説文会」などに出席し[*10]、次いで昌平坂学問所の儒官でもあった安積艮斎（一七九一―一八六一）に学び、艮斎没後、昌平坂学問所に入学して文久三博士と言われた安井息軒・塩谷宕陰・芳野金陵らに学んだ。慶応元年（一八六五）に行われた学問所最後の大試業に及第して、学問所の助教（教授方手伝）に任じられた。幕府瓦解にともない、一時、越後村上藩主内藤氏に招聘されたが仕官せず賓師として学を講じ、明治二年（一八六九）に下谷長者町で私塾雙桂精舎を開塾して生徒に学問を講じ、翌年、下谷練塀町に移った。明治政府の新しい教育機関への奉職は、明治七年（一八七四）の東京師範学校が最初で、明治一二年（一八七九）から東京大学文学部講師となり、同一四年に教授に昇格し、同一九年に帝国大学文科大学教授、同二一年に文学博士、同二五年に東京学士会院会員となっている。また文部省の教科用図書検定員や文部省検定試験委員等を歴任し、斯文学会の教員に選出されて斯文黌に漢学を講じ、明治の漢文教育界をリードした。

＊10　森鷗外『澀江抽斎』にこのことが記されている。

第二節　東京大学・帝国大学における島田重礼の講義

『東京大学年報』「内外教師教授等申報」によれば、島田重礼は明治一二年（一八七九）九月─明治一八年（一八八五）七月の時期、法学部・文学部（和漢文学科・哲学科・古典講習科）の学生を対象に、漢籍の講義または輪読を行っている。講義科目は「漢文学」「支那哲学」「経学史学」などで、「支那哲学」の講義には『孟子』『老子』『荀子』などといった諸子の文献、「漢文学」の講義には『文章軌範』『唐宋八大家文読本』等を用いるなど教材には区別が見られるが、いずれも漢籍を講読または輪読するスタイルである。敢えて言えば、江戸末期までの私塾における漢学教育の内容と異なるものではない。

島田の東京大学における対象学生・講義題目およびその授業内容は、以下の通りである。

○明治十二年九月～十三年七月

・文学部第二科三年生「漢文学」

・法文学一年生「漢文学」

○明治十三年九月～十四年七月

・文学四年生四年生「漢文学」……（週二時間）『詩経』講授、『書経』輪講

・文学部第二科四年生「漢文学」……（週四時間）『周易』講授、『韓非子』輪講

・法文学一年生「漢文学」……（週四時間）『史記』輪講、（正課外）『文章軌範』講授
○明治十四年九月～十五年七月
・哲学三年生「支那哲学」……（週二時間）『孟子』『老子』『荀子』講授
・文学二年生「漢文学」……（週一時間）『論語』講授、（週一時間）『古今学変』講述、（週四時間）『八大家文読本』輪読質疑
・和漢文学二年生「漢文学」……（週二時間）『漢書』質疑
○明治十五年九月～十六年七月
・和漢文学三年生「支那哲学」……（週四時間）『論語』朱注・『大学』朱注・『中庸』朱注・『荘子』郭注・『左伝』杜注講授
・和漢文学二年生「漢文学」……（週六時間）『八大家文読本』輪読質疑
・和漢文学一年生「漢文学」……（週一時間）『孟子』朱注講授
・古典講習科乙部一期生「経学史学」……（週三時間）『周礼』鄭賈注疏講義のち輪講、（二時間）第一期『大学』・第二期『中庸』輪講、（三時間）『左伝』質疑
○明治十六年九月～十七年七月
・和漢文学四年生「支那哲学」……（週二時間）『周礼』講授
・哲学四年生「支那哲学」……（週二時間）『荘子』講授
・古典講習科漢書課三・四期生「経学史学」……『周礼』輪講、『左伝』質疑、『書経』輪講

○明治十七年九月〜十八年七月
・和漢文学三年生「支那哲学」
・和漢文学一年生「漢文学」
・哲学三年生「支那哲学」
・古典講習科漢書課三年生「経学史学」
・古典講習科漢書課一年生「史学」
○明治十八年九月〜十九年六月
・哲学四年生和文学四年生撰科生……（転出した中村正直を継承）『周易』講授
・哲学三年生……「漢魏以来諸儒の説・孔門諸弟子学派の源流・諸子学術の異同」口授
・和文学二年生……『周礼』講授
・和文学一年生……『孟子』輪講
・古典講習科漢書課四年生……『書経』蔡伝・『周礼』鄭注輪講、『資治通鑑』質疑、『儀礼』鄭注講授、『韓非子』輪講
・古典講習科漢書課二年生……『左伝』輪講、『詩経』毛伝輪講・『周礼』鄭注講義・『資治通鑑』質疑

明治一五年九月以降に開設された古典講習科漢書課学生向けの「経学史学」は、中国古典の専門家養成を期待して設けられただけに、『周礼』『儀礼』注疏の講義・輪読等、難易度の

高い教材を使用している。また、当該期間において漢籍以外の教材で唯一、伊藤東涯『古今学変』[*11]の講述を行っているのが（一八八一年九月―八二年七月）、後の哲学史講義に繋がる可能性があるものとして注目される。

この後、帝国大学に改組された明治一八年（一八八五）九月から明治一九年（一八八六）六月の学年で、島田は初めて書籍を使用しない「講義」を開始した。「申報」に次のように言う。

哲学三年生ニハ本年ヨリ書籍ヲ用キス専ラ口授ヲ以テセリ。先ツ道徳仁義等ノ名義ヲ挙テ一々経史ニ徴シ、旁ラ漢魏以来諸儒ノ説ヲ采リ委曲ヲ辨明シ畢テ後、堯舜周公ヨリ孔門諸弟子学派ノ源流、并ニ周末諸子学術ノ異同ヲ演述セリ。其方先ツ各人ノ履歴ヲ略挙シ、次ニ学術ノ大意ヲ説キ、或ハ書中ノ語ヲ摘テ之ヲ黒板ニ書シ、人々ヲシテ其要旨ノ在ル所ヲ知ラシメタリ。

さらに「申報」をたどれば、帝大移行後に、島田の授業科目はいわゆる講義科目が確実に増加し、その一方で「漢文学」（講読）や「（漢）作文」（添削）など他専攻（法学部など）や初学者向けの教養科目が減少している。この島田に比して、中村正直・三島毅を始めとする帝国大学改組時に辞した教官たちは、主に「漢文学」や「（漢）作文」の担当者たちであり、この部分が高等教育における和漢古典学から削除された部分と見てよい。

講義形式の授業については、嘱託講師を続けた南摩綱紀《なんまつなのり》がそれを行うに当たって参考書の

＊11　伊藤東涯『古今学変』三巻は寛延三年（一七五〇）刊の日本初の中国儒学思想史というべき書籍で、京都帝大文科大学の設立当初、狩野直喜も支那哲学史の講義に使用した。

不足や困惑を述べている文書も残されていて、旧学者たちにとって未知の「講義」を行うことが困難であったことがうかがえる。例えば、次のごとくである。

（三島毅宛 南摩綱紀書簡）

支那学宗派異同ヲ論シタル書可有之、タトヘハ老子ハ何、荘子ハ何、韓非ハ何、荀子ハ何、漢儒ハ何、宋儒ハ何ヲ主トス。其内ニモ程朱陸王ノ違ト申様の類、ナル丈ケ細密ニ説候書ハ何ト申もの可有之哉。御教指願上候。もし細密ニ説キタルもの無之候ハゞ、ザットシタルものニテモ宜御座候。右類の書御所蔵ニも候ハゞ、寸時拝借願上候。御存被下候通、小子固陋寡聞、行当候事とも有之、汗背之至ニ御座候。[*12]

（南摩綱紀宛 三島毅書簡）

支那学派論之書御尋被下、何も所持不仕候。唯「宋学士全集」中より「諸子辨」ト申モノ先年抄録仕候もの一冊所持仕候。是ハ諸子斗り、且浅近ニ而眞之学旨ヲ辨シタルト申ものニハ無之候へ共、入御覧候。王朱之辨ハ「学蔀通辨」宜敷候へ共、朱ヨリ王ヲ駁シタルナリ。唯今所持不仕候。「明儒学按」ニ而も分り申候。先年、伊藤東涯カ歴代学術之大旨ヲ論ジタル小著（＊古今学変）ヲ一閲仕候事有之候へ共、唯今書名ヲ忘レ申候。是ハ中村・島田之内ニハ多分所持カト覚へ申候。

島田の講義内容に話題を戻せば、明治一九年九月から同二〇年（一八八七）七月の学年に

＊12　明治一八年（一八八五）もしくは同一九年（一八八六）九月二四日付、三島中洲宛南摩綱紀書簡、二松学舎大学所蔵。

おいては、「支那哲学の大意（諸子～両漢学術の概略・魏晋～明清諸儒の学流）」（哲二）、「支那制度の大略（『文献通考詳説』）」（和二）を講義している。

明治二〇年九月から同二一年（一八八八年）月の学年においては、「漢以後諸儒学術の源流異同」「本朝諸授の学流」（哲三）、「漢土文字の起原沿革・音韻の概略・詩文の源流・史学の要領」（和三）、「宋儒の学案」（哲二）、「宋儒の学案」「諸子学術の要領」（和二）を講義している。

明治二一年九月から同二二年（一八八九）七月の学年においては、「清朝諸儒の学案」「本朝儒学の源流沿革」（哲三・和三・史三）、「漢土古代歴史・古代法制」（和二・撰）、「漢土歴代諸儒学案」（哲二・撰）を講義している。

帝大移行後に増加した講義科目から、いわゆる学史や概論が求められたことが分かる。

第三節　島田重礼と井上哲次郎の「支那哲学史」

改組された帝国大学文科大学では、招聘外国人教師であるリース[*13]の史学やチェンバレン[*14]の博言学により文系領域の研究法が漸く定着する。和文学・漢文学でも旧幕時代の国学・漢学から変質し、島田重礼や井上哲次郎（一八五六―一九四四）は従来型の講読とは異なる支那哲学史を講じた。しかし、清朝漢学の影響を受けた大田錦城・海保漁村の学統を承ける島田と、東京大学を卒業した井上とでは、同じく「支那哲学史」を掲げてもその内容に開きがあっ

＊13　リース（一八六一―一九二八、Ludwig Riess）は、ベルリン大学でランケ（Leopold von Ranke）に学んだドイツの歴史学者。一八八七年から一九〇二年まで日本に滞在した。

＊14　チェンバレン（一八五〇―一九三五、Basil Hall Chamberlain）は、イギリスの日本学者。一八七三年から一九〇一年まで日本に滞在し、日本語文法や琉球語の研究に従事した。

たことも予想される。

島田が初めて書籍を使用しないで行った「支那哲学史」の講義は、幸い選科生高嶺三吉[*15]が遺した聴講ノート『支那哲学史』（金沢大学図書館所蔵）によって知ることができる。但しこの聴講ノートは、講義者を明記しない前半部分と、島田重礼の講義であることを明記している後半部分からなり、講義内容に明らかな違いが認められる。例えば、前半部分には次のような記述があって、西洋の学術との接点が確認できない島田の講義とは考えにくい。

○性論

孟子ノ良心ハ「コンセンス」ニ当ル。性悪者ハ其「コンセンス」ヲ取ラザルヲ以テ泰西「ロツク」派ノ論ニ類ス。程朱ノ論モ希臘時代ニ之ヲ唱フル者アリ。「ライプニッツ」ノ「モナッド」論モ人ノ善悪ハ本来定マレル者ト云フ見アルガ如シ。中古「プロテナス」ナル者アリ、本来ノ有様ニ帰ヘルコトヲ唱ヘ李氏ノ復性説ニ似タリ。

実はこの前半部分は、井上哲次郎がドイツ留学前に文部省から委嘱されて編纂に従事していた「東洋哲学史」の一部と考えられる。

聴講ノートの後半に記された島田が講じた「支那哲学史」の内容は、戦国時代の諸子百家に始まり、漢代経学を説き、隋唐を経て宋学諸家に及ぶもので、「申報」に島田自身が述べる通り、中国の学術思想を人物・書籍に即して説いた通史と呼びうる内容を持つ。講義の年月日と演題は、次の通りである。

＊15　高嶺三吉（一八六一―一八八七）は第四高等学校から東京大学文学部の選科に進学し、在学中に病没。

明治一九年（一八八六）
二月一〇日「論孟子政事」、二月一七日「闢異端」、二月二四日「楊朱墨翟・荀子」、四月二三日「荀子」、四月三〇日「道学家、老子履歴」、五月五日「老子学術」、五月一二日「老子学術・荘子 逍遥遊」、五月二六日「荘子 斉物」、六月二日「列子」、六月九日「道家之摂要細流」
一〇月一日「墨子」、一〇月八日「晏子・名家・兵家・法家」、一〇月一四日「管子」、一一月五日「商子」、一一月一二日「申不害・韓非子」、一一月一九日「周ノ大尾」、一一月二六日「漢以来ノ学術・書・詩」、一二月三日「礼・春秋・論語」、一二月一〇日「漢初儒者・賈誼」
明治二〇年（一八八七）
一月二一日「董仲舒」、一月二八日「劉向・劉歆・揚雄」、二月四日「揚雄・後漢 鄭玄」、二月一八日「隋ノ王通」、二月二五日「唐 韓退之」、三月四日「宋 胡瑗・孫復・周茂叔」、三月一一日「周茂叔」、四月二二日「周茂叔・二程」、四月二九日「程明道 識仁篇」、五月六日「程伊川」、五月一三日「張載」

一方、ドイツ留学（一八八四～九〇）から帰朝して帝大文科大学教授に就任した井上哲次郎は、早くから日本・中国・印度を併せた東洋地域の「東洋哲学」の確立を構想し、「比較宗教及東洋哲学」として、仏教哲学史と中国哲学史を講じた（一八九一～九七）。井上が帰朝

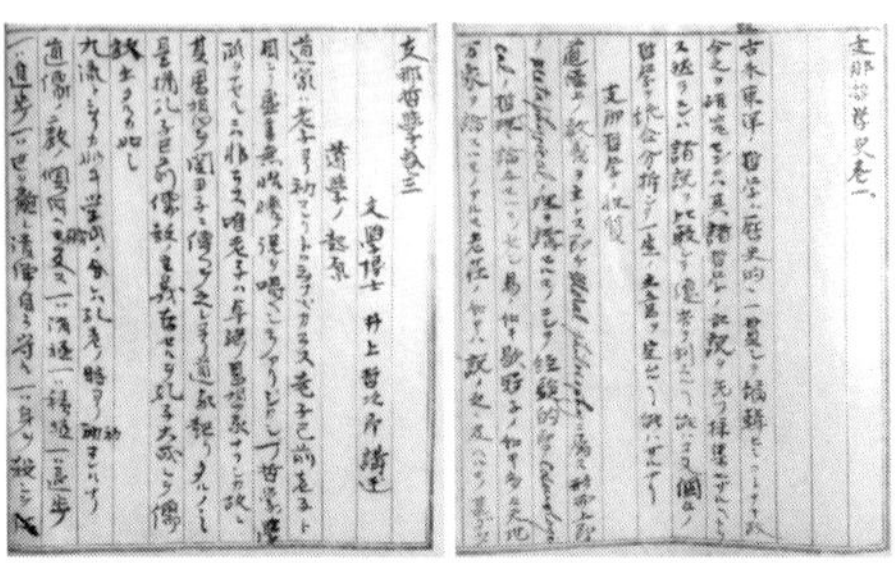

図1　井上哲次郎講義『支那哲学史』4巻　二松学舎大学図書館所蔵

後すぐに講じた「支那哲学史」（一八九一～九二所講、二松学舎大学図書館所蔵）では、巻一で支那哲学総論と儒学を説き、巻二～四で道家諸家を丹念に取り上げており、通史としては十分な構成とは言えないが、哲学史の立場から説く井上の「支那哲学史」の講義内容は、中国古典学の立場から説く島田の「支那哲学史」とはかなり異なっていて特色がある。その構成は次の通りである。

巻一：○支那哲学総論（支那哲学ノ性質、支那哲学沿革）
　○儒学（儒学ノ起源、孔子、子思、孟子、荀子、揚子）
巻二：○道家（老子・老子ノ三学派・道家ノ歴史・道家ノ神話・道家ノ経文・道家ノ批評）
巻三：（道家ノ起源・老子以前ノ道家・鬻子・老莱子・屍子・老子ト列荘トノ間ノ道家・文子・関尹子・黔婁子・元倉子・長盧子・列子・列荘間ノ道家・公子牟子・田子・荘子）
巻四：（鶡冠子・鄭長者・楊子・墨子）

例えば前漢の揚雄についての島田と井上の論及は次の通りで、両者の立場の違いをよく示す。

島田重礼
其学浩博ニシテ遠ク歆ニ勝ル。漢以後北宋ノ前迄ハ孟荀ノ后ニタツモノト為リ。退之モ孟荀ノ間ニアル歟ト云ヘリ。宋ノ程子初メテ悪シク云ヘリ。東坡ハ以艱深之詞、文浅易之説ト云リ。又朱子ハ通鑑綱目ニ、莽大夫揚雄死ト云リ。必竟其人物ハ不決断ナルナランン。而シ大儒ナリ。又文章家ニシテ言辞ニ富ム。其理論至テ平凡ナルナリ。太玄経、此ハ雄カ一心ヲ込メタル者ニシテ、易ニ擬セリ。然ルニ古人ハ雄ノ考ノ浅キト文章ノ難解ニ困ミ之ヲ見ス。独リ温公雄ヲ好ミ其註ヲ作リ、又其ニ擬シテ潜虚ヲ作レリ。

井上哲次郎

揚子一家ノ説ハ人性善悪混合説ナリ。揚子ハ大抵孔子ヲ祖述スルノ言多クシテ、自創ノ見少シ。此説ハ孟荀ノ折衷説ナリ。此説ニ基キ修身学問ヲ説テ曰ク、学問ハ人ノ性ヲ修ムルニ在リ、故ニ其悪性ヲ抑ヘテ善性ヲ養ヒ之レヲ発達セシムベシ。太玄経ハ専ラ哲学ノ事ノミナラズシテ、易ニ関シテ論ゼリ。揚子ハ絶対ニ信シ居リシニ相違ナシ。此玄摛ハ Spinoza ノ万有一体、Kant ノ Dingansich ノ説ニ同ジ。揚子哲学ハ Dualism ナルガ如シ。

島田は揚雄の文章や学術史上の位置について言及するが、井上は揚雄の思想や言説を古代中国や西洋哲学の思想家との比較によって説く。両者の相違は視点の相違であり、必ずしも優劣とは言えない。井上の視点からは諸子百家や宋学などが取り上げやすい一方で、漢代経学などは取り上げにくいことが予想される。島田のほうが対象とする中国学術の展開に沿った形での言及になる反面、それぞれの思想の特色を哲学として分析することはあまりない。

日本儒学史に関して両者が残した著述も、同様に両者の視点の差異を示している。一八九〇年代にはいると、晩年の島田は「支那哲学」の演題を掲げて、しばしば中国と日本を併行して「学案」（学術史）として講じた。[*16] 井上もドイツ滞在中から「日本学」の必要性を提唱し、一八九七年のパリ万国東洋学会で「日本に於ける哲学思想の発達」を講演したのを契機に、江戸期儒学をいわゆる三部作としてまとめた。全体として見て、西洋哲学と比較しながら日中儒教哲学を説く井上の視点は新しいが、その反面で島田に比して、より教学色も強まっている。

日清・日露両戦間の一九〇〇年（明治三三年）頃から、日本の中国に対する文化的依存度が急速に低下し、中国に対する相対化が促進し、中国に関する学術研究が緒につくとされる。この時期は旧学者が凋落し、帝国大学や高等師範学校に学んだ新世代が研究教育を担いはじめる時期でもある。あまり著述を残さなかった島田の学績は、今日十分に評価されていないが、島田に学んだ帝大出身者が全国の中等高等教育機関で教鞭を執ることによって、その講壇哲学は全国に広がり、その影響力は小さくなかった。その後の思想哲学研究の動向を見るとき、必ずしも旧学者島田の学的立場が凋落し、新時代の教育を受けた井上のそれが継承されたとも言えない。

中でも後世への影響力が大きかった島田門の双璧というべき服部宇之吉と狩野直喜につい

＊16　管見の限りでは、一八九六～九七年所講の『周末諸子学案』と『日本諸儒学案』（上代から江戸期まで、羽鳥又次郎筆記、筆者架蔵）、一八九七～九八年所講の『経書解題』と『日本学案』（上代から江戸初期まで、金沢大学図書館所蔵の駒井徳太郎筆記による）などがある。

て概観すれば、『東洋倫理綱要』『孔子教大義』等の教学的な著作で知られる服部宇之吉であるが、東京帝大の講義では度々「目録学」を取り上げている。最も早期の一八九九年高等師範学校における所講『目録学』（柿村重松筆記による聴講ノート、筆者架蔵、図2）は、この前年に歿した島田直伝のものと言って差し支えない。[*17]『目録学』の巻頭に、服部は「目録学ハ学術ノ分流、又ハ其分科ヲ明ニスルヲ以テ標的トスルモノナリ」とその目的を明確に示している。

　狩野直喜の『中国哲学史』は、哲学史と称するが学術史の色彩が濃厚で、基本的には島田の「学案」のスタンスを継承するものと言える。だが、具体的な記述について見れば、例えば前述した揚雄に関する言及などでは、島田よりも井上の記述に近い箇所も見られる。

　しかしながら、漢学科（一八八九～）が支那哲学・支那史学・支那文学語学に分化して以降、一教官が中国と日本の哲学史を併講することはなくなり、「東洋哲学」「支那哲学」を講ずる服部や狩野が日本儒学・日本漢学を講ずることはなくなる。それに代わって新たに日本漢文学が岡田正之や芳賀矢一によって講じられるが、日本儒学は完全に脱落し、それは形を変えて大正期の日本思想史学として登場するということができるかもしれない。

第四節　まとめ

東京大学から帝国大学への改組の過程は、国家に須要な高等教育の内容の淘汰と見るべき

図2

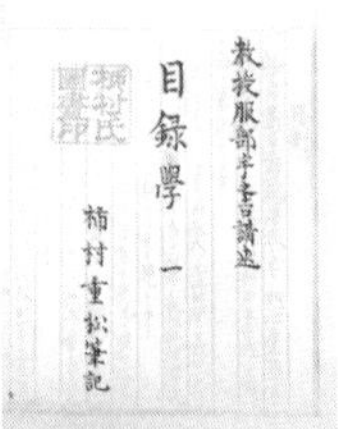

＊17　服部宇之吉の『目録学』は、従来、「目録学概説」（慶応義塾望月基金支那研究会編『支那研究』岩波書店、一九三〇）が知られるのみである。ほかに刊行準備を進めていた遺稿があったが、戦災によって焼失した。

であり、法制史（小中村清矩）、考証学（島田重礼）、実証史学（内藤耻叟）、国文法（物集高見）など、旧来の学問の中で実証性の高いものだけが採用されたと見ることができる。

その時期に、既に和漢文学は旧幕時代の国学・漢学とは変質し、島田重礼や井上哲次郎は従来型の講読とは異なる「支那哲学史」を講義していた。しかもほぼ同時期に同じく「支那哲学史」と題して講義しながら、両者の講義の間にはかなりの開きがみられる。

清朝漢学*18の影響を受けた大田錦城・海保漁村の学統を承ける島田が「古典学」の立場から講義するのに対して、東京大学卒業の井上は「哲学史」の立場から講義している。その後の思想哲学研究の動向を見るとき、必ずしも旧世代の島田の学的立場が早く凋落し、新世代の井上のそれが継承されたとも言いきれない。また、島田と井上の立場の相違にもかかわらず、両者が日本と中国の哲学思想を一人で併せ講じた点は共通し、次世代の学者たちには見られなくなる。

【参考文献】
『東京大学年報（史料叢書東京大学史）』（東京大学史史料研究会編、東京大学出版会刊、一九九三―九四年）
倉石武四郎講義『本邦における支那学の発達』（汲古書院、二〇〇七年）
町泉寿郎「三島中洲と東京大学古典講習科の人々」（戸川芳郎編『三島中洲の学芸とその生涯』雄山閣出版、一九九九年）
町泉寿郎「幕末明治期における学術・教学の形成と漢学」（『日本漢文学研究』一一号、二〇一六年）
水野博太「「高嶺三吉遺稿」中の井上哲次郎「東洋哲学史」講義」（『東京大学文書館紀要』三六号、二〇一八年）

＊18　考証学・考拠（据）学・漢学という用語について、大田錦城は同時代清朝における「考拠学」流行に対して、漢籍に乏しい日本の儒者が清朝の学者と同等な文献学の成果を上げるのは難しく、また儒教の源流は書物成立以前に遡上することから、清朝漢学の限界を指摘し、漢宋兼採の自分の立場を宋・王応麟の用語を借りて「考証学」と呼ぶ。

第三章　東京大学と古典講習科

町　泉寿郎

第一節　東京大学文学部の成立

幕府時代の教学組織の中心的な地位を占めた昌平坂学問所は、明治政府に移管されたのち、昌平学校、大学校、大学と名称を変え、明治四年（一八七一）七月一八日に大学（本校）が廃止されて文部省が設置される。大学本校の廃止によって、その分局であった大学南校（開成所の後身）・大学東校（医学所の後身）は単に南校・東校と改称し存続する。重要なのは、この改編を反映して明治五年（一八七二年）発布の「学制」によって大学は「高尚ナル諸学ヲ教ル専門科ノ学校」と規定され、南校と東校における学科目（理・化・法・医・数理）がその専門科となったため、「文」の学びが公的な高等教育の中から脱落し断絶したことである。

明治一〇年（一八七七）四月一二日に創立した東京大学では、法・医・工・文・理の五学部が設置され、その中で法・理・文三学部は一人の綜理を頂いて（初代綜理加藤弘之）ひとつのまとまりを形成した。しかしながら、この文学部設置をかつての国学・漢学を核とした

「文」の復活とみることはできない。文学部には当初、哲学科・史学科・政治学理財学科・和漢文学科が置かれたが、その後の推移に見る限り、史学科は教授適任者の不在を理由に間もなく廃止された。そして東京大学文学部（一八七七―八六）の卒業生全四七人の内訳は、和漢文学科が二名（棚橋一郎、田中稲城）、哲学科専修学生が三人、哲学科兼修学生が井上哲次郎ら六人に止まり、実にそれ以外の三六人（約七五％）は政治学理財学科の卒業生が占めるのである。東京大学文学部の中心が政治学理財学科であったことに疑問の余地はなく、かつての国学・漢学はほとんど見る影もない。しかも、明治一八年（一八八五）に政治学理財学科が法学部に配置替えとなり、再び「文」の学びの場である文学部は存亡の危機を迎えるのである。

この過程において、文学部における「文」の学びの内実は少なからず変遷した。文学部の過渡期、もっと広く言えば近代学術の過渡期の状況を考察する上で、東京大学に臨時的に設置された古典講習科は注目に値する。まずは、古典講習科ができる以前の時期における東京大学文学部の概況を、人事を中心に年表的に示しておこう。[*1]

○明治一〇年（一八七七）

四月一二日、加藤弘之（開成学校綜理）、東京大学法理文学部の綜理となる。

八月一一日、中村正直（東京師範摂理）、文学部教導を兼務（漢学講師）。

*1　年表は、主に東京大学史史料室所蔵『文部省往復』によって作成した。

八月二七日、外山正一、文学部教授となる。
八月二九日、横山由清、法文学部講師を嘱託される（日本古代法律・和文学）。
一〇月一二日、信夫粲、文学部雇を嘱託される（漢学講義・作文校正）。
○明治一一年（一八七八）
九月四日、小中村清矩、法文学部講師を嘱託される（日本古代法律・和文学）。
○明治一二年（一八七九）
二月四日、三島毅、文学部講師を嘱託される（漢文学）。
四月一一日、黒川真頼、法文学部講師を嘱託される（日本古代法律・和文学）。
九月二二日、島田重礼、文学部講師となる（月俸五〇円）。
一二月、法理文綜理加藤弘之、文学部に和学講習の一科新設を文部省に申請。
○明治一三年（一八八〇）
一月二九日、木村正辞、法文学部講師を嘱託される（日本古代法律・和文学）。
一一月三〇日、木村正辞、法文学部員外教授を嘱託される。
一二月二日、大沢清臣、法学部准講師を嘱託される（日本古代法律・和文学）。
○明治一四年（一八八一）
七月六日、加藤弘之、東京大学綜理となる。
七月一四日、外山正一、教授、兼文学部長となる。

八月一一日、中村正直・三島毅・島田重礼講師、東大教授（文学部勤務）となる。
八月一三日、飯田武郷、東大判任助教授となる（法学部勤務）。
一〇月八日、木村正辞、法文学部勤務を命ぜられる。
一一月一八日、飯田武郷助教授、修史館御用掛を兼務。
一二月一〇日、加藤弘之、和学講習科新設を再建議。

国学系の学者のなかに、古代法制の担当教官として法文学部に勤務する者が少なくない。東京大学時代の法学部・文学部はそれぞれ後年の法学部・文学部ではなく、また独立を維持できないほど小規模でもあった。国学における「有職故実」の学識は古代以来の律令制に基盤を置くものであり、律令制は王権の下に政治・行政・軍事を一元的に支配する点において、明治維新の政治体制と共通性を持った。したがって、「古代法制」は法文学部の学生に有用な学知であったと言える。

大学以外の動向を見ても、明治一二年に西村茂樹[*2]の建議によって文部省において古事類苑[*3]編纂事業が始まり、明治一四年一一月四日には皇典講究所が設立されている。明治新国家の推進には欧米からの外来学知だけでなく、伝統的学術の輔翼が必要不可欠であり、そのための編纂物や専門組織が必要とされたのである。

漢学系の学者は学生に対して漢籍の講読（漢文学）とともに漢作文の指導を行っている。

＊2　西村茂樹（一八二八—一九〇二、号泊翁）、佐倉藩士、文部官僚。後年、道徳普及団体・弘道会を設立。

＊3　『古事類苑』は日本版の百科事典を意図して編纂され、一八九六年から一九一四年に刊行された。熊田淳美『三代編纂物—群書類従・古事類苑・国書総目録の出版文化史』（勉誠出版、二〇〇九年）参照。

明治前期の中等教育未発達時代において、漢籍講読と漢作文の意義は、論理的な思考力や漢語の語彙力を伴う作文能力の養成にあったと考えられる。三島中洲の「漢学大意」[*4]（一八七九年）や中村敬宇の「古典講習科乙部開設ニ就キ感アリ書シテ生徒ニ示ス」[*5]（一八八三年）に説く如く、東京大学の受講学生のなかにも漢籍の講読が西洋語の理解にも役だったと回顧している者がいるほどであり、洋学を学ぶ階梯として漢学の有効性が捉えられており、漢学は全く洋学と矛盾するものではなかったのである。

第二節　古典講習科の開設

ついで、古典講習科が設置される明治一五年以降、帝国大学成立以前の時期の東京大学文学部の概況を年表化しよう。

○明治一五年（一八八二）

二月一五日、小中村清矩、東大教授となる（法文学部勤務）。

五月三〇日、文部省附属として古典講習科新設。

六月、新聞紙上に募集記事（講習：歴世の事実、制度の沿革、古今言詞の変遷、年齢：二〇～三〇歳、員数：官費生二二人、出願期限：～八月一五日）、→約一〇〇人応募。

＊4　『二松学舎舎則』所収。漢学の目的を「一世有用ノ人物トナル」こととし、その修学内容として経書によって道徳を修め、史書によって臨機応変の才を磨き、諸子や詩文によって文を学ぶことを説くが、「一世有用ノ人物」たるには洋書の兼学が不可欠であると言い、洋書兼学の余地を残すために漢学の科目を簡易にしたと述べる。

＊5　『東京学士会院雑誌』第五編所収。「方今洋学ヲ以テ名家ト称セラル、者ヲ観ルニ、元来漢学ノ質地有リテ、洋学ヲ活用スルニ非ザル者ナシ。漢学ノ素ナキ者ハ、或ハ七八年、或ハ十余年、西洋ニ留学シ帰国スルノ後ト雖モ、頭角ノ嶄然タルヲアラハサズ。ソノ運用ノ力乏シク、殊ニ翻訳ニ至リテハ決シテ手ヲ下ス能ハザルナリ。」

七月一七日、古典講習科規定制定（修業年限：三ヵ年六期）。

七月二八日、岡松甕谷、文学部勤務。

九月、官費・私費生あわせて三六人の入学許可。

九月一一日、古典講習科開講。

九月一六日、久米幹文、古典科准講師となる。

九月三〇日、本居豊穎、古典科講師となる。小杉榲邨、松岡明義、佐々木弘綱、古典科准講師となる。

一一月二日、文部省専門局長浜尾新より加藤綜理へ漢文学講習科増設すべき旨を照会。

一一月二四日、綜理代理池田謙斎より既設古典科を甲部とし、新たに乙部として支那古典講習科を設け、修業年限を四年に延長、官費生二二人・自費生一八人とする旨伺出。

この年、古典科在籍者数は、入学した三六人のうち一人退学し、三五人。
○明治一六年（一八八三）
この年、古典科甲部補欠募集、五人合格。定員の四〇人を満たす。

二月一九日、文部省より古典講習科乙部開設の許可。

二月二八日、古典講習科乙部の規則制定（修業年限：四ヵ年八期）。

四月二日、乙部入試開始（約一六〇人応募）。定員四〇人のところ合格者二〇人。

五月二日、物集高見、文学部准講師となる。

五月三〇日、南摩綱紀、東大教授（文学部）となり、文部省編集局普通学務局を兼務。

七月一〇日、古典科在籍者数、甲部三八人（入学四一人退学三人）・乙部二〇人。

八月、乙部開講（官費一〇人、私費一〇人）。

九月六日、乙部補欠募集に対し、三六人応募。

九月七日、乙部補欠合格者、官費生一〇人、自費生九人（中一人辞退）。計三八人。

九月一〇日、佐藤誠実、東大御用掛文学部准講師となる。

一〇月二七日、学位授与式後、寄宿生に粗暴の挙あり。

一一月二日〜、古典科より三〇人以上の退学者を出す。

一二月一〇日、小中村教授、加藤綜理に落合直文の徴兵免除を上申。

一二月末、古典科在籍者数、甲部九人（一六年一月の四〇人中三一人退学）・乙部三四人（入学三八人退学四人）、合計四三人（↑文学部本科三三人、研究科一人）。

○明治一七年（一八八四）
一月四日、甲部を国書課、乙部を漢書課に改称。

一月一五日、退学者中、法理文学部で二五人に再入学許可。

二月八日、内藤耻叟、東大文学部講師を嘱される。

二月、漢書課補欠募集。二二人応募し五人合格。

三月八日、退学者中、法理文学部で一〇人に再入学許可。

五月一二日、入学年齢二〇歳（〜三〇歳）から一八歳に引き下げ。修学期間を四年から五年一〇期に延長。

五月二〇日、退学者中、残りの四七人に再入学許可。入学禁止の全面解除。

六月五日、木村正辞、文部権大書記官兼東大教授となる。

七月一日、落合直文、東大を中退して東京歩兵第一連隊に入隊。

七月一〇日、佐藤誠実、東大御用掛文学部准講師の職を解かれる。

九月一日、久米幹文、東大助教授となる。秋月胤永、東大文学部勤務・講師となる。

九月六日、大和田建樹、東大文学部准講師。中村正直教授、勅任官に昇格（年俸一八〇〇円）。島田重礼教授、年俸一八〇〇円。三島毅・小中村清矩教授、年俸一五〇〇円。

九月一一日、川田剛（宮内省四等出仕）、東大教授文学部勤務を兼務。

九月二四日、重野安繹（編集副長官）、東大教授文学部勤務を兼務。

九月、古典科後期生国漢各三〇人を募集。入学者、国書課二三人、漢書課二五人（全員自費生、前期生卒業後、官費生に繰り上げの予定であったか）。

一〇月二三日、岡松甕谷、東大御用掛文学部兼予備門勤務。信夫粲、東大御用掛文学部勤務。秋月胤永、東大御用掛文学部兼予備門勤務。
一二月末、古典科在籍者（国・漢、各前・後）一一〇人（文学部本科四三人、研究科一人）。
○明治一八年（一八八五）
一月二八・九日、国書課補欠入試実施。募集六人に二〇人応募。漢書課も補欠募集。
二月一八日、内藤耻叟、東大御用掛准奏任文学部講師となる。
二月二一日、信夫粲東大御用掛、非職となる。
二月二六日、古典科の学期、本科と同じ三学期制となる。
三月二七日、岡松甕谷（東大御用掛）、予備門兼勤を解かれる。
四月六日、別課（法医薬）・古典科（国漢）の新規募集、停止となる。
四月二二日、別課・古典科の下級生、定期試験不合格者が再試不合格ならば退学処分。
九月二九日、物集高見（東大御用掛）、宮内省准判任御用掛を兼務。
一二月、森有礼、初代文部大臣となる。

先に実現に至らなかった古典講習科が、明治一四年（一八八一）一二月の再建議によって開設された理由として、同年秋の明治一四年の政変を契機として、自由民権運動などの輿論に対処するための致用的措置として「漢学」が奨励されるようになったことは見落とせない。政変の立役者である井上毅は同年一一月に「進大臣（人心教導意見）」[*6]を起草して、「忠愛恭

＊6　井上毅「進大臣（人心教導意見）」は明治一四年（一八八一）一一月七日起草。『近代日本教育論集』第一（国土社、一九六九年）、『井上毅伝　史料編　第一』等所収。

順ノ道」を教育する材料として漢学教育の重視を打ち出した。賄征伐に端を発した明治一六年事件によって、文学部在籍生の過半を占める古典科生からも多くの退学者を出したことは、当時の大学生たちの政治批判の激しさを推測せしめる。幕末の尊皇攘夷論以来、漢学書生には付き物の「処士横議」が初期の大学でも見られたのだ。したがって、当局は漢学を奨励するにあたり、漢学が胚胎する「処士横議」を軌道修正して「忠愛恭順」教育の具に転換していくのであり、ここに文教政策上の方針転換が認められる。

寥寥たる存在であった和漢文学科と比べるまでもなく、明治一五年の古典講習科開設を機に文学部所属学生が大幅に増加し、またそれにともなって和漢学の担当教員が二倍以上に増員された。よく知られているように、古典講習科は、大学予備門を経ずに大学に入学することができ、また入学試験に外国語が除外された。そして入学者には全員に兵役猶予と一部生徒に学費支給の特典があったため、多くの受験者と入学者を集めた。和漢学の教官自身が自分たちの子弟を入学させていること[*7]から見れば、当初から古典講習科が大学本科とは異質の傍系として発足したとは見なしえず、政変以後の「斯学復活」のあらわれと捉えて歓迎した者も少なくなかったと考えられる。

講義内容について言えば、『東京大学年報』について見る限り、中国古典の専門家養成を期待して設けられた漢書課生徒向けの内容は、本科和漢文学科・哲学科や法学部の学生向けの内容に比して難度の高い教材を使用している。『書経』蔡伝・『詩経』毛伝・『周礼』鄭賈

＊7　三島毅の長男桂、島田重礼の長男鈞一など。

注疏・『儀礼』鄭注などのように古注系のテキストを注疏まで読むことは、漢書課以外ではほとんど行われていない。注疏の講義・輪講は、東西学術の兼通を目指さない古典講習科において、初めて実現できる授業科目であったのだ。

第三節　帝国大学設立以降の状況

すでに明治一八年（一八八五）四月に古典講習科の新規募集は停止されていたが、その時点で関係者に大きな動揺はなかったようであり、古典科生が本科生と同等の扱いなされるものと捉えていたことは、次のような書簡からも分かる。

さて古典科も最早募集候儀は之れなきと申すこと兼々新紙上にも之れあり候が、之れは如何なる故か判定し難く候が、大方は三月上旬の達しに、古典科は本課生同様たるべきことと申す達し之れあり候が、之れらに基き候者か。予備門を経過せずして本課に相なる事はなり申さず候間、先づは此らにも候はん。然し或人の説には、国書課・漢書課を大学に設けしは、全く種を遺す為の事なれば、既でに国漢共に六十名づつの生徒あれば之れにて沢山なればかかる達しの出しなりとも申し候。[*8]

その後、明治一八年一二月の内閣制度発足にともなって森有礼が初代文部大臣に就任し、古典科生を含む大学関係者間に危機感が高まる。加藤弘之綜理と森有礼の仲が悪いため、森

＊8　明治一八年四月九日付・鹿島則泰書簡。鹿島則文『桜斎書牘集』第一〇冊。

文相の誕生は大学にとって不安材料と捉えられた。[*9]それでもなお、教官たちもこの時点では まだ、大幅な人事刷新などという事態急変は予想していなかったようである。

政府も大変格之れあり、尤も同じ人の更代ゆゑ左程の替りも之れあるまじくとの風説、只々文部は森氏之如何や、例の西洋ずき且大学総理との中わろく候まま、大学の為にはよろしかるまじくと余計な心痛致し居り、尤も総理さへ代はらずは無事に候。総理は大抵一生涯の由ゆゑ安心致し候。加藤氏の外には全国総理の任なき由。学校とはいへ大学は余程むづかしき由、外交あるを以ての事に候。

帝国大学設立前後の人事刷新が古典講習科にとって決定的であったことは、翌明治二〇年七月九日の漢書課前期卒業式の後の謝恩会において首席卒業の市村瓚次郎が述べた謝辞からもよく窺える。

我々を生み賜ひしは旧総理閣下（＊加藤弘之）なりといふも不可なかるべし。然るに昨年の初めに方り旧総理閣下は我々を舍て丶元老院に入らせ賜ひしは、我々をして悲嘆やる方なく、……幸に現総長閣下（＊渡辺洪基）の来任に遇ひて更に第二の母を得たるが如き感ありき。[*10]

帝国大学に改組される明治一九年以降、古典講習科が廃止される同二一年までの状況を年表化しておこう。

＊9　明治一八年一二月二五日付・鹿島則泰書簡。鹿島則文『桜斎書牘集』第一〇冊。

＊10　市村瓚次郎「謝辞」は「市村瓚次郎自筆草稿類」（二松学舎大学所蔵）の一つ。

○明治一九年（一八八六）
一月、加藤弘之綜理・中村正直教授、元老院議官に転出。

一月八日、重野安繹（修史局副長官）・川田剛（宮内省四等出仕）、東大教授兼務を免ず。大沢清臣（宮内省三等属）、東大准講師兼務を免ず。

一月九日、岡松甕谷（東大御用掛文学部講師）、非職となる。

三月二日、帝国大学令公布。

三月六日、島田重礼・内藤耻叟・物集高見、帝国文科大学教授となる。

三月八日、秋月胤永（東大兼勤）・本居豊穎（文学部講師）・小杉榲邨（文学部准講師）・大和田建樹（文学部准講師）、免職（自今出勤ニ及バズ）。

三月二五日、三島毅（東大教授）、非職となる。

三月三一日、古典科官費生、廃止される。南摩綱紀（東大教授）・久米幹文（東大助教授）、免職（自今出勤ニ及バズ）。

四月一日、南摩綱紀・久米幹文、本学年中、古典科講師を嘱託される。

四月五日、医科の医史、法科の和漢学・古代法（法律学科）、廃止される。

四月一四日、古典科生徒の授業料、一ヶ月（一円から）一円二五銭となる。

四月一六日、法科教授小中村清矩、文科教授に移る。

四月二六日、古典科経費を授業料で支弁することとなる。

五月、東洋学会設立。

六月末、国書課前期生、小中村・加藤・服部・外山ら教員一〇人余と小川一真において卒業記念写真撮影。

七月一〇日、国書課前期生二九人卒業。卒業成績順にその名を挙げれば次の通り。

松本愛重、小中村（池辺）義象、関根正直、萩野由之、戸沢盛定（平田盛胤）、辻（永原）清次郎、井上政次郎、東宮鉄麿、佐藤（今泉）定介、江上（丸山）正彦、雨宮（増田）于信、今井彦三郎、三浦純雄、橋本光秋、伊藤肇、飯田（服部）元彦、石田道三郎、豊田伴、若松釜三郎、小串隆、高木六郎、亀山玄明、鈴木重尚、反町鉒（鉦）之介、伊藤平章、奥平清規、内山直枝、山田巽、西村金平。

（中退者、五十音順）青戸波江、石原愿次郎、石森和男、井上加基、太田幸吉、落合（鮎貝）直文、小田秀太郎、賀茂央、河村周三郎、斎藤胖、坂井房之、安井小太郎。

七月一三日、南摩綱紀・久米幹文ら、次年中、文科大学講師を嘱託される。

一〇月一五日、帝国大学図書館規則が定められ、古典科生徒は本科学生に準ずるとされた。*11

一二月、『東洋学会雑誌』創刊。

一二月末、在学生数、国書課（後期）二〇人・漢書課（前後期）四八人（←文科本科一二人・撰科一一人）。

*11　同時期に在学した選科生たちは、帝国大学図書館を利用することができなかった。古典講習科と選科の間にも待遇格差があった。

○明治二〇年（一八八七）

五月五日、古典科修業期限が改正され、五年から四年に短縮される（五年目を迎えた漢書課前期を除く）。

七月九日、漢書課前期生二八人卒業。（↑文科本科卒業一二人）。卒業成績順にその名を挙げれば次の通り。

市村瓚次郎、林泰輔、松平良郎、岡田正之、岡田文平、花輪時之輔、熊田鉄次郎、田野泰助、今井恒郎、名取弘三、須藤求馬、瀧川亀太郎、末永允、安原富次、堀捨次郎、宮川熊三郎、安本健吉、深井鑑一郎、福島操、池上幸次郎、渡辺恕之允、橋本好蔵、萱間保蔵、日置政太郎、福田重政、鈴木栄次郎、松本胤恭、与野山熊男。（図1）

（中退者）西村時彦、高橋太華。（転学者）荘田要二郎、石井為吉。（不明）小川則要。

七月一〇日、南摩綱紀・久米幹文ら、次年中、文科大学講師を嘱託される。

一〇月一四日、漢書課前期二人（病気による学年末卒論未提出者）卒業。

一二月一七日、漢書課前期一人（病気による学年末卒論未提出者）卒業。

以上の卒業遅延者三人は、卒業写真に見えない須藤求馬・安本健吉・名取弘三か。

一二月末、在学生数、国書課（後期）一七人・漢書課（後期）一六人（↑文科本科一八人・撰科一〇人）。

○明治二一年（一八八九）

図1　古典講習科漢書課前期の卒業記念写真　重野安繹旧蔵

一月二四日、重野安繹（修史局編輯長）、日本歴史講義を嘱託される。

五月七日、小中村清矩・重野安繹・加藤弘之・島田重礼・外山正一に文学博士号授与。

五月一四日、古典科生徒、卒論成稿中（四五六月）の授業料を半免される。

六月七日、黒川真頼・川田剛・中村正直（・南条文雄・末松謙澄）に文学博士号授与。

七月一〇日、虎ノ門工科大学にて卒業式挙行。

国書課後期生一五人、卒業成績順にその名を挙げれば次の通り。

岩本正方、西田敬止、平岡好文、赤堀又次郎、黒川福蔵（真道）、鹿島則泰（図２）、宮島善文、和田英松、星野忠直、井上甲子次郎、大久保初男、生田目経徳、須永（佐藤）球、佐佐木信綱、大沢小源太。（卒業前病没）輿石弓雄。

漢書課後期生一六人卒業、卒業成績順にその名を挙げれば次の通り。

竹添治三郎、島田鈞一、山田準、児島献吉郎、長尾槙太郎、黒木安雄、平井頼吉、竹中信以、北原文治、藤　沢碩一郎、斎藤坦蔵、菅沼貞風、大作延寿、桜井成明、関藤十郎、牧瀬三弥（箭）。

（中退者）山本英雄、長尾景宗、吉方秀松、三島桂、西村豊。

一〇月二九日、久米邦武・星野恒（修史局編修）、文科大学教授となる。

一一月九日、重野安繹（元老院議官）、文科大学教授を兼務。

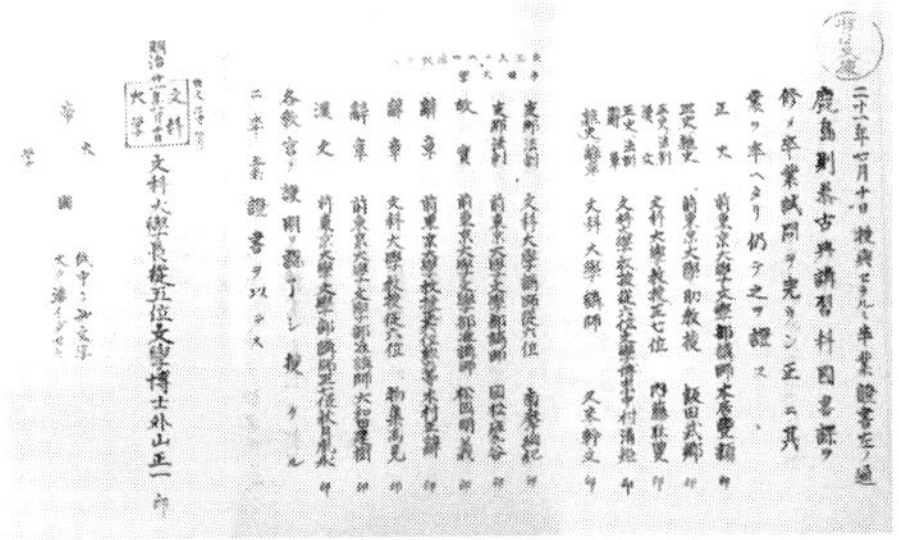
二十一年七月十日検定セラル、卒業證書左ノ通
鹿島則泰古典講習科國書課ヲ
修メ卒業試問ヲ完ウシ正ニ其
業ヲ卒ヘタリ仍テ之ヲ證ス

図２　古典講習科国書課後期生鹿島則泰の卒業証書の写し（『桜斎書牘集』第一〇冊、個人蔵）

諸学校令が発布される明治一九年（一八八六）は教育制度史上の画期である。帝国大学令において、「帝国大学ハ国家ノ須要ニ応スル学術技藝ヲ教授シ及其蘊奥ヲ攷究スルヲ以テ目的トス」と規定され、この時に国家にとって学術技藝の何が須要かが取捨選択された。やや後のことになるが、教育勅語の制定にも携わる井上毅は、書記言語としての「漢文ハハヤ死物」であり国語国文を振興すべきであると考え、これからの「漢文教育」の意義は、①儒教は道徳教材として必要であり、②漢字は国語の材料として必要である、と明快に述べた（一八九四年「漢文意見」）。帝国大学においても、和漢学に求められるものは制度史や学史（文学史・哲学史）であり、漢作文は不要になり、これにともなって教官も免官となる者と残留する者に選別されたのである。

帝大への改組によって、強い危機感を抱いた古典科生徒たちは、五月に東洋学会を発足し、同年一二月から月刊誌『東洋学会雑誌』を発刊した。これに対して、同会の第二代会長西村茂樹は、東洋学会の進むべき目的を示し、併せて古典講習科卒業生の進路について示唆した。西村は、学問研究に三通りがあるとする。

①東西兼通（政治・経済・道徳・心理・理学・意法等）
②西洋ノ学ニ依リテ東洋ノ事実ヲ知ル（格物・化学・地理・地質・博物等）
③東洋ノ学問ノミ（自国ノ歴史・言語・文章・制度・風俗・詩歌）*12

このうち③こそが古典講習科生の取り組むべき方向（「会員諸賢ガ最モ其所長ヲ顕ハスベキ

＊12　「東洋学会ノ前途」、『東洋学会雑誌』二編七号・一八八八年六月。

所」）であるとし、卒業時に学士の学位を授与されない古典科生徒に対して敢えて「東洋ノ学士タルニ恥ヂズ」と慰撫しつつ、将来の東洋学は東洋だけで通用する学問であってはならず、従来の東洋学の欠点を補って「書籍ノミニ頼ラズシテ事実ヲ探討」し、「東西ノ学問ヲ精密ニ比較」し、「西洋ノ学士」に対抗しうる研究方法が必要であると論じた。[*13]

また、西村は現今日本の学術研究には、順調な進歩が見込まれる理科系分野（物理学・化学・数学・天文学・器械学・土木学）と、順調な進歩が疑問視される人文社会系分野（文学・字学・画学・道徳学・実用経済学）があると述べる。そして、「日本ノ文学」には帝国大学文科大学で行っている学術研究とは別の課題があると述べ、日本語・日本文の改良について①文字、②語辞、③文章、④詩歌に分けて具体的に意見を述べている。[*14] つまり、古典講習科生の進むべき方向として、帝大で行う文学のアカデミックな研究とは異なる分野として、実用的かつ品格ある日本文の改良や、同時期に始まる中等教育における「国語」教科への貢献などが期待されているものと思われる。

第四節　古典講習科のその後

西村の言のごとく、古典科の卒業生たちは各道府県の師範学校・中学校の教員に配属されるものと、自他ともに任じていたようである。在学中の国書課生徒・鹿島則泰の書簡に次の

*13 「諸賢ノ脳中、西洋ノ学術ノ博大精密ナル者アリ日々進歩シテ止マザル者アリトイフコトヲ忘ル、コトナク、東洋ノ一隅ニ僻在シテ自ラ甘ンスルコトナカランコトヲ希フ」という一文も、西村の主張をよく示している。

*14 『東洋学会雑誌』二編九号・一一号、一八八八年九月・一一月。

ような言葉がみえる。

古典科卒業生ハ諸府県下ノ師範学校・中学校ノ教員ニ相ナル由、尤モ文部省ニテ採用致スモ之レアルベク候。*15

師範学校・中学校以外の就職先としては、明治三〇年前後から（旧制）高等学校や高等師範学校、あるいは東京帝大の教官になる者が散見されるようになる。井上毅と同郷出身で昵懇であった池辺義象*は図書頭に就任した井上毅のもとで図書寮助手として勤務し、池辺の紹介で市村瓚次郎と瀧川亀太郎*が井上毅の知遇を得、瀧川が内閣法制局の属官となり、市村が学習院雇となって雌伏の時期を過ごし、後にいずれも旧制高校や帝大の教授となった。高等学校では一高に落合直文・安井小太郎・池辺義象・今井彦三郎・島田鈞一、二高に瀧川亀太郎・井上甲子次郎、四高に須藤求馬、五高に長尾槙太郎・児島献吉郎・山田準、七高に山田準・斎藤坦蔵らの例が知られる。高等師範学校では、東京高師に林泰輔*・長尾槙太郎*、広島高師に松平良郎、東京女高師に関根正直、奈良女高師に須藤求馬らの例が知られる。帝大では萩野由之、市村瓚次郎、佐々木信綱、岡田正之（兼任）らの例が知られる。古典講習科出身者は、全国の中等教育現場などの国語・漢文の教師として、また高等師範・高等学校・帝大の教授として、明治三〇年前後から昭和初期に至る長年にわたり、期待された「国漢」教学の実務者の役割を担ったのである。但し、学士の学位を授与されなかった古典科出身者たちは、待遇面で帝大本科生たちより低い扱いに甘んじざるを得なかった（後の選科出身者よりは厚遇さ

*15　明治一八年四月九日付・鹿島則泰書簡。鹿島則文『桜斎書牘集』第一〇冊。

れた[*16]。

教科書疑獄事件（一九〇二年）が引金となって、初等中等教育における教科書は従来の検定制（一八八六―一九〇三年）から国定制（一九〇三―四五年）に変更され、教育内容への統制が強まった。一九〇〇年には国語調査委員会が発足し（一九〇二年に官制）、文部省は漢文教科の削減・廃止の方針を打ち出すが、漢文教科は民間諸団体や私学に拠った漢学者が抵抗運動を展開し、さらに大正年間の漢学復興へのうねりへとつながる。

大正一〇―一二年（一九二一―二三）「漢学振興ニ関スル建議案」が帝国議会で審議可決され、漢学振興のための組織が予算化される。大正一二年（一九二三）九月に運営団体として財団法人大東文化協会が設置され、翌年一月に教育機関として大東文化学院が設立された。予算委員会での審議内容から、文部省がこの予算化の目的を「古典保存」のために古典研究者を養成することに設定していたことがわかる[*17]。漢学と皇学の古典研究者の養成を目的とする学校として創設される大東文化学院では、かつての古典講習科が漢学の振興に貢献したことが語られ、依拠すべき模範として回顧された。大東文化学院の開設時、漢学塾式の漢籍精読を重視する私学派（早稲田大学）と、近代的な研究方法を志向する東大派に基本方針をめぐる懸隔があり、京大派が私学派に同調し、私学派の方針に基づいて開校する。大正一四年（一九二五）の平沼騏一郎から井上哲次郎への総長交替により、井上総長が従来の教育方針を一変させ私学派が学院から一掃されたため、いわゆる、大東文化紛争が起こっている。

＊16　古典科出身者の待遇格差については、拙稿「三島中洲と東京大学古典講習科の人々」（『三島中洲の学芸とその生涯』、雄山閣出版、一九九九年）を参照。

＊17　帝国議会での漢学振興に関する審議内容や、大東文化学院設立の経緯については、尾花清編『大東文化学院創立過程基本資料』（二〇〇五年）が便利である。

漢籍を注疏まで精読する読解力養成を重視するか、新しい研究方法にも通じることを目指すか、もちろん両方を兼ね備えることは理想だが、これは東京大学設立このかた幾度も蒸し返されてきた問題でもある。古典講習科が提起する問題は、現在の研究教育においてなお問題であり続けている。

【参考文献】

『東洋学会雑誌』第一篇第一号〜第四篇第一〇号（一八八八〜一八九〇年）
『東京帝国大学五十年史』（東京帝国大学、一九三二年）
戸川芳郎編『三島中洲の学芸とその生涯』（雄山閣出版、一九九九年）
品田悦一・齋藤希史『「国書」の起源―近代日本の古典編成』（新曜社、二〇一九年）

研究の窓

啓蒙思想家 中村正直の漢学観

野村純代

啓蒙思想家中村正直

中村敬輔、号は敬宇、諱《いみな》は正直《まさなお》。「明六社」の一員であり、幕末にイギリスに留学。帰国後、サミュエル・スマイルズ「セルフ・ヘルプ」を『西国立志編《さいごくりっしへん》』と題して翻訳・出版。福沢諭吉『学問のすゝめ』と並んで「明治の二大啓蒙書」と称されるベストセラーとなった。明治に入ってキリスト教の洗礼を受ける。漢文布教書『天道遡原』に訓点を施して出版し、当時のキリスト教布教に影響を与えた。ジョン・スチュアート・ミル『オン・リバティ』を『自由之理』として翻訳、自由民権運動の思想背景に影響を与えたとも言われる。

このように、明治初年に洋学を日本に紹介した啓蒙思想家として知られる中村正直だが、福沢諭吉をはじめとする当時の知識人の大多数の例に漏れず、その基礎教養は漢学であった。

明治は、初年から明治一〇年（一八七七）までの洋学隆盛の時代、自由民権運動の反動からくる一〇年代半ばの国粋主義的動きによる漢学の復興、一八—二〇年の極端な欧化政策に平行して興る言文一致運動、二二年の帝国憲法発布と二三年の教育勅語の渙発《かんはつ》など、漢学にとっても激動の時代であった。[*1] 夙《つと》に幕末から、漢学を廃止しようという動きも起きている。一方で、漢学の権威は、なお依然として根強く、例えばキリスト教布教においても、人々ははじめ漢文訓読調の文語訳聖書をありがたがった、という話もある。[*2] 幕末維新期の一知識人として、中村正直の学問と漢学に対する考え方はどのようなものだったのだろうか。

両親の影響

天保三年（一八三二）五月二六日、江戸麻布丹波谷

に交番同心の子として生まれる。遅くにできた一人子、待望の男子である。もとは農民だった正直の父は、立身の機会を窺っていた折、京都二条城交番同心の株を買い、下級士族となった。「そのころは、御家人株の売買は普通におこなわれていたが、その株を取得するという向上心に燃えた武兵衛という人物を父親にもった敬宇は、その影響を強くうけていたと思われる。[*3]」（石井研堂『自助的人物典型　中村正直伝』東京成功雑誌社、一九〇七年、三頁）。

三歳で句読・書法を習い始める。本人も熱心に学び、能書と強記をもって聞こえた。「当時、書家の門に入って学ぶには相当の学資が必要であったから、豊かでない彼の母親は、そのために（中略）苦労をしなければならなかった。[*4]」という、母の恩にも感じていたであろう。一〇歳の時、師の薦めにより、昌平黌《しょうへいこう》の素読吟味を受けて学業勉励の廉を称され、白銀三枚を賞賜された。一〇歳で素読吟味を受けるのは、昌平黌でも前後に例がなかったという（石井研堂、前掲書、九頁）。一五歳で井部香山《いべこうざん》の漢学塾に入り、熱心に学ぶ。一八歳で昌平黌の寄宿舎に入る。その後、二四歳で教授となり、三一歳で儒者に昇進した。異例の若さで官学昌平黌の最高位についた正直であったが、間もなく英国に留学したため、実質的な在職期間はわずか五年。維新により幕府が倒れて、儒者としての生活は終わるのである。

漢学に志す

教育熱心な両親の元、時に寝食を忘れ、病弱のため時に喀血したが、これを隠してなお勉励するほど漢学に努力した正直の中には、どのような動機があったのだろうか。石井研堂は、「當時我が國士大夫の、世襲制度は極めて嚴にして、格式一定し、容易に昇進の道無し。只僅《わずか》に一縷《いちる》の望を屬すべきは、文学の一方面のみ。」といい、正直が昌平黌に入学したとき「この昌平黌在学の一事無かりせば、或は世に先生無かりしやも知れざりしならん。」と言う（石井研堂、前掲書、一五頁）。こうした門閥《もんばつ》制度への不満は、福沢諭吉『福翁自伝』のエピソードがよく引かれる。*5 高い能力があったとしても、身分家柄によって社会での地位が決まるのが江戸時代だった。そうした硬直した制度の中でも向上心を持って生きた両親を見て育ち、その期待を一身に背負って立身出世を目指した正直の取るべき道は一つ、漢学に志すことであった。

江戸に生まれ育って学問の府の頂点にある昌平黌に入学し、若くして御儒者《おじゅしゃ》の地位に昇った。「當時の『御儒者』なる者は、一代二名を定員とし、之を今日の帝国大學教授に比する時は、其の聲望《せいぼう》の高きこと數等の上にあり。」（石井研堂、前掲書、二六頁）下級士族出身の正直は、江戸幕府において望みうる最高の地位を得た。

しかし、時は幕末。天保一一年（一八四〇）にはアヘン戦争により、隣国の清が西欧列強に半植民地化された。情報は鎖国中の当時でもいち早く我が国に伝わり、大きな衝撃を与えた。このことは幼い敬宇の心にも刻まれていたであろう。彼は早くから蘭学を学び、独学で英学をも学んでいく。

漢学塾の学問方法

前田勉氏は、その著『江戸の読書会』において言う。士族が儒学を学ぶにあたり三段階があり、順に素読、講釈、会読と進む。素読は読書と暗誦、講釈は教師による経典講釈、会読は「七、八人、多くて一〇人程度の生徒が一グループとなり、その日の順番を籤《くじ》などで決め、前から指定されていたテキストの当該箇所を読んで、講義をする。その後に、他の者がその読みや講述について疑問を出したり、問題点を質問したりする。講者はそれに答え、積極的な討論を行う。これを順次、講義する箇所と人を入れ替えて繰り返していく」ものである。会読の場においては「上士も下士もなく、勝負して、勝ち負けがはっきりする。」という対等性が、身分秩序の中での平等化への希求を促したのではないか、と。[*6]

経書に書かれる経世済民の思想を素読で読み覚え、講釈で意味を識《し》る、その上で会読で疑問点や問題点について話し合い、意見を交わして考究することは、激動の時代を憂い国を興そうという志を育むことにも通じたであろう。前田氏はさらに、正直らの向上心を醸成したのは、漢学の場における「会読」という学びの方法によるところが大きいと指摘している。

儒学の系統

正直の学風は、彼が勤めた昌平黌の学風により朱子学派に分類されるのが一般的である。しかし、彼が一五歳の時に師事した井部香山は折衷学派だったという（石井研堂、前掲書、一三頁）。正直が入学した当時の昌平黌御儒者は佐藤一斎であった。一斎の儒学は朱子学・陽明学の折衷学派だといわれる。正直もその影響を受けたものと考えられ、『西国立志編』「自叙千字文」中に「一斎主レ盟（一斎盟《いっさいめい》に主《しゅ》たり。）」「尤重三餘姚、具二三不朽一（尤《もっと》も余姚《よよう》が三不朽《さんふきゅう》を具《そな》うるを重《おも》しとす。）」と言っている。[*7] また、「請質所聞」「漢学不可廃論」などの著作において、「孔子の宗教分を取る」と言い、理学者が「敬」を言って「天」を言わないことを批判する。[*8] もっとも、明治二年（一八六九）に書かれた「請質所聞」と二〇年の講演記録である「漢学不可廃論」では正直の考えにも変遷がある。時代背景、キリスト教や洋学の影響も考えねばならない。

洋学との出会い

正直は井部香山の塾にいた時、師に代わって蘭方医桂川甫周《ほしゅう》の娘に経学を教えに行ったことがきっかけで蘭学に興味を持つ。時代の要請を背景に強い探究心を持った正直が、両親を説得して洋書を読み始めたのは一六歳の時であった。当時は「幕府の譯官、或は蘭醫《らんい》の外は、蕃書《ばんしょ》を読むこと國禁たり（石井研堂、前掲書、三〇頁）。」という状況であったが、その後昌平黌に入学して漢学に精励しつつも洋書を読み続け、人から怪しまれ、叱責されてもやめなかったという。幕末には浪士に命を狙われることもあったほど、洋学を学ぶことには危険を伴った時期だった。

二二歳の時、正直は十箇条の誓詞を書き残している。その六条目に、「蘭書の業、半途にして廃すべからざる事。（石井研堂、前掲書、一八―一九頁）」とあり、嘉《か》永癸丑《えいきちゅう》八月一七日夜五時、書名の後に血判を押している。正直をして、ここまで強靱な意志を以て洋学を学ばせしめた動機となったものは、先述の通りアヘン戦争に始まる所謂「西洋の衝撃」である。漢学発祥の地であり、長く範《はん》としてきた隣の大国清を破った西洋に対する驚異とその発展への興味。自国の行く末を憂えたが故に、国禁を犯してまでも決然として学び続けたものであろう。文久二年（一八六二）あたりからは英学の研鑽も始め、英学に通じた箕作奎吾《みつくりけいご》に発音訳読などを質問したり、英語の辞書一〇冊を筆写したりしている。

留学中の学問

慶応二年（一八六六）、幕府は英国に俊秀の少年一二名を派遣した。正直は監督として川路太郎と共に同行を許された。大久保利謙《としあき》氏は「ところで敬宇は聖堂御儒者であり、すでに三五歳であった。学問・年齢といい、また儒者の元締であるのに、洋学書生の取締として洋行するとは当時のこととていかにも奇異あった」と述べ、中村家の仏壇から発見された新資料として「留学奉願候存寄書付」を紹介し、正直が英国留学に同行することができたのは、自ら願い出たからであることを示した。[*9]

英国留学中も、正直の学問姿勢は変わることなく、寝食を忘れる勢いで勉強し、寄寓先のロイド氏に心配・忠告されていた。「時に、先生は年三十六、留学生は、皆十臺位の少年（中略）、されば、英書を習ふに、撥音其の他、先生よりも、少年の方、善く早く覺え込むを常とせり。併し教師常に、『中村は、覺えることは遲いが、一旦覺えたことは、決して忘れない。他の少年たちは、覺えるも早いが、忘れるも亦早い』と、先生の成跡を賞」（石井研堂、前掲書、五六頁）した。また、留学中に英国で得たものについて、前掲の『中村正直伝』は「先生の留学は僅に短時日に過ぎざりしも、日夕目覩耳聞する所のものは、人皆眞神《しんじん》を敬信《けいしん》して、時勢自裁の信念堅きに在り、人皆人類の天職として其職業に勉め、職業を為すを俗事と卑《いやし》めざるに在り。（中略）これ等、邦人の善風美俗《ぜんぷうびぞく》は、即ち邦家の隆昌なる大原因なるを看取するや、由來東洋的なりし先生の思想は、忽ちこの西歐思想の長所を攝取《せっしゅ》して調和融溶、模範的紳士の素を成形せしや勿論なり。」と言っている（石井研堂、前掲書、六〇頁）。留学期間は五年の予定であったが、明治維新により幕府が倒れたため資金が尽き、一年半で慌てて帰国の途についた。明治元年六月横浜港から江戸に行き、その後、徳川亀之助に従って静岡に移った。

西国立志編の翻訳出版

英国から帰国するときに、友人フリーランドは一冊の本を正直に送った。これが前年に英国で出版されたサミュエル・スマイルズ『セルフ・ヘルプ』である。「天は我を助くる者を助く」という、自助の精神によって立身を果たした人物の小伝を集めたこの本は、数カ国語に訳され読まれていた。正直も繰り返しこれを読んで大いに感じ入り、帰国後間もなく翻訳に取りかかった。昼間は静岡に徳川氏が開いた学問所の教授を勤める傍ら、夜を翻訳に費やし、明治四年に『西国立志編』

と題して刊行。『明治の聖書』と称され、百万部を売るベストセラーとなった。維新直後の激動の世に、生き方を模索する人々の指針となったのである。

維新後の「立志」

維新により幕府は解体され、正直も旧幕臣として静岡で辛酸を嘗めた。この時期に『西国立志編』『自由之理』の訳述出版を行い、一世を風靡する。世評を受け、明治五年には請われて首都東京に赴き、大蔵省翻訳御用を勤めた。正直を慕って入門する者が多く、明治六年自邸内に私学同人社を創設、三田の慶應義塾、新銭座の攻玉社《こうぎょくしゃ》と並ぶ三大英学塾と言われた。同年、森有礼、福沢諭吉、西周《あまね》、加藤弘之、箕《み》作《つくり》麟祥《りんしょう》らと明六社を組成する。翌明治七年には宣教師カックランより受洗した。明治八年、『天道遡原』に訓点を施して出版。同年、訓《くん》妄《もう》唖《あ》院創立運動に加わり、明治九年女子師範学校校長に就くなど、活動範囲が大きく広がった。廃案となったが教育勅語草案をつくり[10]、のち貴族院議員にも選出されるなど、多方面にわたって活躍する。明治の世においても「立身」を果たしたのである。

晩年

明治一〇年から、正直は東京帝国大学で漢文を教え、のち教授、学士会員にもなっている。漢学を学ぶことについては「東京学士会院」にて「四書素読ノ論」「古典講習科乙部開設ニ付キ感アリ書シテ生徒ニ示ス」「漢学不可廃論」という題で講演し、「漢学の基ある者は洋学に進み非常の効力を顕《あら》はす」ことを力説している[11]。

自由民権運動に対する警戒から、明治政府が「明治初年の開明的、啓蒙的な教育政策を大きく右旋回させようとした」明治一三―一四年以降、啓蒙思想家とされる元の明六社員らも、その主張や姿勢を転向させていった[12]。世の東西を問わず、道徳も芸術も、社会情勢の影響の下にある。その中でそれぞれの在り方や生き方を模索していた様子を、ここに読み取ることができる。晩年に至り、正直の思想も明治初年にあった先進性と影響力は漸く失われていく。開明と反動、洋学偏重と儒教道徳の復活の狭間で、漢学の在り方も変容を余儀なくされる。漢学の学びの方法である「素読、講釈、会読」から、西洋近代教育の教授法への移行もあり、新しい教育制度の下に育っていく知識人の在り方もまた、変わっていったであろう。

【註】

＊1　三浦叶『明治の漢学』（汲古書院、一九九八年）第一部第一章、二章。
＊2　海老沢有道『日本の聖書』講談社学術文庫、一九八九年／柳父章『「ゴッド」は神か上帝か』（岩波現代文庫、二〇〇一年）など。
＊3　高橋昌郎『中村敬宇』（吉川弘文館、一九六六年）一頁。
＊4　前掲書、三頁。
＊5　福沢諭吉『福翁自伝』（岩波文庫、一九七八年）二四頁。
＊6　前田勉『江戸の読書会』（平凡社ライブラリー、二〇一八年）第一章。
＊7　高橋昌郎、前掲書、一〇頁。書き下しは『西国立志編』講談社学術文庫によった。
＊8　中村正直「請質所聞」明治二年、自筆稿本。
＊9　「中村敬宇の初期洋学思想と『西国立志編』の訳述及び刊行について―若干の新資料の紹介とその検討―」（大久保利謙歴史著作集5『幕末維新洋学』、一九八六年所収〈一五七―一六二頁〉）。
＊10　前田愛「元田永孚と教育勅語」（岩波現代文庫『幻影の明治』、二〇〇六年所収〈一五七―一六二頁〉）。
＊11　明治文学全集3『明治啓蒙思想集』筑摩書房。内容については三浦叶『明治の漢学』汲古書院、一九九八年、六二頁に紹介され、前田愛「中村敬宇」（『幕末・維新期の文学』法政大学出版局、一九七二年）などにも触れられている。
＊12　前田愛「中村敬宇」（『幕末・維新期の文学』法政大学出版局、一九七二年）二八五頁。

【参考文献】

『西国立志編』（講談社学術文庫、一九九一年）
高橋昌郎『中村敬宇』（吉川弘文館、一九六六年）

研究の窓

皇典講究所および國學院の漢学

佐川繭子

皇典講究所と國學院大學

皇典講究所《こうてんこうきゅうじょ》は、明治維新後の政治や社会情勢の変化を背景として、「国体ヲ講明シ、道徳ヲ涵養スル」（「開黌並ニ生徒募集広告」規則撮要）[*1]ことを教育目的として、明治一五年（一八八二）に開所した。初代司法大臣山田顕義が皇典講究所所長になると、事業の拡張を企図して、国史・国文・国法を教授することを目的とする國學院を明治二三年（一八九〇）に設立した。その後、大正時代には大学令大学として認可されている。また、皇典講究所の設立当初から神職養成事業を担っており、現在の國學院大學は神道精神を建学の精神としている。

江戸時代中期に興った国学は、中国の古典文献を対象とする学問である漢学に対して、儒教などが渡来する前の我が国固有の文化や精神を明らかにしようとする。しかし、皇典講究所や國學院が究明しようとした国体、国学というものは、必ずしも漢学の影響を排除しようとするものではないことが、当時の学科課程などから見えてくる。

ここでは、皇典講究所と國學院では、漢学がどのように扱われていたのかを見てみることにする。國學院大學の校史資料には教学に関する記録が豊富に示されているが、紙幅の都合上、主として創立時や大学認可後を扱う。

皇典講究所と漢学

皇典講究所は文学部（修身・歴史・法令・文章の四科）と作業部（礼式・音楽・体操の三科）の二部構成で出発した。その入学試験科目は、体操（体育検査）・読書・作文であり、読書は『大日本史』列伝の講義、『続日本紀』宣命の白文訓点、『唐宋八家文』の白文の読法であり、作文は、和文漢訳・漢文和訳であった。[*2] この当時、社会的に漢作文の需要があったことが試験内容に反映されている。『大日本史』も漢文であることから、漢文読解能力は必須のものであった。また、その授業では、「春秋左氏伝」「孝経」の二種の漢籍のほかに、浅見絅斎《あさみけいさい》『靖献遺言《せいけんいげん》』、平田篤胤『童蒙入学《どうもうにゅうがく》(門《もん》)』といった邦人の書いた漢文が用いられている。[*3]

なお、同年九月に発表された皇典講究所設立告文には「全国精英ノ少年ヲ募集シ、専ラ国典ヲ講明シ、礼楽ヲ修習セシメ、其心志ヲ鞏固ニシ、其徳性ヲ涵養セシメ、兼ヌルニ漢洋ノ学武技体操ノ術ヲ以テシ」云々とあり、[*4]「国典」だけではなく、漢学、洋学や体育を兼修することが示されている。

第二期になると教程が整備され、各教科に正副の教材が配当されて、国文国書が正に、漢籍や邦人の漢文は副に配当されるようになった。[*5] 副に配当された書名を見てみると、修身科に四書だけでなく『周易《しゅうえき》』『尚《しょう》書《しょ》』があるのは「修身」という概念を考える上で興味深い。歴史科に『日本外史』『大日本紀』だけではなく、『春秋左氏伝』『史記』『漢書』が見えることからは、歴史学が形成途上であったことが窺える。法令科に『唐六典《とうりくてん》』『唐律疏義《とうりつそぎ》』『明律《みんりつ》』があるのは、大日本帝国憲法や民法公布以前の法令の規範としてのものであろう。文章科には『文章規範』の他、頼山陽『謝《しゃ》選拾遺《せんしゅうい》』、テキストは不明だが韓《かん》・柳《りゅう》・欧陽《おうよう》・三蘇《さんそ》・王《おう》・曽《そう》の文が挙げられており、入試科目にもあったように、漢文の模範としては唐宋八家が想定されていたことが窺える。[*6]

明治一九年(一八八六)には皇典講究所規則を改正し、予科二年、本科三年の課程を確立し、国体学・政治学・法律学の各学科には正科に皇典、副科に漢洋書を配当した。[*7] 翌二〇年に再び規則を改正し、学科課程を再整備して、本科(三年)、予備科(二年)に分け、予備科、本科には複数の科目を加えた。しかし、予備科に加えられた漢文は本科には置かれず、科目ごとの正副の区分も消えたため、本科からは漢文、漢学に関する授業がなくなったように見える。[*8] ただし、数年後に漢文科目は復活する。

國學院と漢学

明治二三年（一八九〇）、國學院が開院した。國學院規則の目的には「本院ハ専国史、国文、国法ヲ教授シ併セテ広ク之ガ研究及応用ニ須要ナル諸学科ヲ修メシムル所トス」とある。[*9] 本科には、国史・国文・道義・法制等の九科目があるが、その中に漢文が復活している。[*10] また、本科の入学試験科目は国史・外国史・国文・地理・数学・漢文・英語であるが、国史に「国史略、皇朝史略、日本史綱ノ類」、外国史に「十八史略」他万国史の類、漢文には「日本政記、文章規範正続ノ類」とある。[*11] 岩垣松苗《いわがきまつなえ》『国史略』、青山延于《あおやまのぶゆき》『皇朝史略』、頼山陽『日本政記』は、いずれも漢文体の史書である。このように国史を学ぶにあたって漢文読解能力が求められる一方、入試科目の作文は仮名交り普通文体であり、十年もたたないうちに社会で必要とされる作文が漢文ではなく普通文に交替したことを示している。

その後も規則改正などを重ね、大正九年（一九二〇）、大学部三年（国史・国文・道義の三学科）、予科二年、研究科二年からなる國學院大學は大学令大学として認可された。学部に入るための予科には漢文科目があった。そして、国文学科には漢文学史・詩経（書経）・老子（荘子）・易経（礼記）の科目が置かれた。この他に、東洋に関わる学科として道義学科には東洋倫理学史、国史学科には東洋史（第一革命以後）・同（北方民族）がある。[*12]

國學院に漢文科目が置かれたのは、規則に照らせば「広ク之ガ研究及応用ニ須要ナル諸学科」だからということになる。実際には、国語（国語漢文）科の教員養成のためでもあった。國學院は、明治三二年に文部省により国語（国語漢文）ほかの中等教員無試験検定の指定をうけ、大学令による大学認可後にも、中学校国語科他の無試験検定の指定、高等科の国語科他の無試験による教員免許の指定を受けている。さらに、中等教員育成のために既存組織を改訂改称し、國學院大學附属高等師範部とした。各課程には当然教育養成に必要な科目を配置することになる。

大正一三年度の高等師範部学科課程の漢文科目には「唐宋八家文」「日本政記」「十八史略」「唐詩選」「漢作文」「支那俗文」「論語・孟子」「左伝」「大学・中庸」「漢文学史」「詩経・書経」「老子・荘子」「文選」「漢文演習」の名称が見える。*13 ここで國學院の独自性が窺われるのが、支那俗文と漢作文が置かれていることである。文部省が国語漢文科目の教授内容に現代中国語である「時文」を加えるように指示したのは昭和に入ってからであり（昭和十四年文部省訓令第三号中学校教授要目中改正）、また、漢作文は当時すでに国語漢文科目の中では必要とされていなかった。

漢文科目があれば、当然それを教授する講師もいる。國學院草創期に漢文を受け持ったことが判明しているのは、川田剛、島田重礼、三島毅、楠文蔚、内藤耻叟である。このうち島田は道義も担当し、内藤は道義と国史も担当している。また、市村瓚次郎《さんじろう》が外国史を担当した。大正に入り、大学認可後の各課程には加藤常賢《じょうけん》（予科）、塩谷温《しおのやおん》（学部および臨時専攻科）、池田四郎次郎（同前）、宮内默蔵《もくぞう》（学部）、内田周平（同前）、小柳司気太《しげた》（高等師範部）などがいた。ここでは割愛するが、このほかにも、多くの碩学が國學院の教壇に立った。

國學院の川田甕江

国体の究明を目的とする國學院にあって、漢学者は国学とどのように向き合ったのであろうか。文章家として知られた川田剛《つよし》（一八三〇—一八九六）について、少しばかり考えてみたい。

川田は、甕江《おうこう》の号で知られる。三島毅は、川田の墓誌銘に、その学問は程朱を尊重して博く経史百家から国文に及ぶが、文章をもっとも得意とし、「明治文宗」と呼ばれたと記す。[*14]

川田自身は、明治二六年（一八九三）の國學院第一期生の卒業式で、講師代表としての演説の中で自身の学問についてこう述べている。[*15]——自分は歌読みの家柄だが、幼少時に歌を読んだところ、それを見た学者に歌を読むのをやめて真正の学問である漢学を学ばせるよう言われて、漢学を修業した。当時世間に行われた四書五経他主な漢籍を一通り学び、江戸に出てから日本史を学んだ。そして日本のことにはほぼ通暁したので、引き続き漢籍を勉強して怠らなかった。しかし、追懐して残念なことは、己の学問は漢学が土台であり、漢学の能力で読むと古事記や日本書紀はいずれも容易に読めるため、漢学さえできれば日本の書物は深く研究する必要はないと等閑視したことである——。

このように、漢学者としての驕りを率直に語った。そして、漢文で日本のことを書いたり読んだりすることの問題点を語り、日本のことは和文で記すべきであることを述べている。川田のこの認識は、皇典講究所が作成した学術刊行物に掲載された文章にも見えている。「和文漢文比較説」（國學院『国文論纂』大日本図書、明治三六年）は、和文で書かれた史書と、漢文で書かれた国史とをそれぞれ分類、比較しながら論じたものである。先述した『国史略』『皇朝史略』『日本政記』は、川田の分類では「和文の旧史を、漢文に翻訳したるもの」に分類される。

また、外史の文章を「識高くして、才美はしく」と評価する一方で、「若し事実に就て言はば、外史は疎謬多く、日本史と並称すべきにあらず」と批判している。「巧なる漢文」で書かれた国史は「何となく漢（カン）めきて、あかぬ心地するなり」、「此後とても、我国の史筆は、和文を用ゐたき事になむ」と言う。川田が國學院で受け持ったのは漢文であり、国史ではなかったが、文部省・修史《しゅうし》局・宮内省で修史事業に携わり、漢学と国史の双方に通じたことが、このような認識に至らせたのであろう。

服部学長と市村学長

時代が下り、昭和初期には国学者ではない学長が続いた。この二名について簡単に触れておく。

昭和四年（一九二九）には服部宇之吉《うのきち》が学長となった。服部は現在の漢文訓読法の規範とされる「漢文教授ニ関スル調査報告」（明治四五年）作成の中心人物でもある。服部は東京帝国大学教授として中国哲学を講じていたが、皇典講究所や國學院での講師経験はないようである。[*16] 服部が國學院に縁を得た経緯は定かではないが、大正七年（一九一六）には皇典講究所國學院大學拡張委員会の委員となっている。その委員長は元文相の小松原英太郎であり、教育行政上の小松原との縁故によるものであろうか。服部は学長就任式の挨拶の中で、学生生徒に「私は漢学者であるので本学の学長に就任することに躊躇したが、我が国体に醇化した漢学は精神に於て毫も相異る所がない。故に学長に就任した」と語った。[*17]

そして、服部が約四年半学長を務めた後に市村瓚次郎が学長に就任したが、一身上の都合により一年余りで辞任している。四〇年来の東洋学研究への愛着が断ちがたいというのが理由であった。[*18]

【註】

＊1　國學院大學校史資料課編『國學院大學百年史』上巻（國學院大學、一九九四年）二一頁。

＊2　＊1前掲書、二一頁。

＊3　ほかに、国学に相当する「神皇正統記」「万葉新採百首」「歴朝大綱」の書が見える（＊1前掲書、二二頁）。

＊4　＊1前掲書、二四頁。
＊5　＊1前掲書、三六―三七頁。
＊6　明治一九年には学階選叙式（神官神職資格）が定められたが、その試験科目の作文でも唐宋体が課せられている（＊1前掲書、五三頁）。
＊7　＊1前掲書、七八―七九頁。
＊8　＊1前掲書、八五―八八頁。
＊9　＊1前掲書、一三七頁。
＊10　＊1前掲書、一四六―一四七頁。
＊11　＊1前掲書、一四八―一四九頁。
＊12　＊1前掲書、五七八―五七九頁。
＊13　＊1前掲書、五九〇―五九一頁。
＊14　「宮中顧問官従三位川田君墓誌銘」（亀山聿三編『近代先哲碑文集第五十巻』夢硯堂、一九七七年）。
＊15　＊1前掲書、一七〇―一七一頁。
＊16　「服部先生年譜」『服部先生古稀祝賀記念論文集』（冨山房、昭和一一年）＊1前掲書には確認できない。
＊17　＊1前掲書、七〇三頁。
＊18　＊1前掲書、七九六頁。

【参考文献】

國學院『国文論纂』（大日本図書、一九〇三年）
國學院大學校史資料課編『國學院大學百年史』上巻（國學院大學、一九九四年）
秋元信英「川田剛」『國學院黎明期の群像』（國學院大學日本文化研究所、一九九八年）

第Ⅱ部　漢学から哲学・史学・文学へ

第一章　井上哲次郎の東洋哲学と服部宇之吉の儒教倫理

水野博太

第一節　東京大学と「支那哲学」

本章では、戦前の東京（帝国）大学[*1]を舞台に、儒教を中心とした中国哲学（支那哲学）の展開を追い、特に井上哲次郎《いのうえてつじろう》（一八五五―一九四四）と服部宇之吉《はっとりうのきち》（一八六七―一九三九）の二名に着目する。いずれも東京帝国大学教授を務めた人物であり、「京都学派」に対して「東京学派」を代表する人物と呼べるかもしれない。

「中国哲学」という言葉に当たり前のように付されている「哲学」とは、広く知られているように、明治初期に翻訳語として整備された語である。そこからやがて、中国（戦前では「支那」）の伝統学術の「哲学」的な部分を「支那哲学」と呼ぶようになった。これが戦後になると「中国哲学」と呼び改められ、現在に至っている。漢籍を読むという行為が古くから行われてきた一方で、中国哲学という学問分野の成立は意外と新しいとも言える。

中国哲学の来し方を考える上で、なぜ「東京」を舞台としなければならないのだろうか。

＊1　明治一〇年（一八七七）に設立された東京大学は、明治一九年（一八八六）に帝国大学となり、明治三〇年（一八九七）に京都帝国大学が開設されると東京帝国大学となった。東京大学設立の沿革については、図表を参照頂きたい。

狩野直喜《かのなおき》、内藤湖南《ないとうこなん》、吉川幸次郎《よしかわこうじろう》といった名前に馴染みのある方は、戦前の中国学の本場は「東京」よりもむしろ「京都」だったのではないかと思われるかもしれない。「京都支那学」が、その高い学術的業績と政治からの距離などを理由に高い評価を受けてきた一方で、東京帝国大学の「支那哲学者」たちについては、国家主義的政治体制への協力的な姿勢などが問題視され、様々な批判が展開されてきた。井上は「支那哲学者」とは言い難いものの、キリスト教への攻撃や「国民道徳論」などから、さらに風当たりは厳しい。

一方で、近代日本で「支那哲学」という学問分野が誕生したのは、ほかのさまざまな学問分野と同様に、東京大学においてであった。井上もそこに少なからぬ役割を果たしている。「支那哲学」を含め、近代日本における学術の成立と展開を批判的に分析するためには、まず彼ら「東京学派」を分析しなければならない。本章は、このような問題意識に基づいている。

洋学教育と漢学

東京大学が創設されたのは明治一〇年（一八七七）である。初めは法・理・文・医の四学部しかなかった。それまで東京開成学校と東京医学校という別々の二つの学校が存在していたのだが、これらを合併させて東京大学と呼んだ。東京開成学校は法・理・文学部の母体となり、東京医学校はそのまま医学部になった。

東京大学はその創設当初から、いや、その前身の時代から、西洋の学問を吸収することが

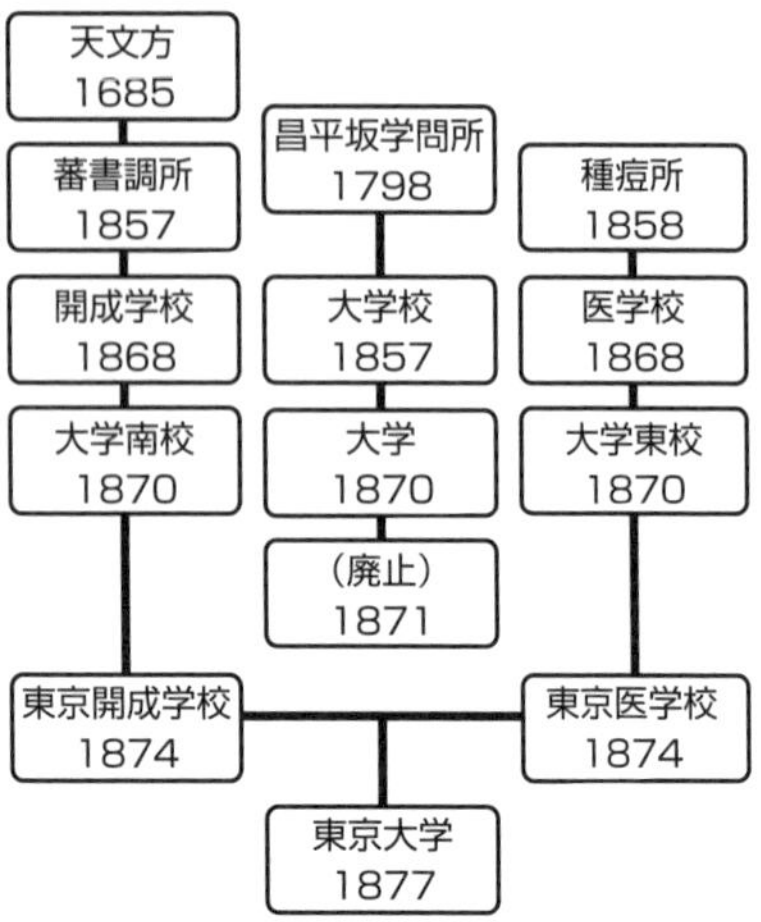

東京大学沿革略図

使命であった。東京開成学校時代、同校の教師はほぼ全て英米人であり、授業も試験も全てが英語で行われた（東京医学校ではこれがドイツ人とドイツ語に変わった）。このような、現代風に言えば「オールイングリッシュ」の状態は、東京大学と名前を変えた後もしばらく続いた。高等学問を教えられる日本人教師がまだいなかったのである。自前の憲法も民法もまだ無い時代、東京大学法学部では英米人が英語で英米法を教えていた。

このような環境では漢籍・漢学の出番など到底なさそうに思えるが、そうでもなかった。「オールイングリッシュ」特有の悩みとして、生徒が英語に力を入れるあまり、逆に日本語が書けなくなるという事態が生じていた。せっかく洋学を学んでも、それを日本語に翻訳しなければ、その成果を広く日本に根付かせることはできない。そこで東京開成学校では、生徒に日本語の書籍や漢籍を読ませる課外授業を設けた。[*2] 漢文を読むことと日本語の文章を書くことに直接の関係があるのかと不思議に思われるかもしれない。しかし、言文一致以前の明治日本にあっては、日本語の書き言葉は漢文書き下し風の文体であり（明治憲法や教育

＊2　東京大学史史料研究会『東京大学年報　第一巻』（東京大学出版会、一九九三年）六二頁。

勅語などを思い浮かべられたい）、文語文作成に必要な漢語などの語彙習得と合わせ、漢文を学ぶことは日本語作文の訓練の一環として捉えられていた。「言語教育」に特化することは、漢学にとって、高等教育機関における貴重な生存戦略の一つであった。

初期東京大学における漢学教育

東京大学は創設当初より、日本の伝統学術を保護するとの名目から、文学部に「和漢文学科」を置いていた。しかし同学科は実質的に開店休業状態であり、帝国大学への改組以前では明治一四年（一八八一）に一人、明治一七年（一八八四）に一人、合計二名の卒業生を出したに過ぎなかった（その次に漢学系の学科が卒業生を出すのは明治二七年〈一八九四〉のことである）。ただし、その他に「古典講習科」という国学・漢学専門課程があり、そちらは数十名の卒業生が輩出したのだが、本章では触れない。

「和漢文学科」がほとんど機能していなかった初期の東京大学ではあるが、それでも法学部や文学部の他学科の生徒を相手に漢学の授業が行われていた。この頃の東京大学で教鞭を執った漢学者には、中村正直《なかむらまさなお》（敬宇《けいう》）、三島毅《みしまき》（中洲《ちゅうしゅう》）、信夫粲《しのぶあきら》（恕軒《じょけん》）、島田重礼《しまだちょうれい》（篁村《こうそん》）、南摩《なんま》綱紀《つなのり》（羽峯《うほう》）などがいた。彼らの講義は概して「文辞」「文法」に重点を置くものであった。言語教育という目的を考えれば当然とも言える。例えば、中村が担当した明治一三年（一八八〇）から翌年にかけての「漢文学」の授業において、中村はテキストに『史記』を用いたが、彼は『史記』の内容を記憶させるよりも、むしろ『史記』のテキストを通じて「文辞に通ずる」ことを目的とした指導を行なった。また漢作文の指導では、生徒が教科書として利用している洋書の一部を漢文に翻訳させることもあったという。

　彼らは洋学教育機関における自らの立ち位置を理解していた。留学経験のある中村以外には、彼らの中に洋学を学んだ者はいなかっただろうが、それでもおそらくは彼らの全員が、洋学の効用を認めるだけの度量を持ち、かつ生徒の洋学習得のために漢学が貢献する余地があると考える柔軟な思考の持ち主であった。町泉寿郎は、三島が漢学・洋学の兼修を訴えていたことを紹介し、その二松学舎や東京大学における漢学講義の目的が「論理的分析的な思考力や漢字漢語の語彙力を伴う作文能力の養成にあった」ことを指摘している。[*3]

漢学から「支那哲学」へ

　しかしながら、漢学はいつまでも言語教育の枠内に留まっていられた訳ではなかった。当時の東京大学綜理・加藤弘之《かとうひろゆき》は、明治一八年（一八八五）二月、文学部の教員を集め「学問と云ふことに就き卑見を述べて諸先生に質す」と題した講演を行った。[*4]自らの意見を「卑見」と謙遜し、またその講演の口調も穏やかではあったが、その内容は、国学・漢学系の教員たちに対して厳しい改革要求を突きつけるものであった。加藤は日記に「和漢教員の学問と云ふを知らざる故戒むる」ために、この講演を行ったのだという率直な思いを記している。[*5]

＊3　町泉寿郎「幕末明治期における学術・教学の形成と漢学」一四七頁。（章末参照）

＊4　加藤弘之「何をか学問と云ふ」（『学芸志林』第一六巻第九四冊、東京大学、一八八五年）。

＊5　中野実「加藤弘之日記　明治十八年一月〜十二月」（『東京大学史紀要』第一〇号、東京大学史史料室、一九九二年）。

加藤が批判の矛先を向けたのは、少なくとも漢学について言えば、西洋の思想家との比較を行うこともなく、ひたすら「訓詁《くんこ》」に留まろうとする（ように加藤の目に映った）漢学者たちの態度であった。加藤は演説の中で、漢学者は往々にして「支那唐虞三代の事を講説するを以て足れり」として学術の史的展開を軽視する嫌いがあり、また「支那古学のみを守」って「外国の事物と比較」することがないために、「真の学問」からは程遠い存在になってしまっていると説いた。加藤は、「真の学問」には「実験（エキスペリメンタル）」「索蹟（ヒストリカル）」「比較（コンパレチーブ）」の三つの方法論が必要であり、特に思想・歴史系の学問では「索蹟」のみならず「比較」が重要だと考えていたのである。また授業方法について、漢学は伝統的に、教科書に定めた漢籍をひたすら読解する方式で授業を行っているが、これでは「文字訓詁」にばかり時間を費やしてしまい、大学の限られた授業時間の中で「事理事由を綜約概括して完備に教ふること」が難しくなっているとの批判を加えた。そして演説の最後で加藤は、これからは既存の漢籍をそのまま用いるような授業ではなく、例えば「忠孝仁義」や「五倫五常」といった思想上の概念を中核に据えながら、それについて孔子・孟子のみならず、諸子百家を含めた中国のあらゆる諸説を総合一括して教授するような授業を望むとの要望を出している。

加藤の演説に先立つ明治一四年（一八八一）から、東京大学には授業科目として「支那哲学」および「印度哲学」が登場しており、その翌年には両者を含む大分類として「東洋哲学」

という呼称も登場していた。これは恐らく、従来の漢学そして仏教研究という伝統的学問を、大学という近代高等教育制度の中に定着させるためには、西洋の諸学問と並べても引けを取らない「真の学問」としなければならないという、加藤を含めた大学首脳陣の意思表示でもあった。言語教育としての漢学の役割が消えた訳では決してなかったが、その主な現場は大学ではなく、東京大学予備門、あるいは来たるべき高等中学校など、より下位の予備教育機関に求められていった。このような過渡期にあって、依然として自らのアイデンティティを言語教育の側面に求め、それゆえ加藤は、「訓詁」の域を脱することができていないように見えた漢学者に対し苛立ちを隠せなかったのだと考えられる。

とはいえ、現場の漢学系教員にしてみれば酷な話ではあった。彼らのほとんどは旧幕府の昌平黌《しょうへいこう》などで教育を受けた純然たる漢学者であり、明治以降に普及した西洋式の普通教育を受けていない。『西国立志編』『自由之理』などを訳出した中村でさえ、「支那哲学」なるものをどう教えるかに手を拱いていた。ましてや「哲学」なる語にすら馴染みのない漢学者には五里霧中の感があったであろう。

この苦境の突破口を開いたのが、若き井上哲次郎であった。

第二節　井上哲次郎の東洋哲学

東洋哲学史

井上哲次郎は明治一三年（一八八〇）に東京大学文学部の第一期卒業生となると、加藤弘之の勧めにより、初め文部省で、次いで東京大学の中で『東洋哲学史』の執筆に従事した。この原稿に基づいて、明治一六年（一八八三）頃、井上は東京大学文学部助教授として「東洋哲学史」の講義を行った。この講義は「支那哲学」を古代の諸子百家から明清に至るまで通史的に整理しつつ、随所で西洋の哲学者との比較を行うものだった。それは今日の目から見れば、単に「AとBが似ている」程度の素朴な比較に過ぎないようにも思えるし、井上が後世しばしば批判されるところの「折衷」の域を脱していないとも言える。しかし同時にそれは、加藤が批判したような「訓詁」的な漢学の世界を脱し、「索蹟」と「比較」の方法論によって、西洋哲学を参照しながら中国思想を捉えようとした最初期の試みであり、日本における「支那哲学」研究の第一歩であったとも言える。加藤が演説で和漢学の教員を批判した際、井上によるこの先駆的な試みが念頭にあったと考えても不思議ではない。

三哲学の鼎立と「バランス」感覚

このような試みは、漢学と西洋哲学の双方に慣れ親しんだ井上であればこそ可能なものだった。太宰府に生まれた井上は、長崎英語学校で英語を学んだのち、上京して東京開成学校に入った。三年の課程を一年飛び級で卒業し、そのまま東京大学文学部に進んで哲学と政

井上哲次郎　国立国会図書館蔵

治学を専攻した。東京開成学校で「オールイングリッシュ」のカリキュラムに耐え、東京大学でも英語による講義を難なく消化した井上であるからその英語力は折り紙つきだが、この時代の知識人に共通する特徴として、幼少期の素読体験などを通じて、一通りの漢学知識をも併せ持っていたことを指摘できる。この漢学力こそ、のちに井上に独特の地位を築かせることになる。井上は太宰府で中村徳山《なかむらとくざん》という儒者から漢学教育を授けられたが、「中村徳山先生に就いて儒学を教つた際の印象が、抜くべからざる力となり、自分をして最も哲学に興味を持たしめたやうに思はれる」と、最晩年に語った「自伝」の中で述べている。[*6] 井上が幼少年期に培った漢学力は、井上の思考の基礎を形作った。それと同時に、この漢学の基礎があればこそ、井上が東京開成学校に進み、しばらく漢学から離れたのちも、東京大学でひとたび学習を再開すれば、容易に漢学あるいは仏典などの漢籍を読みこなすことができた。

学生時代に影響を受けた人物として井上が「自伝」の中で挙げているのは、西洋哲学のフェノロサ、漢学の中村正直、国学の横山由清《よこやまよしきよ》、そして曹洞宗の禅僧・原坦山《はらたんざん》である。原は加藤弘之に招かれて東京大学で教鞭を執り、明治一二年（一八七九）から課外授業として「仏書講読」を担当して『大乗起信論』などを読んだ。この講義は明治一四年（一八八一）からは「印度哲学」として文学部の正式な科目となり、そこに真宗大谷派の吉谷覚寿も加わった。これと同時に「支那哲学」も授業科目として登場し、これらが「東洋哲学」と総称されたことは既に述べた。ここに「西洋哲学」「支那哲学」「印度哲学」の三哲学が、東京大学において鼎

＊6　井上哲次郎『井上哲次郎自伝』（富山房、一九七三年）六頁。

立することになった。もちろん鼎立とは言っても、「支那哲学」を教えたのは昌平黌出身の漢学者で、また「印度哲学」を担当したのも伝統宗派の僧侶たちであったことから分かるように、当初は多分に名目上のものであったが、井上はこれらの三哲学を早くからバランスよく摂取しようとし、また明治一六年（一八八三）頃には自ら「東洋哲学史」を講じて、西洋哲学と「支那哲学」の調和を目指した。

井上は最晩年、現時の哲学界のドイツ哲学偏重を嘆じつつ「自分は初めから絶えず東洋の哲学を講じてバランスを保つやうに努力して来た」と回想している。*7 しかし一方で、この井上独特の「バランス」感覚ゆえに、井上は「西洋哲学者」とも「支那哲学者」あるいは「印度哲学者」とも言い難い、悪く言えば中途半端な存在とみなされ、その「国民道徳論」や国家主義的主張とも相まって、特に戦後には様々な批判を浴びるようになったとも言える。

欧州留学と東洋哲学

井上は明治一七年（一八八四）二月に欧州留学に出発した。帰国したのは明治二三年（一八九〇）一〇月である。実に約六年半、ドイツを中心とした欧州で過ごした。後半の三年間はベルリン東洋語学校で日本語講師を務めながらの留学生活ではあったものの、他に類を見ない長期の滞欧経験であった。

この留学をどう評価するかについては様々な見解がある。「知識としてあれこれ生かじり

＊7　井上哲次郎「明治哲学界の回顧」『岩波講座哲学　第一一巻』（岩波書店、一九三二年）八頁。

してきただけで、西洋的思考法や、近代哲学の精神を、深く身につけて帰ってきたとはいえない」と批判し、「不毛の留学六年」と総括する見解もある。[*8] 要するに、彼の留学は「お勉強」に終わったという批判である。一方で、この留学を帰朝後の様々な学術的成果を準備した蓄積期間として評価する向きもある。その成果とは、ひとつは帰国後に大学で講じたインド哲学の講義であり、もうひとつは「三部作」と呼ばれる江戸儒学史の著作群である。

井上は帰朝後の明治二四年（一八九一）から明治三〇年（一八九七）まで、帝国大学において「比較宗教及東洋哲学」の科目名でインド哲学の講義を行った。原坦山と吉谷覚寿が早くから「印度哲学」の講義を行っていたことは既に述べたが、それらの講義はもっぱら漢文の仏教典籍を用いるものだった。一方で井上の講義は、西欧におけるサンスクリット文献研究の成果を踏まえながら、時に西洋哲学および「支那哲学」との比較を行いつつ、仏教にとどまらず六派哲学などを含めたインド哲学を広く論じるものであり、それまでの漢文中心の講義とは一線を画すものだった。[*9] 井上は学生時代から原坦山の「仏書講読」に影響を受け、仏教学に関心を抱いていたが、留学中に参加した万国東洋学会を契機に改めてインド哲学研究の必要性を感じ、西欧の研究を吸収して日本に紹介した。井上は「自伝」の中で、日本の大学でインド哲学を初めて講義したのは自分であると誇らしく語っているが、[*10] あながち間違いではない。

続けて井上は、明治三三年（一九〇〇）の『日本陽明学派之哲学』を皮切りに、明治三五

＊8　朝日ジャーナル編集部編『日本の思想家　中』（朝日新聞社、一九七五年）六一頁。

＊9　磯前順一・高橋原「井上哲次郎の「比較宗教及東洋哲学」講義――解説と翻刻――」『東京大学史紀要』第二一号（東京大学史史料室、二〇〇三年）。

＊10　井上哲次郎『井上哲次郎自伝』（富山房、一九七三年）四五頁。

年（一九〇二）に『日本古学派之哲学』を、明治三九年（一九〇六）に『日本朱子学派之哲学』を刊行した。これらは江戸期の日本儒学史を「学派」別に整理したものであり、戦前はもちろん、戦後も根強い影響力を持った。和辻哲郎は『日本倫理思想史』の中で、これらを「着実な歴史的研究ではない」「学派道統の別に拘泥し過ぎたものである」と厳しく批判しているものの、[*11]儒学者の伝記的な箇所については「三部作」に依拠した部分も少なくなかった。[*12]丸山眞男も『日本政治思想史研究』の中で折に触れて、井上の「三部作」における解釈を批判しているが、やはり「三部作」をしばしば参照しているし、英語版の序文（一九七四）では留保つきながら「近代日本における徳川儒学史研究の画期的なマイルストーンである」「今日でも生命を失っていない」と評価している。[*13]これらの「日本哲学」研究について井上は、『日本陽明学派之哲学』序文の中で、明治三〇年（一八九七）のパリ万国東洋学会をひとつの契機として述べているが、実際には留学中からすでに「日本哲学」を含めた「東洋哲学史」の執筆を企図していたことが日記から窺える。[*14]「不毛」とも称された留学期間は、実は井上に「東洋哲学」充実の使命感を抱かせた期間であり、帰国後の様々な業績を準備した期間であった。

後世、特に西洋哲学の研究者からは、ながらく哲学界の重鎮であり続けながら「西洋的思考法」や「近代哲学の精神」を欠いていたことを指摘される井上ではあるが、井上の本領はむしろ「東洋哲学」にあった。ただし、それでは井上は「支那哲学者」や「印度哲学者」であったのかと言えば、そうとも言い難い。むしろ研究が比較的未分化であった近代日本哲学

＊11　和辻哲郎『日本倫理思想史（四）』（岩波書店、二〇一一年）三二〇頁（初版は一九五二年）。

＊12　同書、三七一頁。

＊13　丸山眞男『日本政治思想史研究』（東京大学出版会、一九八三年〈新装版〉）三八三頁。

＊14　福井純子「井上哲次郎日記　一八八四―九〇」（『東京大学史紀要』第一一号、東京大学史史料室、一九九三年）三九頁。

界の黎明期において、独特の「バランス」感覚を持って「西洋哲学」「支那哲学」「印度哲学」の三者を折衷的に吸収することのできた特異な存在と位置付けられよう。井上のこのような態度は、専門分化の進んだ明治後期以降は、徐々に受け入れられなくなっていった。

それでは、近代日本の「支那哲学」を形作ったのは誰か。実は東京（帝国）大学には、井上のような東西総合・折衷的態度からは一線を画した「支那哲学」の系譜を見出すことができる。その系譜を構成するのが、昌平黌出身の漢学者・島田重礼であり、彼の弟子であり娘婿にもなった服部宇之吉である。

第三節　服部宇之吉の儒教倫理

島田重礼

島田重礼は、昌平黌出身の漢学者であるという点では、同時期に東京大学で教鞭を執った漢学者たちと同様であったが、その教育方針では大きく異なっていた。既に述べた通り、他の教員たちは言語教育の側面から「文辞」「文法」を重視する授業を行っていた。一方で島田は、漢籍を通じて「訓詁」の訓練を施すというよりは、むしろ限られた時間の中で漢籍の「要旨」を理解させようとする授業を展開した。その方針は、ある年度に伊藤東涯の『古今学変』を教科書として用いたことに特徴的に現れている。同書は伊藤仁斎の長男・東涯が古代から王陽明に至る儒学史を述べたものだが、島田は同書を利用して「古今学術の異同を講述し」たという。[*15] 島田は初期東京大学の漢学講師陣の中でただ一人、言語教育の範疇を越えて「支那哲学史」の領域に踏み込もうとしていた。

先述の加藤の演説ののち、島田は本格的な「支那哲学史」の授業を開始した。明治一八年（一八八五）から明治二〇年（一八八七）に掛けて、島田は既存の漢籍を用いるのではなく、自ら執筆した講義ノートを用いる形で、儒学を中心とした学術史を講じた。これは加藤が要求した授業方式でもあった。島田は井上のように西洋哲学との比較を行うことはできなかったものの、諸子百家から明清に至るまでの主要な学者と思想をカバーしたその講義は、オーソドックスな「支那哲学史」の講義としては近代日本で最初期のものに位置付けられる。

明治一九年（一八八六）、東京大学が帝国大学へ改組されると、島田は新設の漢文学科（のち漢学科）の主任教授となった。島田は明治三一年（一八九八）に教授在職中のまま急逝してしまうのだが、そこで彼の後継者となったのが服部宇之吉であった。

服部宇之吉

服部は二本松出身。早くに両親を失い、父の弟夫婦に育てられた。幼くして上京し、明治二三年（一八九〇）に帝国大学文科大学哲学科を卒業した後、文部省に務めたものの一年で退職した。その後、第三高等中学校教授、高等師範学校教授などを歴任する傍ら、老子、墨

＊15　東京大学史史料研究会『東京大学年報　第二巻』（東京大学出版会、一九九四年）一八一頁。

子、荀子など「支那哲学」に関する論文を発表し続けた。この間、島田重礼の三女・繁子と結婚して島田の娘婿となった。島田の死後の明治三二年（一八九九）、東京帝国大学の助教授に就任すると、清国ならびにドイツへの留学を果たすが、ドイツ留学中に清国の京師大学《けいしだいがく》堂《どう》（北京大学の前身）における正教習のポストを打診されるとこれを快諾し、一九〇二年から一九〇九年まで同地で教鞭を執った。帰国後は東京帝国大学教授として「支那哲学」を教える傍ら、斯文会副会長を務めるなど、戦前の儒学および「支那哲学」界の中心的存在であり続けた。

服部は哲学科の出身だったが、井上と同様に、早くから漢学教育を施されていた。井上は小学校には通わなかったが、服部は小学校に通いながら漢学者の私塾へも通ったという。この頃に培われた漢学力を基礎として、帝国大学在学中に島田重礼の薫陶を受け「支那哲学」への関心を深めていった。

井上の折衷的な態度に比べて、服部の「支那哲学」に対する基本的な態度は、哲学科出身ながらも、むしろ伝統的な漢学者のそれに近かった。島田は江戸時代の漢学者・海保漁村を継いで考証を重んずる学風を特徴としたが、その島田を師とする服部も、安易な東西比較に流れず、漢籍をあくまでも漢籍の枠内で考証しようとする態度を継承した。この姿勢は、同じく島田を師と仰いだ狩野直喜についても当てはまる。狩野は漢学科を卒業後、京都帝国大学教授となって「京都支那学」の一翼を担った。東京と京都の二つの帝国大学の双方において、

服部宇之吉会員肖像写真　日本学士院蔵

考証を重んずる「支那哲学」の学風が定着する一方で、井上のように西洋哲学、「支那哲学」更には「印度哲学」までをも総合・折衷しようとする態度は、結局日本の大学には根付かなかった。

「孔子教」論

服部は「礼」の研究に力を入れ、講義でもしばしば『周礼《しゅらい》』『儀礼《ぎらい》』などを扱った他、最晩年は「儀礼鄭注補正《ぎらいていちゅうほせい》」の執筆に心血を注いだ。同時に、孔子に対して強い尊敬の念を抱き、大正期以降は、孔子の教えの真の姿を示すという目的から「孔子教」の宣揚にも力を入れた。

服部の儒学思想に対する関心の表れは、早くは留学中の一九〇二年にドイツ語で著した小冊子 *Konfucius* の中に見ることができるが、本格化したのは辛亥革命（一九一一―一九一二）が起こってからである。革命により共和政府が成立すると、脱儒教的な動きが生じる一方で、これに対する保守的反動も生じた。そして初期の共和政府は、儒教を完全に捨て去るのではなく、むしろ思想的安定のために儒教を利用しようとしたが、服部はこれに反発した。「尊王」を核とする孔子の教え（孔子教）と民主共和制とは相容れないと考えたからである。そして共和政府が成立した以上、もはや「支那」には真の「孔子教」は存在し得ないと服部は考えた。そこには、共和政府によって孔子の真意を捻じ曲げられた偽物が存在するか、もしくは将来的に完全に捨て去られるかの二者択一しかあり得ないからである。ここから、日本こそが真の「孔子教」を保存・宣揚しなければならず、ひいては「支那」にも教えてやらねばならない、という態度が導かれる。

服部の「孔子教」論の最大の特徴は、孔子の教えを「宗教」ではなく「倫理」と見る所にある（宗教でないからこそ天皇制下の日本において国家規模での宣揚が可能となる）。この主張は、中国で康有為《こうゆうい》が主導した儒教国教化運動（孔教運動）への批判の中で形成されていった。西洋の富強の鍵が国民的宗教としてのキリスト教にあると考えた康有為は、儒教を国教化して国民的統一の中核に据えることを試みた。その過程で康有為は、公羊《くよう》学*16と讖緯《しんい》説*17を利用しながら、儒教の創始者・万世の教主としての孔子像を作り上げ、キリスト教におけるイエスのような崇拝対象とすることを試みた。康有為によるこの試みは、清朝末期の戊戌《ぼじゅつ》の変法でいったん挫折していたが、辛亥革命後に再燃していた。服部は康有為批判に力を注ぐと同時に、孔子の教えは人為を超えた「宗教」的なものではなく、あくまでも人為を重んじる「倫理」であることを論じた。

服部によれば、孔子は「述べて作らず」（『論語』）の言葉通り、自ら新しい教えや思想を作り上げることはなかった。一方で、孔子はそれ以前に存在していた、宗教性を多分に含む「原始儒教」の中から、重要なものを選び出し整理することによって、結果として孔子の独自性が発揮された「孔子教」が形成された。それは「原始儒教」の宗教的要素を排除し、運命論的解釈を退け、倫理と人為の重要性を強調したものであった。

---

*16　『春秋』の注釈書「左氏伝」「公羊伝」「穀梁伝」のうち「公羊伝」を探究する学問。同書を理論的根拠に変法改制を主張した。

*17　経書などに基づいて行われる神秘的予言。前漢末以降、多くの「緯書」が編纂され、しばしば政治的に利用された。

ただし、同時に服部は次のようにも述べている。

孔子の教への根本は天及び天命に関する孔子の信念である。此の信念が孔子教の本になり、孔子の人格の原動力になつて居る。天及び天命に関する孔子の信念は確かに宗教的である。但それが為めに孔子教は宗教的なりと為すならば、そは大なる誤りであるが如く、此の宗教的信念を度外視して、孔子教は単に現世と人事とのみを説いて其れ以上の事は一切知るべからずと為すこと〔……〕そも亦大なる誤りである。[18]

孔子の教えは、康有為の意図するような「宗教」では決してないが、孔子の教え、人格、行動の根底には、天命に対する「宗教的」と呼ぶほかない信念が存在している。この微妙な立ち位置もまた、服部の「孔子教」論の特徴である。中島隆博は、「原始儒教」的な宗教性とは区別される、このような服部の「孔子教」論の持つ「宗教」性を「哲学的宗教性」と呼んでいる。[19] そして、同じく中島の指摘するように、儒教（孔子教）を宗教的かつ倫理的なものとする解釈は、井上哲次郎の儒教解釈とも共通するものであった。[20] 服部は、島田重礼の考証を重んずる学風を継承し、井上のような安易な東西思想の折衷に走らなかった一方で、儒教（孔子教）の解釈という側面においては、井上と共通する側面も持っていた。また服部の議論は、易姓革命の否定、「忠孝一致」論の強調といった、近代日本の儒教論に共通して見られる要素も一通り有していた。その意味で服部の「孔子教」論は、近代日本に特徴的な儒教解釈の代表例の一つとも言える。

＊18　服部宇之吉『孔子教大義』（富山房、一九三九年）九二―九三頁。

＊19　中島隆博『共生のプラクシス　国家と宗教』二四〇頁。（章末参照）

＊20　同書、二四一頁。

「支那哲学」と「東京」

近代日本の大学における中国哲学（支那哲学）の歴史は、言語教育としての漢学教育から始まり、井上哲次郎による東西総合・折衷の動きがまず模索されたものの、結果的には島田重礼が継承した考証を重んずる学風が、東京では服部宇之吉、京都では狩野直喜によって定着した。一方、服部は大正期以降「孔子教」の宣揚にも力を入れた。それは近代日本に特徴的な儒教解釈の一例であり、戦前にあっては広い意味で「支那哲学」の一翼を担っていたものの、戦後の「中国哲学」には継承されなかった。

先の戦争、そしてその背景にある「近代」の批判的検討から再出発した戦後日本の学術界において、本章で取り上げたような事項については、天皇制イデオロギーとの親和性といった「負」の側面がしばしば強調されてきたが、それ故に十分に検討されてこなかった側面も残されている。冒頭でも述べたように、近代日本の学術史を改めて批判的に分析するためにも、「支那哲学」に限らない戦前期の学術動向、特に「東京」を中心に展開されたそれについては、依然として再検討の余地があろう。

【参考文献】
戸川芳郎「漢学シナ学の沿革とその問題点――近代アカデミズムの成立と中国研究の〝系譜〟（二）――」（『理想』第三九七号、理想社、一九六六年）

坂出祥伸『東西シノロジー事情』（東方書店、一九九四年）
井ノ口哲也「井上哲次郎の江戸儒学三部作について」（『東京学芸大学紀要　人文社会系Ⅱ』第六〇号、東京学芸大学、二〇〇九年）
中島隆博『共生のプラクシス　国家と宗教』（東京大学出版会、二〇一一年）
町泉寿郎「幕末明治期における学術・教学の形成と漢学」（『日本漢文学研究』第一一号、二松學舍大学東アジア学術総合研究所日本漢文教育研究推進室、二〇一六年）

第二章　東洋史学の成立
――日本における近代歴史学形成の一側面

藤田高夫

第一節　東洋史の出現

学問領域としての東洋史は、一九世紀末の日本において構想され出現したものである。歴史学の一分野としての東洋史は、もちろん東洋をその研究対象とするが、それが具体的にどこを意味したのかは、我々が想像するほど単純ではない。

東洋という言葉は、もともとは中国由来の言葉であるが、その意味するところは日本における東洋とは大きく異なっていた。中国では海域を示す言葉として東洋と西洋があったが、それは広州を通過する南北子午線を基準として、東側の海と西側の海を指すものであった。東洋と西洋を遠近に応じて大小でさらに区分し、小東洋・大東洋などと呼ぶこともあったが、中国自体は東洋でも西洋でもなく、東洋列国と言った場合に中国人にまず想起されるのは日本であった。[*1]

東洋史はもちろん日本の歴史を探求する学問ではない。ここで東洋が意味しているのが、

＊1　「東洋史学科」に入学した中国からの留学生が、そこで教授されるのは日本史だと思い込んでいたという戦前のエピソードがある。

＊2　私が勤務する大学ではすでに東洋史という学科の編成単位は消滅し、科目名称も東洋史演習がアジア史演習に変更されるなどの改変が進んでいる。

ヨーロッパ世界に対置される空間としての東洋世界であるならば、今日の我々がアジアとして捉えている空間にほぼ等しい。現在の日本の大学では、東洋史という看板をアジア史に架け替える例がみられるが、[*2]出現した当初の東洋史は、必ずしもアジア史と等価ではなかった。

日本における東洋史の出現については、すでにいくつかの先行研究があるが、[*3]そのどれもが指摘するのは、明治二七年（一八九四）、中等教育における科目名称となったことの重要性である。また、これも共通して指摘されるのが、その背景に高等師範学校の那珂通世《なかみちよ》の提言があったという点である。

時の高等師範学校長・嘉納治五郎先生は、同校教授及び大学教授、高等中学校教授等を会して、中等学校における各学科の教授に関して研究調査を行ったことがあった。その際に君（那珂通世）は、歴史科の会議において外国歴史を東洋歴史と西洋歴史に二分すべきことを発議したところ、列席者が皆これに賛同した。これが東洋史という学科目の発端である。[*4]

つまり、日本史・東洋史・西洋史という歴史学の三区分は、まず中等教育において出現したわけである。

中等学校の科目であるから、その新設にあたって文部省がその教育要領を定めている。その要点を以下にまとめよう。[*5]

・東洋歴史は支那を中心として東洋諸国の治乱興亡の大勢を説くものであり、西洋歴史と

＊3　中山久四郎「東洋史学発達の回顧と展望」（歴史教育研究会編『明治以後の史学発達史』、四海書房、一九三三年）、小倉芳彦「日本における東洋史学の発達」（『岩波講座・世界歴史』別巻、岩波書店、一九七一年）、吉澤誠一郎「東洋史学の形成と中国—桑原隲蔵の場合」（『岩波講座「帝国」日本の学知』第三巻・東洋学の磁場、岩波書店、二〇〇六年）などがある。

＊4　三宅米吉「文学博士那珂通世君伝」（『那珂通世遺著』、大日本図書、一九一五年）。原文は文語文であるが、引用にあたって現代口語に改めた。

＊5　「尋常中学校ニ於ケル各学科ノ要領」（『大日本教育会雑誌』第一五七号、一八九四年）、五二—五三頁。原文はカナ漢字文であるが、まとめるにあたって現代口語に改めた。

相対して世界歴史の一半をなすものである。

・東洋歴史の教授においては、我が国と東洋諸国との古来より相互に及ぼした影響に注意し、また東洋諸国の西洋諸国に対する関係を説明する。

・これまで支那歴史は歴代の興亡のみを主として、人種の盛衰消長を説いてこなかったが、東洋歴史においては東洋諸国の興亡だけでなく、支那種・突厥種・女真種・蒙古種等の盛衰消長にも言及しなくてはならない。

つまり、東洋史は西洋史に対置されるもので、中国史を中心としながらも、それにとどまるものではなく、いわゆる周辺諸民族の記述をも包摂したものであることが求められたのである。

この教育要領に基づいて、東洋史のための教科書が陸続と発刊された。その中で、やはりこれも諸家が一致してその影響力の大きさを指摘するのが桑原隲蔵《くわばらじつぞう》による『中等東洋史』の刊行である。[*6] 一般に東洋史という言葉が普及していくのには、この教科書の力が大きかったと思われるのである。次にその内容を概観しながら、東洋史の提唱者たちが想定していた東洋史の中身を考察していこう。

桑原は『中等東洋史』の「総論」において、まずアジア大陸を五つの地域、すなわち、

（第一）東方アジア：南はヒマラヤ、西はパミール、北はアルタイの三大山脈によって囲まれた一帯の土地をいう。支那・朝鮮がこれに属す。

＊6　以下、本章における桑原隲蔵『中等東洋史』（原著は上下2冊で一八九九年刊行）からの引用は、『桑原隲蔵全集』第四巻（岩波書店、一九六八年）に拠り、『全集第四巻』と略記する。

（第二）南方アジア：ヒマラヤ、ヒンドゥクシュ両山脈の南に横たわる、前後両インド、アフガニスタン、ベルチスタンを含む。
（第三）中央アジア：ヒンドゥクシュの北、パミールの南、シル河の南にある、ロシア領トルキスタンをいう。
（第四）西方アジア：アム河の西にあたり、アラル海、裏海（カスピ海）の南に横たわる、ペルシア、小アジア、アラビアの諸国を指す。
（第五）北方アジア：アルタイ山脈、アラル海、裏海以北の地、すなわち概して今日のロシア領シベリア一帯をいう。

と区分した上で、[*7]

東洋史とは、主として東方アジアに於ける、民族の盛衰、邦国の興亡を明かにする一般歴史にして、西洋史と相並んで、世界史の一半を構成する者なり。

とのべ、[*8] さらに、

東洋史は主として東方アジアに於ける、古来の沿革を明かにすれども、また同時に之と幾多直間接の関係ある、南方アジア及び中央アジアの沿革をも略述せざるべからず。北方アジアに至りては、気候寒烈にして、人煙もまた稀少、従うて東方アジアの大勢に、大関係ある事変の舞台とならず。西方アジアは、寧《むし》ろ欧洲の大勢と分離すべからざる関係を有するが故に、共に東洋史の範囲外にあり。

＊7　『全集第四巻』一七一一八頁。

＊8　『全集第四巻』一七頁。

と東洋史の範囲を明示している。[*9] つまり、中国・朝鮮を含む東方アジアを中心に、一部中央アジアと南方アジアを対象とし、西方アジアおよび今日のシベリアに相当する北方アジアを除外することが明言される。

西洋世界と対置する意味での東洋ならば、それはアジアとほぼ同義となるが、東洋史はアジア全般を扱うのではなく、中国・朝鮮などの東方アジアに重点を置いたもので、その点では今日の東アジア世界の範囲と近接する。中国・朝鮮に重点があるのは、学科目としての東洋史設置の提言が日清戦争勃発の年であったことは偶然だとしても、そこに一九世紀末日本の大陸政策との関係を見て取ることは容易であろう。

ここで注意しておくべきことは、今日東アジア世界といったとき、そこに日本が含まれることは当然であるが、新たに出現した東洋史には日本は含まれていないということである。この点について、桑原自身は、『中等東洋史』冒頭の「中等東洋史弁言十則」で次のように述べる。

　（第八）我国に於ける事変は、別に国史の存するあれば、斯には重複を避けて、他国と大関係ある事変の外は、多く省略に従う。[*10]

つまり、一種の教科編成上の都合としているのである。

これに関して、桑原の高弟であった宮崎市定は『桑原隲蔵全集』に収められた『中等東洋史』の「解説」において、[*11]「東洋史に日本史を含まないのは、実際教育上における便宜的な

＊9　『全集第四巻』一八頁。

＊10　『全集第四巻』六頁。

＊11　宮崎市定「解説」（『全集第四巻』七六〇—七六二頁）。

措置に過ぎなかった」とした上で、「このことが長く継続するにつれて、何とはなしに東洋史と日本史は相対立するもの、例えば東洋史と西洋史の如き関係にあるものと理解されるようになってきた」と述べる。その原因について宮崎は、日本史の側の問題として、「日本と大陸との関係を重視すると、いきおい日本の歴史は大陸文化に対して受け身に立って発達してきたという結論になりそうなので、つとめて日本を大陸から切離し、日本で日本を説明する傾向が強化された」とする一方で、東洋史の側の問題として、「東洋史の中に日本を位置づける努力がその後、真剣に払われなかった」ことを指摘し、皇国史観の隆盛のもとで「東洋史の側から日本史を故意に敬遠する傾向を生じた」と述べる。さらに宮崎は「著者（＝桑原）の意図する東洋史は、当然日本を含むべき筈のものであった」、「東洋史学創立者たちの意向は、どこまでも日本史を東洋史の中に含ませるにあったことを、特にここで強調しておきたいと思う」と述べている。

しかし、東洋史が日本史を含むものとして構想されていたとする宮崎の解説は、やはり説得力を持つとは言いがたい。東洋史はその誕生から、文部省の「要領」が求めるように、自国史である日本史の外側に外国史として構想されたものであったと考えざるを得ない。そしてそれは、日本を含まない東洋という点で、近代日本のアジアに対する立ち位置を象徴するものであったと見ることができる。要するに、東洋史は外国としての東洋を対象とするものにほかならなかったのである。

このことは、中等教育の科目としての東洋史ではなく、高等教育における分野編成、さらに研究組織の構成をみるとより明白になる。次節では、大学における歴史研究としての東洋史が、どのように立ち現れてきたのかを見てみよう。

第二節　大学と近代歴史学としての東洋史

東洋史の誕生した一九世紀末の日本は、近代的学問としての歴史学が形成された時期でもあった。つまりそれは、日本の近代化という事業と並走するように成し遂げられたものであった。以下、日本の大学に東洋史が定着するまでの過程を概述してみよう[*12]。

一八七七年旧東京開成学校と東京医学校をあわせて東京大学とした折、文科大学に法学部・理学部・文学部の三学部が置かれた。法学部には日本古代法律、支那法律要領（唐律、明律、清律）の科目があり、今日でいう日本法制史、中国法制史に相当する授業は存在したが、歴史学としては欧米史学の科目があるだけであった。一方、文学部には、第一科として史学・哲学・政治学の三部門が、第二科として和漢文学科が開設されていた。しかしここでも、史学としては欧米史学があるのみで、東洋の歴史の内容を講義する科目はなかった。さらに和漢文学科では、和漢文のみでは固陋に陥る畏れがあるとされたため、英文・哲学・西洋歴史が相当の時間数で課せられており、和漢学の専門教育とは言えないもので、そのなかで中国

＊12　以下の記述については、前＊3に掲げた中山久四郎「東洋史学発達の回顧と展望」が比較的詳細である。本章の記述もこれに拠った。

の歴史は漢籍を講読するというかたちでしか扱えなかったのである。

一八七九年には、文学部第一科の史学が廃止され、理財学に代わった。その理由はまず史学に入学する学生が少なかったからである。また、大学当局は「欧米だけでなく、日本・中国・インドなどの東洋諸国の歴史に深く通じており、哲学にも通じ、見識の高いもの」を教授として望んだが、そのような人材など存在しなかったためでもあった。

一八八二年になると、文科大学に古典講習科が付設された。[*13] その背景には、第二科である和漢文学科の不振があったと思われる。和漢文学科の卒業生は、開設から十年を経ても、わずか二名という状況で、後継者養成の必要から古典講習科の設立につながったのであろう。一八八三年には「漢文学」を内容とする古典講習科（乙部）が設立されることとなり、翌年にはすでに設立されていた「国学」の甲部を古典講習科国書課、乙部を古典講習科漢書課と改称した。初年度の募集では四〇名の定員に一六〇名の応募があり大変な人気となった。これは古典講習科がその入学試験に外国語を課しておらず、英語をはじめとする外国語教育を受ける機会のなかった地方の俊英たちにとっては、外国語を受験せずに大学に入学する唯一の方途であったからである。当然のことながら、古典講習科に入学してきた学生は、民間の漢学塾出身者が多数を占めていた。第一回の卒業生は二八名、第二回の卒業生は一六名であったが、第一回卒業生には、林泰輔、市村瓚《さん》次郎、岡田正之、瀧川亀太郎が、第二回卒業生には、島田鈞一、児島献吉郎、長尾慎太郎などがおり、中退者に西村天囚らがいて、彼らに学

*13　東京大学古典講習科については、町田三郎「東京大学『古典講習科』の人々」（同氏著『明治の漢学者たち』研文出版、一九九八年）一二八―一五〇頁、が詳細である。初出は『哲学年報（九州大学文学部）』第五一輯（一九九一年）。

士の称号は与えられなかったが、漢学の人材養成という点では本科の和漢文学科を圧倒する成果を挙げたことが知られる。しかしこの古典講習科は、主に財政問題から二度の学生募集を行ったのみで廃止に至る。[*14]

一八八六年、帝国大学令の公布によって東京大学が帝国大学と改称したのに伴い、文科大学も大きく変貌することとなった。一八八七年に一旦廃止されていた史学科が復活したのである。史学科の開設に当たって文部省はドイツからレオポルト・フォン・ランケの門下生であったフリードリヒ・リースを招聘し、歴史学の講義を担当させた。[*15] リースは着任後まもなく、当時の帝国大学総長渡邊洪基《わたなべこうき》の諮問に答え、国史学科の設立を提言した。この提言が一八八九年に実現し、文科大学には国史科が開設される。当時の文科大学の学科編成は哲学科、国文学科、漢学科、国史科、史学科、博言科、英文学科、独逸文学科で、国史学と史学が並立するという状況に至った。

ここまで大学の学科編成を縷々述べてきたのは、一八九四年に那珂通世によって中等教育に東洋史の学科目の設置が提言されるわずか五年前でも、大学の編成上、東洋史はどこにも存在していなかったということを確認しておきたいからである。文科大学は一九〇四年にいたって学科編成を哲学科、史学科、文学科の三学科編成に改編し、史学科を国史学科、支那史学科、西洋史学科の三専修学科体制に再編したが、ここに至っても東洋史はまだ登場していない。日本史、東洋史、西洋史のいわゆる日東西という、今日多くの大学で普通に見られ

＊14　古典講習科の設立にあたって、その運営費を大学の通常経費の外に要求したが、それが認められず、学内経費から支弁せざるを得ない状況にあった。

＊15　その内容は、古代から近代までのヨーロッパ史のみで、三年間でフランス革命までの概説を行うものであったと伝えられる。

る枠組みが取られるのは、一九一一年に支那史学科が東洋史学科と名称を変更するまで待たねばならなかったのである。*16

すでに中等教育において西洋史と並立する東洋史が教授されていたにもかかわらず、帝国大学で歴史を修めようと志した大学生が目にしたのは、東洋史という学問分野の存在しない史学科の体制であった。当時の雰囲気を伝えるエピソードを一つ紹介したい。東京帝国大学で教鞭を執っていた林泰輔が東京高等師範学校に転出したことをめぐる裏話で、桑原隲蔵をめぐる座談会で披瀝された話である。

これは少し脇道になりますけれども、林泰輔さんがなぜ辞められたかということは、曽我部静雄君から聞いたところによると、学生だった藤田剣峰（豊八）さんが首謀者で、あんな古くさい学問ではだめだ、別の人に変えろと、急先鋒になって排斥運動を起こした（笑）。……だから後任には漢学でなく東洋史のわかる先生に来てほしいという目的だったんですが、結果は希望どおりにならなくて無駄骨に終わったと、藤田豊八が言うておったそうです（笑）。*17

林泰輔も藤田豊八も、ともに東洋史学創生期において重要な事績を遺した学者として讃えられる碩学であるが、この裏話が事実ならば、藤田が林を「古くさい」と評していたこと、そして「漢学ではなく東洋史」を希求していたことが窺え、まことに興味深い。

藤田豊八自身も『中等教育東洋史』『中等教科東洋小史』などの東洋史の教科書を書いて

＊16　なお、東洋史学という名称を最初に講座名としたのは、一九〇六年に開設された京都帝国大学文科大学においてである。翌〇七年に東洋史学第一講座が開講され、内藤湖南が着任している。

＊17　吉川幸次郎編『東洋学の創始者たち』（講談社、一九七六年）二三八頁。引用文の傍点は筆者による。

いるのだが、東洋史という学問領域についての藤田の見解はむしろ、羅振玉が上海で主催していた東文学社が桑原隲蔵の『中等東洋史』を『東洋史要』の名で翻訳・出版した際に付された序文に端的に窺うことができる。かなり長い漢文なので、重要な部分だけを口語訳にして紹介しよう。

現在、歴史は一つの科学である。したがって事実の間には系統がなければならない。そもそもどんな学問であっても、系統的な知識のないものは科学とは言えない。中国での歴史にはほとんど系統だったものがなく、単に史料と称するべき者に過ぎず、歴史とは呼べない。歴史には国史と世界史の二つがあり、国史は一国に関係する事実を述べ、世界史は世界諸国の歴史上相互に関係する事実を述べるもので、その区別ははっきりしているが、系統がなければならないという点では一つである。そもそも古来西洋各国は、自ずから一つの歴史団体をなし、それが今日の西洋文化となっている。我が東洋諸国もまた自ずから一つの歴史団体をなし、それが東洋数千年の固有の文化となっている。この二者が相互に密接な関係を持つに至ったのは、ごく最近のことに過ぎない。……西洋史といっても、それがただ西洋各国史を集めたに過ぎないならば、それは西洋史とは言えない。東洋史・西洋史と称するものは、必ず国史のなかのさまざまな事実の中から、その影響が他国の事件に及んだものを取り出し、現在の歴史国体を説明するものでなければならない。*18

＊18　羅振玉『東洋史要』序（上海・東文学社、一八九九年）。

この序文は、本文の翻訳者樊炳清とは別に、王国維が藤田豊八の語った内容を翻訳したものである。ここに見られる東洋史の主旨は、文部省が求めた「要領」と一致しているが、科学としての系統性、東洋という歴史団体、国史と世界史の関係など、さらに踏み込んだ認識が示されている。こうした考えをもっていた藤田豊八が林泰輔を「古くさい」と痛罵し、「漢学ではなく東洋史の分かる人を」と主張したのは、合点のいくところであろう。科学としての、近代歴史学としての「新しい酒」である東洋史を注ぎ込む革袋として、林に象徴される「漢学」は相応しくは思えなかったということである。[*19]

ここから、古い漢学と新しい東洋史、という対立を見ることも可能かも知れない。ただ、事実はもう少し屈折しているようである。次節では、その後の東洋史の道筋をしばらく辿ってみよう。

第三節　漢学と中国史・東洋史

前節での大学の学科編成の変遷は、別の角度からすれば、近世までの国学、漢学、洋学という区分が、哲学、史学、文学という新たな三区分に組み替えられ、国学、漢学、洋学がそれぞれ含んでいた哲史文の各要素が、哲学、史学、文学に配分されたとみることができる。漢学について言えば、諸経・諸子・史書・詩文を包括していた近世までの漢学は、西洋化に

＊19　この「東洋史」の考え方を、王国維がどのように捉えたかは大変興味深い問題である。残念ながら王国維自身はこれに直接言及していないのだが、当時の王国維の詩の分析から、非常に大きな影響を受けていたことを解明した業績に、陳琳琳「王国維と桑原隲蔵の『中等東洋史』」（近代東西言語文化接触研究会『或問』第三五号、二〇一九年）がある。

よる近代化に邁進する明治国家の学術編成方針のもと、漢学としてのまとまりを大学の中に維持することができず、中国古典を基礎とする従来の学問は哲・史・文の三分野に解体されていったのである。そうならば、漢学のなかの史学的要素は、新たな歴史分野である東洋史に組み込まれたわけであって、東洋史は漢学の学問的蓄積があったればこそ成立しえたといえうこともできよう。文部省が中等教育における東洋史を「東洋歴史は支那を中心として東洋諸国の治乱興亡の大勢を説くもの」と学科要領で定めたのも当然のことだったのである。

ところが同時に「これまで支那歴史は歴代の興亡のみを主として、人種の盛衰消長を説いてこなかったが、東洋歴史においては東洋諸国の興亡だけでなく、支那種・突厥種・女真種・蒙古種等の盛衰消長にも言及しなくてはならない」として、その方向性に制約を与えたことは、東洋史と中国史との関係にある種の屈折をもたらすこととなった。

漢学の蓄積を最も有益に活用できたのは、歴史学ではもちろん中国史の分野である。日本の中国史研究が実証史学としての強みを世界に誇ることができたのは、清朝考証学の方法と成果を自己のものとしていたからに他ならない。端的に言えば、漢文史料への接近が欧米の学者よりもはるかに容易だったのである。現に今でも大学の東洋史学科の学生諸君は、高校までの漢文よりもはるかに手ごわい史料と格闘することを、基礎的訓練として課せられている。

東洋史が中国だけを対象としていればよいのであれば、漢学と東洋史との間には自然な相続関係が成立し、古い、新しいなどという継承関係のねじれは生じなかったはずである。東洋史が中国以外の東方アジアを視野に収めることを求められたがゆえに、中国史は東洋史のなかの一分野という地位しか本来認められないことになり、中国の周辺地域、周辺国家の歴史研究が必然的に求められることになった。これが明治日本の大陸政策を背景としていることは明らかだが、それが同時に「中国の相対化」という意味を持ち、逆に東洋における日本の立場を高めることにつながったとする吉澤誠一郎の指摘は正鵠を射ているであろう。[*20]

一国史としての中国史と新たに創生された東洋史の関係を探るために、東京帝国大学の東洋史を主導した人物である白鳥庫吉を取り上げてみよう。白鳥庫吉は、明治維新直前の一八六五年千葉県に生まれた。千葉県長谷村小学校、県立千葉中学校、大学予備門（第一高等学校）、帝国大学文科大学史学科と、明治国家が創設した教育制度のモデルケースのような学歴を経て、史学科第一期生としてフリードヒリ・リースに師事し、ランケ流の実証史学に触れた。一八九〇年に帝国大学を卒業すると、ただちに学習院教授となり、東洋史を講ずるようになる。白鳥が朝鮮史をはじめ、満蒙・中央アジアなど東洋諸民族の歴史研究を開始したのはこの時からである。学習院では市村瓚次郎がすでに中国史を講義していたため、白鳥はそれ以外の東洋諸外国の歴史を講ずる必要があり、そこで「近きより遠きに及ぼす」ということでまず朝鮮史を起点としたと伝えられる。[*21]一九〇一年、ヨーロッパ留学を命じられ、ドイツ・ハンガリーでウラル・アルタイ語の研究に没頭し、帰国後の一九〇四年東京帝国大学史学科教授を兼任する。一九一一年からは東京帝国大学教授を本官とし、一九二五年に停

＊20　前＊3の吉澤論文参照。

＊21　白鳥庫吉の評伝はいくつかあるが、江上波夫編『東洋学の系譜』（大修館書店、一九九二年）所収の松村潤によるものが簡便である。

年退官するまで史学科東洋史学を一貫して主導するとともに、満鉄歴史地理調査部の設置、東洋文庫の創設など、日本の東洋学を牽引する存在であり続けた。

いくつかの評伝は、日本の東洋学の水準をヨーロッパの水準にまで引き上げること、さらにはそれを凌駕することが白鳥の念願であったと伝えている。白鳥自らの言葉として、

西欧の学者が東洋の研鑽に努力せること多年、……亜細亜の各地を通じて彼らが試みたる学術的研究の功績、真に驚歎すべきものあり。……吾人は西欧の学者に対して甚深なる尊敬と感謝との念を抱くと共に、吾人、東洋の国民が世界の学術に為すところ尠《すくな》きを思ふて慚愧に堪えざるものあり。ただ満洲及び朝鮮に至りては、その地の僻遠なるため、西人の研究尚ほ未だ及ばざるところ多きが如し。然るに今や其の地、幸にして我が学界の前に開放せられ、而して之に対する我が国民の地理上及び文化上の関係は、其の研究に特殊の便宜を与ふ。我が国の学者は、此の機を逸することなく、此の地方に於けるあらゆる事物の研究に力を尽し、其の成績を捧げて世界の学術に貢献せざるべからずや。*22

という発言がある。ここに西洋の東洋学に対する対抗意識を見ることは容易であるが、当時に白鳥にとっての東洋史が、どのようなものであったかを、うかがうこともできるだろう。事実、白鳥の研究領域は、中国自体よりも満鮮史・中央アジア史など周辺史の比重が高い。この背景には、引用した白鳥の言のほかに白鳥の学歴、すなわち高等教育において伝統的漢学の訓練を経ていないことが、中国への距離感を生んだのではあるまいか。白鳥にとっての

*22　白鳥庫吉『滿洲歴史地理』刊行の序文（南満洲鉄道、一九一三年）。

「東洋」は必ずしも中国中心であることを意味しなかったのではなかろうか。もちろん、白鳥の研究方法の大きな柱は、西洋人が誤読した漢文史料を正しく解釈しなおし、非漢字史料と付き合わせながら整合的な解釈を探るものであったから、漢籍は必須の研究史料であったのだが、その史料に対するスタンスは、漢学者のそれとは大きく異なっていたことは十分考えられる。

ここで、白鳥庫吉を取り上げたのは、それとの対比で京都帝国大学における東洋史学の状況が想起されるからである。前述のように、学科の東洋史学の開設は京都のほうが東京よりも五年ほど先んじている。その京都帝国大学東洋史には、東の白鳥、西の内藤と併称される内藤湖南がいたわけだが、同じ東洋史学科の教授として桑原隲蔵もいた。内藤はいうまでもなく京都帝国大学支那学と称された京都帝国大学における中国学の泰斗である。一方、桑原はもちろん中国史の業績も多々あるが、内藤ほど中国に浸りきったわけではなく、その代表的業績である『蒲寿庚《ほじゅこう》の事蹟』は、南宋から元にかけての泉州で活躍したイスラーム商人の研究である。

つまり、創生期の東洋史には、中国学としての東洋史と歴史学としての東洋史という二面性があったのである。しかし、そのこと自体が問題なのではない。見逃してならないのは、いずれにしてもその研究は「中国史料」を中心としたものであったという点である。とくに「中国を相対化する」という方向性が東洋史において指向されていたならば、中国史料中心の東洋史はいずれ隘路に入り込むことになるだろう。その意味で、創生期の東洋史は、なお漢学の引力圏の中にとどまっていたと言えるのではなかろうか。

第三章　中国文学の成立

牧角悦子

第一節　前言にかえて

かつて「漢学」と呼ばれた日本人、特にインテリ層の知の体系は、近代になって一度大きく解体され再編された。漢字と漢学を媒介として大きく繋がりを持っていた東アジア文化圏が、国体や民族という新しい概念のもとに再編されたことにそれは基づく。

本章では、日本の近代において、漢学というものがどのように分裂し再編されたのか、中でも高等教育の中で、漢学から中国学へという新しい学問体系への展開がどのように生まれ、またそこに如何なる問題が内包されていたのかについて、特に中国文学という分野を中心に明らかにしてみたい。

第二節　総合学としての漢学

近代以前、日本人は中国の文化を先進文化として敬意を持って受容した。日本文化の一部となった中国文化およびその学びを、我々は漢学と呼ぶ。漢学の水準は江戸期には非常に高く、特に江戸の後期になると本家である中国に勝るとも劣らない高度な水準を獲得していた。この江戸後期の漢学のレベルの高さこそ、日本の近代を準備する母体となったことは間違いない。

その前近代的学問としての江戸期の漢学は、通常、朱子学・古学・折衷《せっちゅう》学という風に色分けされる。主従関係や秩序の意義付け、理念に基づく政治政策論を提供する体制教学としての朱子学と、古典文献の正確な読みと解釈を重視する古学、そしてその双方をバランスよく統合するのが折衷学である。ただし、これらは後世の視点からの便宜的な分類であって、学者文人が自らをそう標榜したわけではない。漢学は総合学である以上、さまざまな側面をもつわけであり、そのどの部分を重視するかにおいて、学問の態度に違いがあるだけである。ただ、ここで重要なのは、態度の違いこそあれ、それらは「学問」としては同質だという点である。「学ぶこと」は「道を問う（たずねる）こと」であり「道」とは「聖人の道」である、という点において外れるものは無い。

「漢学」は、学問として道を問い、聖人の教えを理想としてその実現を目指すものである。そこには経世済民《けいせいさいみん》*1という いわば政治経済の実践と、考証という古典文献の正確な読みと、さらにそれらを表現するとともに人格を練磨する感性的言辞としての文学の側面があった。「経世」「考証」「文学」の三側面は、それぞれ近代的意味とは微妙に異なりながらも、漢学の持つ最も重要な要素であった。

このような、人格の修養を中心に置き、最終的には「治国平天下《ちこくへいてんか》*2」という国家経営への参画をめざし、そのための学問と表現の錬磨を自己に課すものとしての漢学は、近代になって大きな変換を迫られることになる。

第三節　近代以降の学問体系

西洋の進出は、まず軍事力による脅威として受け止められ、次にその軍事力の背景となった産業（生産力）、それを後押しする政治形態への理解の必要性として認識され、最後にそれらを支えた文化の吸収へと向かう。

学問の世界では、政治経済文化全ての価値を総合的に内包していた漢学が、その目的によって分解すると同時に、欧米からもたらされた政治 politics・経済 economy・文学 literature・哲学 philosophy・歴史 history という新しい概念の下に再編されることになる。それはまず、

＊1　世を経し民を済う。「経済」の語源であるが、もともとは儒学の持つ統治経営とそのための社会的応用をいう言葉として主に江戸期に用いられた。

＊2　修身、斉家、治国、平天下および格物、致知、誠意、正心は四書の筆頭である『大学』に見える八条目。身を治め、家を斉えることが天下国家の統治につながる、という朱子学のエッセンス。

高等教育機関の学術体系の中に端的に表れた。

明治一〇年（一八七七）に創設された東京大学は、法文理および医学・工学の五学部体制であった。これは、近代国家に必要な学問として、まずこの法学・文学・理学・医学・工学の五部門が重視されたことを意味する。この中で文学部には史学・哲学・政治学・和漢文学の四科が置かれ、またこれと並行して古典講習科が設けられる。一方、少し遅れて出発した京都帝国大学では明治三九年（一九〇六）に文科大学が創設され、その中に「支那語学支那文学講座」「支那史学講座」「支那哲学講座」が開設された。ここには文・史・哲の区分という、東大では定着しなかった学科体系が見える。漢学という総合学は、まず法文理医工という応用重視の学問に組み変えられ、また人文学を担う文科大学では文・史・哲という新概念に再編されたのだ。

第四節　分岐点——漢学とシノロジー

このような学問体系の再編の中で、漢学という総合学が、中国の学問として相対化され、また新しい方法論で再解釈されていくようになる。その分岐点を探ると、その最も重要な転機と考えられるのが島田《しまだ》重礼《ちょうれい》[*3]の東大における「講義」であることがわかる。大田錦城[*4]・海保漁村[*5]という江戸期の学問の系統を受け継ぐ島田は、東大の新しい学術再編の中で、従来の

＊3　島田重礼については、本書第Ⅰ部の町論考参照。

＊4　江戸の儒者。考証学で知られる。一七六五—一八二五。

＊5　大田錦城の学を受け、特に目録学で知られる江戸の儒者。一七九八—一八六六。

学問を歴史的に体系化する学術史の講義の必要性に迫られ、対応に苦慮した。しかし、学問が体系性と史的変遷という視点を持った時、それは道を問う学問から、客観性・普遍性を追求する学術あるいは研究に変化する。島田の世代こそ、前近代的学問を近代的学術へ橋渡しすることを求められた世代だったと言えよう。

島田はその任務を的確に果たした。東大の和漢文学科で狩野直喜《かのなおき》・服部宇之吉《はっとりうのきち》ら支那学の次世代を育てただけでなく、古典講習課において漢学の人文学的スキルを多くの人材に継承し、そこから学者・教育者のみならず、ジャーナリスト・劇作家など近代日本の文化を創造する多方面の人材を輩出したのだ。

第五節　もう一つの転換点――京都大学の支那学

島田の東大での「講義」が、旧来的な漢学の学問方法からの一つの大きな転換だったとすると、漢学におけるもう一つの大きな転換が、京都大学支那学の第二世代において起こる。そこで次に、東京大学とは異なる学術的展開を見た京都大学のいわゆる「支那学《しながく》」*6の形成を見てみたい。京都大学とその学術大系の成立過程については、すでに本書第Ⅰ部において詳論されている。ここでは特に中国文学につながる流れに注目しよう。

京都大学においては、明治三九年に文科大学が創設され、同年に支那語学支那文学講座、

*6　支那学とは「シノロジー」の訳語である。東京大学の「漢学」に対抗して、京都大学では敢えて「支那学」という言葉を使った。「中国学」ではあるが、当時は中国を「支那」と呼んでいた。

翌明治四〇年に東洋史学講座（明治四一年〈一九〇八〉に第二講座、明治四二年〈一九〇九〉に第三講座）[*7]、そして明治四二年に支那哲学史講座が開設された。この「文」「史」「哲」という三分野の講座開設が京都支那学の最大の特徴だと言ってよい。

狩野直喜[*8]は、東京帝大漢学科から京都帝大文科大学の開設委員を経て、初代教授として赴任した。当初は支那語支那文学と支那哲学史を兼務し、「その清儒の考証の学と西洋人の支那研究とを打って一丸とした講義は、極めて清新であった」と倉石武四郎《くらいしたけしろう》は回想する。[*9] ここからは、文学と哲学とがまだ明確な境目を持たなかったこと、また学術の基礎として清朝考証学を重視したことがうかがえる。

明治四一年、鈴木虎雄[*10]が支那文学科の開設にともなって助教授として赴任し、「支那詩論史」「賦史大要《ふしたいよう》」「白楽天詩解《はくらくてんしかい》」などを講じた。越後の私塾長善館《ちょうぜんかん》[*11]を主宰した鈴木家に生まれた鈴木虎雄は、江戸や京都とは一風異なる角度で漢学を受容した当地の学風を吸収し、また展開した。上述の講義題目からは、経世済民を中心に据えるこれまでの漢学とは異なる視点からの中華文化理解の一端が垣間見られる。

明治四三年（一九一〇）内藤湖南・狩野直喜・小川琢治らが北京を訪れ、敦煌《とんこう》文書を調査した。出土資料を通じた実証的中国学、あるいは実際の中国（当時は清朝）という土地との直接的接触は、それまでの文献解読を中心とした日本漢学とは異なる視座への契機として重要であろう。狩野直喜はこの後さらにヨーロッパへ遊学し、ヨーロッパにおける支那学の実態を視

＊7　文・史・哲の中でも東洋史のみが第三講座まで開設されたことは、当時の日本の対外政策の中で大陸の実態実情調査が喫緊の課題であったことの査証でもあろう。

＊8　一八六八―一九四七。

＊9　倉石武四郎『本邦における支那学の発達』（汲古書院、二〇〇七年）。

＊10　一八七八―一九六三。

＊11　長善館とその学風については、本シリーズ第二巻『漢学と漢学塾』町泉寿郎「地方の漢学塾――新潟地方を中心に」を参照。

察する。ヨーロッパシノロジーは、宣教師の布教や東洋進出のための現地調査などを背景とするものであり、これもまた経世済民や聖人の道を問う漢学とは全く異なる動機から生まれた学術である。中国という土地を踏みシノロジーに触れた京都の支那学は、こののち東京とは異なる視点で中華文化を分析することになる。

第六節　京都大学第二世代

狩野直喜・鈴木虎雄に始まる京都大学の支那学は、それぞれ第二世代に受け継がれる。狩野直喜の学生としては小島祐馬《おじますけま》[*12]が哲学を、青木正児《あおきまさる》[*13]・倉石武四郎[*14]が文学を受け継ぐ。また鈴木虎雄の学生としては、吉川幸次郎[*15]がいる。この青木・倉石・吉川という京都大学第二世代こそ、中国文学なるものを確立した人々だと言ってよいだろう。

和服姿で筆をとり酒を嗜む。絵に画いたような文人の風格を湛える青木正児は、新しいタイプの学者である。それは経世済民を目指し天下国家を語る士大夫とも、聖人君子たろうと自己研鑽する道学者とも、さらには文献に埋もれて学問一筋に生きる学者とも異なるからだ。それが文学だと言うつもりはないが、漢学が中国文学に転換する契機のひとつに、この青木正児の持つ文人趣味的な世界があることは確かである。青木の研究成果としては『支那文芸論叢』[*16]、『支那近世戯曲史』[*17]、『支那文学思想史』[*18]、『支那文学概説』[*19]、『元人雑劇序説』[*20]などがある。

---

*12　一八八一—一九六六。
*13　一八八七—一九六四。
*14　一八九七—一九七五。
*15　一九〇四—一九八〇。
*16　弘文堂書房、一九二七年。
*17　弘文堂書房、一九三〇年。
*18　岩波書店、一九四三年。
*19　弘文堂書房、一九三五年。
*20　弘文堂書房、一九三七年。

ここに見える「文芸」「近世戯曲」「文学思想」「文学概説」「元人雑劇」という用語にしても分野にしても、それは従来の漢学の中心にあった経学からは全く遠いものである。また、「文学」という言葉で語られるものが、まずは戯曲や雑劇といった文芸、それも口語の文芸であることにも注目したい。

もうひとつ重要なのは、青木が中国および中国の文人たちと即時的につながっていたことである。京都大学の支那学研究の若手を中心に編まれた雑誌『支那学』の創刊号〈大正九年〈一九二〇〉〉に、青木は「胡適を中心に渦いている文学革命」という一文を載せ、中国の文学革命の勃興についていち早く紹介している。また、北京訪問中に王国維《おうこくい》を訪ねたり、魯迅や周作人《しゅうさくじん》*21とも交友があったりと、同時代の中国における最高レベルの文人と直接情報を交換していた。新しい中国学の胚胎は、このような状況を背景に持つ。

そしてさらに明確に、旧来の漢学から「中国文学」なるものを切り離して独立させたのが、倉石武四郎と吉川幸次郎である。倉石と吉川は、ともに中国への留学を経て、中国語を基本とする中国学を目指した。

第七節　倉石武四郎

『岩波中国語辞典』で知られる倉石武四郎は、新潟県高田の名家出身であった。倉石家は

---

*21　魯迅の弟。一八八五—一九六五年。

和漢の学に造詣の深い豪商であり、文化的・経済的に恵まれた出自であるといえる。東京帝大に入学し、支那文学科を専攻するも、卒業後は帝大支那学科の訓読による古典文解読に疑義を持ち、京都帝大大学院に転じて狩野直喜の指導を受けた。「欧米言語の音読から推して訓読による中国古典文の解読のしかたに疑問を持ち続けた倉石は、時の主任服部宇之吉教授にそれを資して不満を残したまま、〝文学革命〟を紹介した青木正児らの『支那学』誌の新取に刺激され、上京時の狩野を訪ねて京大ゆきを請うた」と戸川は言う。[*22]しかし、だからといって倉石は伝統的な学術を軽視したわけでは決してない。『儀礼疏攷正』『目録学』など、いわゆる漢学的硬質な考証学の学術成果も残している。それでありながら、倉石は敢えて、訓読ではなく中国語で中国の文献を読むことを主張し、生涯を中国語教育に捧げたのだった。[*23]

中国古典を訓読ではなく、外国文学として中国語で読もうとするこの方法の導入こそ、近代の中国学における最大の転換点であり、また中国文学の成立地だと言える。倉石は昭和三二年（一九五七）「国語と国文学」に寄せた文章の中で、日本漢文学史を講じることがもはや困難となった当時の中国学界の状況について、次のように語る。[*24]

京都大学がさきがけとなった支那学という立場をとるかぎり、支那文学乃至今のことばでいう中国文学は一つの外国文学であって、これを講義し研究していくためには、外国文学にむかっていどむという気構えがなくてはならない。たとえば中国語の講義や研究がいそがしくなると、日本の漢文学など……といっては恐縮ながら到底顧みている暇が

＊22　戸川芳郎（『本邦における支那学の発達』「はじめに」）。

＊23　倉石は大学教授退職後は没年まで日中学院院長を勤めた。

＊24　倉石武四郎「日本漢文学史の諸問題」（『本邦における支那学の発達』所収）。

ない。それのみか、最近の中国文学ということになると、とんと日本の漢学とは縁が無くなってしまう。それどころか、日本の漢文学にたいして敢えて敵意とはいわないが、好意をもちかねるといった空気も感じられる。事実、われわれの中国文学科がかつて支那文学科であり、その支那文学科が漢学科であったという歴史を考えたとき、その名称の変遷は、単に便宜的なものでなしに、たえず相剋するものであり、克服するものは克服されるものにたいし、きびしい批判を下すのも当然である以上、漢学科といった時代なら何の問題もなし受け入れられるはずの日本漢文学史が、支那文学となり中国文学となった今日、発展はおろか、保存さえもきわめて困難になるのが当然である。…（中略）…現在ともかく日本漢文学史という講義をひらいている東京教育大学は中国文学科でもなく支那文学科でもなく漢文学科であるということをあわせて考えると、少なくとも中国文学科と称している大学で日本漢文学史の講義をひらくことは、非常にむつかしいといわなければならない（傍線は引用者による）。

この文章の書かれた昭和三〇年代の中国学、特に中国文学は、外国文学として中国語を基礎に据えて展開するものであり、それは漢学・支那学という方法を克服して獲得された方法である、と倉石は言う。この認識は、つい最近までの日本の中国学会におけるそれと全く共通する。

しかし、「つい最近まで」と言ったのは、ここ一〇年来、斯界においては日本漢学の再認識の機運が高まり、訓読法や日本独自の学問展開が、新たな視点で再評価されつつあるからだ。あるいは日本学、あるいは古典学、そして総合学といった視点からのアプローチは、倉石らの確立した「中国文学」の相剋につながるかもしれないと、筆者は秘かに思っている。

第八節　吉川幸次郎

吉川幸次郎もまた、中国語による古典読解を重視し、倉石とは異なる方法で「中国文学」を確立した。それは世界文学としての中国文学、という視点である。

吉川は近代における中国文学研究のリーダーとして、また中国文学の一般への啓蒙者として広く名を知られる。中国語や漢文訓読に習熟しない初学者や、分野を異にする諸学者にとって、その平易ながらも文学性の香る文体と理論とは、中国文学の魅力を大きく宣揚する功を持つものであった。中でも、中国文学の魅力を極めて平易に語った『中国文学入門』[*25]、詩人三好達治とともに唐詩を「詩」として語った『新唐詩選』[*26]などは、入門書としては名著である。また、『詩経』・元曲・『三国志』を分かりやすく解説した『詩経国風』『元曲選釈』『三国志実録』という成果も残している。

吉川の業績の特徴は、詩経国風を民歌として解釈する方法、戯曲・通俗小説を重視する視点、そして文献を中国語で読むことを基本としているという意味で、まさしく「中国文学」研究

＊25　『中国文学入門』は、吉川自身が『吉川幸次郎全集』第一巻から七篇を選んで、一九七八年に講談社学術文庫として出版した。

＊26　『新唐詩選』は、吉川幸次郎・三好達治著として岩波書店（岩波新書）から一九五二年に出版された。「序」には、「この書物は、東洋のすぐれた財宝であり、世界の詩のなかでも最もすぐれたものの一つである唐の詩を、わが国の若い世代の人たちに近づけるべく、吉川と三好が協力して執筆したものである。」とある。

である。それは、朱子学的修身論を中心に据えた江戸時代以来の漢学を、完全にヨーロッパスタイルの支那学・シノロジーに仕立て直したものだと言えるであろう。

「中国文学」は吉川によって成立した。しかし同時に、その成立自体が多くの問題を抱え込んでいた。例えば、『詩経』を民歌とみなし、そこに「民衆の力強い健康な歌声」を読み取ること、また「中国文学全体を貫くものは人間の善意への信頼である」という主張、更に「情念の発露」「心情の吐露」「推移の悲哀」という言葉で「文学」を説明しようとする方法など、これらはすべて、「文学」という近代的概念を前提して「中国文学」を捉えようとするものである。しかし、そもそも「中国文学」などというものは、実態としては存在しない。『詩経』は文学、『論語』は思想として生まれたわけでは全くないからだ。「文学」概念の応用は、まさしく近代の高等教育における一つの視座にすぎず、文学部の形成にあたって二〇世紀初頭に開設された「文学概論」という科目に由来するものであった。[*27]

また、民衆を重視し、貴族や為政者を批判するのが良い文学だと言わんばかりの民主主義に対する絶対視もまた、中国の古典の読解に歪みを生じさせてはいまいか。第二次大戦中、竹内好《たけうちよしみ》や武田泰淳が主宰した『中国文学研究会』が参加を拒否した大東亜文学者大会において、吉川は日本こそ民主的国家のリーダーだとして、中国の当時の文学を希望が無いと批判した。[*28] 文学は民衆が人間の善意を、希望をもって歌うもの、という文学観は、吉川のそれであって普遍性に欠けるのだ。吉川幸次郎と中国文学の、近代という時代における功罪は、そ

＊27　江藤茂博「近代日本の文学部形成と『文学』概念」（江藤茂博編『文学部のリアル、東アジアの人文学』新典社、二〇一九年）参照。

＊28　一九四二・一九四三年の大東亜文学者大会における吉川の発言については、杉野要吉「吉川幸次郎における戦中・戦後の問題」（杉野要吉編『交争する中国文学と日本文学』三元社、二〇〇〇年）に詳しい。

ろそろ客観的に分析して良い時期にきていると考える。

おわりに

漢学が近代的学術大系に再編成される中で、「中国文学」なるものは、京都大学支那学の第二世代において確立する。それは主に倉石武四郎の存在を大きな要因とする中国との直接交渉、そしてオーラルとしての中国現代語の重視という新しい中国学の展開による。その背景は、一つとして京大が東大とは異なる学術体系を構築しようとしたこと、つまり文史哲という近代的学術を意図的に導入したことに拠る。中国の文化を日本と地続きの漢学としてではなく、異文化として捉えようとする視点がそこにはある。また、一つには羅振玉《らしんぎょく》・王国維という清の遺民が来日し、この清末最高レベルの学者たちが、特に京大と深い関係を持ったことにも起因する。羅振玉・王国維は清末の硬質な考証学のスキルと共に、出土物・甲骨文献という文字学への新しいアプローチや、戯曲という口語俗話への視点を日本の支那学界にもたらした。彼らの学術の影響は、京大支那学の大きな特徴に繋がっていく。さらに、それまで漢籍の訓読が中心であった文献解読から、中国への在留という体験を経た新しいタイプの研究者として、中国語を操り生の即自的な中国を体験した中国学者が登場したことに拠る。その代表が倉石武四郎であり、吉川幸次郎である。現代中国語で文献を読む方法はここから始まる。また、大正九年に創刊された雑誌『支那学』には、小島祐馬・青木正児・内藤湖南など、近代の中国学を代表する研究者が、画期的な論考を掲載する。そこにはヨーロッパのシノロジーの導入と、同時代の中国との直接的交流から生まれた新しい視点、経学ではその範疇には無かった出土物や戯曲小説という分野への学域拡張、そしてオーラルとしての中国語の重視など、学術の大きな質的転換があった。ここに、経学・漢学から完全に分離した新しい学術が確立したと言って良いだろう。

その中で「中国文学」というものは、特に吉川幸次郎の啓蒙的視点として確立される。そこには中国の古典を世界文学として人々に大きく拓く功績が有ったと同時に、古典の古典たる所以、とくに漢学の持った儒教的価値が切り捨てられてしまう欠点もあった。

筆者は中国古典の中核にある「文」の価値は、「文学」という近代的概念とは異なるものだと考えている。[*29]『詩経』は古典においては文学である前に「文」として価値を持った。[*30]「中国文学」という視点だけでは、古典の理解は理解できないのだ。しかしそれは文学研究には価値が無いという意味ではない。文学も哲学も歴史も、それは近代的一つの視角であり方法論である。とてつもなく長い時間を経てなお価値を失わない古典と対峙する方法として、近代的価値の中にある我々は、これらの概念を武器に使う。それによって古典の持つ価値の一端を明らかにすることが、古典研究なのだと私は思う。

＊29　文と文学の相違については、牧角悦子「『文』から『文学』へ――中国文学史における六朝の意義」(『経国と文章』序章、汲古書院、二〇一八年)参照。

＊30　詩経研究の方法論については、牧角悦子「古典とその『解釈』――『詩経』を例として」(二松学舎大学『東アジア学術総合研究所集刊』第四八集、二〇一八年)参照。

【参考文献】

山田利明『中国学の歩み――二十世紀のシノロジー』（大修館あじあブックス、一九九九年）
倉石武四郎講義『本邦における支那学の発達』（汲古書院、二〇〇七年）
二松学舎大学中国文学科編『中国学入門』（勉誠出版、二〇一七年）
江藤茂博編『文学部のリアル、東アジアの人文学』（新典社、二〇一九年）

第四章　近代における朱子学・陽明学

小島　毅

第一節　問題設定——表象としての朱子学・陽明学

「近代における朱子学・陽明学」というのが筆者に課せられた課題である。その一つの叙述法として、明治維新以降に活躍した朱子学者・陽明学者を列伝風に紹介することが考えられる。

たとえば、中村正直《なかむらまさなお》（敬宇《けいう》）。一般には福沢諭吉・津田真道《つだまみち》らとともに明六社で活躍した啓蒙思想家として知られる人物だが、彼は幕末期に昌平坂《しょうへいざか》学問所の教授を勤め、明治になってからは東京大学草創期に漢学の教授となっている。キリスト教に入信しているけれども終生朱子学を信奉していた。教育勅語の最初の起草者でもある。ただし、その草案は井上毅《いのうえこわし》により否定され採択されなかった。

あるいは、三島毅《みしまつよし》（中洲《ちゅうしゅう》）。幕末期に山田方谷《ほうこく》門下で学んだ陽明《ようめい》学者で、明治初期には大審院判事を勤めたのち、一時期東京大学で教鞭を執り、やがて二松学舎を創設して漢学教育に尽力したことは、本シリーズの読者には周知のことであろう。

もしくは、変化球として安岡正篤《まさひろ》を取り上げるという手もあろう。自称陽明学者として政界・財界に多くの信者を擁し、今なおその著作や講演録が刊行されつづけている。その活躍ぶりは、日本における陽明学のありようについての象徴的事例を提供していると評することができるだろう。その流れで三島由紀夫（平岡公威《きみたけ》）に言及する、など。*1

しかし、本稿では別の叙述を試みる。近代において江戸時代の朱子学・陽明学がどのように語られたのか、明治期の学術界を中心に述べてみたい。そもそも、朱子学と陽明学をこの名称で対比的に語る言説編制は明治期になってから確立したものだった。その中心的担い手として井上哲次郎（巽軒《そんけん》）をとりあげる。井上哲次郎といえば、東京帝国大学文科大学で思想分野の諸学問を立ち上げた功労者で、政府の意向に沿って国民道徳論を推進した御用学者であり、親近感というよりは多少の侮蔑の意をこめて「いのてつ」と称されている。だが、彼が中心になって行った江戸時代の儒学に対する整理作業の成果は、今なお、中等教育などを通じて世代を超えて再生産され、一般に流布している。その表象のよってきたるところを、あらためて確認することで、「近代における朱子学・陽明学」とはなんだったかを明らかにする一助としたい。*2

---

*1　拙著『近代日本の陽明学』（講談社、平成一八年）では、三島毅・安岡正篤・三島由紀夫らを、内村鑑三・山川菊枝ら一般には陽明学者とは呼ばれない人たちとあわせて一つの思想傾向として扱った。

*2　井上哲次郎については水野博太が近年精力的に調査を行って成果を発表している。本巻所収の氏の論考を参照されたい。

第二節　井上哲次郎の朱子学・陽明学評価

江戸儒学三部作

井上哲次郎は明治三八年（一九〇五）一二月に刊行した『日本朱子学派之哲学』の「結論」で次のように述べている。

我邦《わがくに》に於ける朱子学は第一期に於て其《その》萌芽を発し、第二期に於て其春花を開き、第三期に於て其果実を結べり、其果実も維新の暴風雨に逢ふて其之《ゆ》く所を知らず、然れども朱子学てふものが、決して全然誤謬なるにあらず、殊に其倫理説中に於ては永遠不滅の真理ありて存すること否定すべからず、是を以て其隠然人心に影響し、国民的道徳を要請する上に於て少からざる関係ありしを想見すべきなり、[*3]……

ここで彼が言う第一期とは、鎌倉時代に朱子学が伝来してから室町時代末までの、禅宗寺院で僧侶たちによって学ばれていた時期、第二期は江戸時代になって藤原惺窩《せいか》が登場してから寛政の改革で朱子学が幕府によって正学と認定されるに至る時期、第三期が寛政三博士の活躍から明治維新に至る時期を指している。維新によってその権威は失墜したが、国民道徳に利用できる「不滅の真理」があるというのが、井上の朱子学評価だった。

続く段落で、彼は朱子学の特質を「単調」と評する。朱子学派とは「朱子の精神的奴隷」

＊3　井上哲次郎『日本朱子学派之哲学』（冨山房、明治三八年）五九七—五九八頁。なお、原文は旧字体。原文の傍点は省略し、筆者の判断で適宜ルビを補った。以下の引用についても同じ。

として「朱子の学説を崇奉」する人たちで「殆ど千篇一律の感あるを免れず」、独創的な見解を朱子学派に求めることはできない。「此点に於ては朱子学派の古学派及び陽明学派に及ばざること遠し[*4]」。

日本の近世儒学を朱子学・陽明学・古学[*5]の三つに区分するという、現在でもごく普通に行われている分類法を確立させたのが井上だった[*6]。そもそも、彼が三つそれぞれについて概観した『日本陽明学派之哲学』（明治三三年）、『日本古学派之哲学』（明治三五年）、『日本朱子学派之哲学』（明治三八年）、いわば江戸儒学三部作が冨山房から出版されることによって、この三区分法が普及したのである。言い換えれば、江戸時代の人たちにとって、この三区分は必ずしも一般的ではなかった。

刊行の順序が陽明学・古学・朱子学であることは、井上（や同時期の研究者・言論人たち）の儒学に対する見方を象徴している。この順序は価値づけの順序でもあったのだ。『日本陽明学派之哲学』の序文でその見解が端的に示されている。長文になるが、有名であり、かつ重要なので引用する。

> 十七世紀の初め、徳川氏の海内《かいだい》を平定するや、我邦の文運頓《とみ》に旺盛となれり、藤原惺窩主として朱子学を唱道し。林羅山之《こ》れを承けて起り、亦朱子学を鼓吹す、是を以て次第に其根柢を鞏《つよ》うせんとせり、此時に当りて若し之れと抗衡して並馳するものなかりせば、我邦の儒教哲学は滔々として唯此一方にのみ傾注し、忽ち結晶して偏固となり、頑

＊4　同上、五九八頁。

＊5　山鹿素行・伊藤仁斎・荻生徂徠が古学の提唱者とされる。三人の共通点は朱子学を批判したことにあるが、互いの教説内容は異質であった。このため、現在の研究ではひとくくりに古学派と呼ぶことはない。

＊6　彼はこの三つの他に折衷学・独立学を立てて五分類にもしており、この分類法も継承された。彼が蟹江義丸（井上の学生）とともに編んだ『日本倫理彙編』全一〇巻（育成会、明治三七年―三九年）はこの構成である。また、独立学派に代えて考証学派を入れる分類法もある。

強となり、迷妄となり、全く活気を失へる死学となり了《お》はりしならん、然るに恰《あたか》も好し、朱子学の勃興に伴ひて、之れに反せる古学の大に気焔を揚ぐるあるのみならず、又紫陽と其軌を異にせる陽明学も亦意外の地方より閃として其曙光を漏し、単調一趣の弊を打破するを得たり、[*7]

主流派の朱子学に対して、日本独自の古学派と、中国ですでに朱子学と対抗関係にあった陽明学とが鼎立していたことが、江戸時代の儒教の特性であり長所だったと、井上は評価しているのだ。

陽明学の優越

井上は朱子学を「官府の教育主義」とする。これは徳川家康の政策であり、林羅山を登用して朱子学を新たな政治秩序を支える思想に認定したという歴史認識である。これに対して陽明学は、民間の学問で、「殆んど平民主義の如く」だった。井上は朱子学・陽明学に一長一短があるとする。と言いながらも、陽明学が「学者をして短刀《ママ》直入、其正鵠を得せしむるの一点に至りては、確に朱子学に優れり[*8]」。

井上がほかの二学派をさしおいて、まずは陽明学の系譜をまとめたのは、明治維新におけるその功績を讃えるためだった。中江藤樹《なかえとうじゅ》・熊沢蕃山《くまざわばんざん》に始まる日本陽明学の系譜に、彼は幕末期の思想家たちとして横井小楠《よこいしょうなん》・佐久間象山・西郷南洲《さいごうなんしゅう》（隆盛）・吉田松陰といった人々

＊7　『日本陽明学派之哲学』（冨山房、明治三三年）一―二頁。文中の紫陽とは朱子のこと。

＊8　同上、二―四頁。

を並べる。彼らと並べて山田方谷・鍋島閑叟《なべしまかんそう》ら倒幕派とは言い難い人物も加えてはいるが、幕府に対して批判的な思潮が、陽明学の影響で生じてきたことを示唆していることは明らかである。先述のとおり、井上は朱子学者たちを「朱子の精神的奴隷」と表現していた。彼らのなかからは現状批判の発想は生まれない。現状批判をする感性は陽明学の長所であった。

江戸幕府が創立当初から、みずからの体制を支える思想として、朱子学を利用していたという、井上らによって確立された歴史認識は、その後丸山眞男に継承された。[*9] 今なお広く流布している見解であるけれども、学界においては早くは尾藤正英、のちに渡辺浩によって批判され、[*10] すでに過去のものとなっている。朱子学＝体制派、陽明学＝革新派という平板な図式は明治時代に意図的に生み出された虚構に過ぎない。この虚構の呪縛から逃れて、明治維新の思想的背景について最新の研究成果に基づく認識が一般化することが望まれる。

第三節　大塩問題

塩賊から義人へ

大塩の乱。いまもこの呼称で日本史教科書に記述されている事件が、天保八年（一八三七）に大阪（当時は大坂と表記）で起きた。天保の飢饉に際して窮民を見捨てる政策をとった大坂町奉行に対して、「大坂町奉行所の元与力で陽明学者の大塩平八郎は、……貧民救済のた

＊9　丸山眞男『日本政治思想史研究』（東京大学出版会、昭和二七年）。ただし丸山の場合は、朱子学の教説がそうした役割を担った点を批判し、これを超克して登場した荻生徂徠に自然と政治の分離という近代につながる思惟を見いだす枠組みだった。

＊10　尾藤正英『日本封建思想史研究―幕藩体制の原理と朱子学的思惟』（青木書店、昭和三六年）。渡辺浩『近世日本社会と宋学』（東京大学出版会、昭和六〇年）。

めに門弟や、民衆を動員して武装蜂起したが、わずか半日で鎮圧された」[11]。わざわざ「陽明学者」と紹介されているように、大塩平八郎（中斎）が陽明学を信奉していたことがこの武装蜂起の大きな理由とされつづけている。

この解釈はすでに事件直後からそうだった。幕府直参の武士が徒党を組んで反乱を起こしたという前代未聞の事態に、奉行所や幕府がその思想的背景を関連づけたのは当然といえよう。彼は「塩賊」として非難され、その信奉していた王学、すなわち陽明学は反体制の危険思想という嫌疑を受けた。

やがて明治維新を迎え、かつての幕府の悪政をあげつらってもかまわない、むしろ悪政を糾弾することが維新の正当性を補強する状況になると、大塩の名誉回復が行われる。ただし、それは薩長尊攘系の志士たちへの名誉回復とは微妙に異なる文脈に属していた。大塩が攻撃対象とした特権商人や腐敗官僚たちが、明治期の藩閥政府に重ねられたからである。こうして大塩は顕彰され英雄視されていくことになる[12]。

「偉人史叢」というシリーズの第八巻として明治二九年（一八九六）に裳華房から刊行された国府種徳《たねのり》（犀東）の『大塩平八郎』は、大塩を「社会主義実行者」と表現する。そして、それは彼が信奉していた陽明学に由来すると説く。

平八が祖述せる王陽明其の人も、夙に抜本塞源論に於いて、其のユートピアをは《ば》構成し、現実の社会を改造して、此の理想的国家に格《いた》らしめむことを以つて其の志望とはなせり、[13]

大塩中斎　国立国会図書館蔵

＊11　『詳説日本史B』（山川出版社、平成二五年）二三八頁。

＊12　講談仕立ての小説ではあるが、明治一九年（一八八六）の『天満水滸伝』は大塩事件の詳細を紹介している。

＊13　国分種徳の『大塩平八郎』（裳華房、明治二九年）一七二頁。

山路弥吉《やきち》（愛山《あいざん》）は明治四三年（一九一〇）の『西郷隆盛』で、「彼は如何なる時に生まれしや」の章に大塩事件を紹介している。西郷が少年時代に大塩の乱の話を聞いた可能性があると次のように述べる。

少年時代に於て、殆ど無意識に、脳底に刻まれたる或る思想は心理学者の所謂潜意識となりて品性の基礎を為すものなり。（中略）大塩事件が彼の少年なりし時代の風潮に大なる刺撃《ママ》を与へ、而して此時勢が更に不言の教訓を彼に与えしや疑ふべからざるなり。[*14]

維新の三傑に数えられる西郷が、大塩事件の影響で尊王倒幕をするにいたったとする推論である。これが史実かどうかは定かではない。私見では山路の勝手な憶測にすぎないと思われる。だが、これが実証的かどうかは問題ではない。明治末期にこのような見方が存在したこと、それも単なる市井の戯言や小説家の虚構ではなく、山路のような言論人によって唱えられていたことが重要である。大塩が信奉していた陽明学の教説が倒幕運動につながる筋道が付けられていた。

大塩は陽明学の正嫡か

大塩自身が陽明学を奉じていたとして、さてそれは倒幕運動に直結するものなのだろうか。そもそも、大塩は陽明学をきちんと理解していたのだろうか。

井上哲次郎やその学生で京都帝国大学教授となった高瀬武次郎は、こうした観点から大塩

＊14　山路愛山『西郷隆盛』上巻（玄黄社、明治四三年）三六一頁。

の思想を扱うことになる。[*15]

高瀬の『日本之陽明学』は大塩を扱う章に「交遊」という節を設けている。[*16] この名称から予想される如き複数の知友たちとの交わりではなく、冒頭一段で近藤守重（重蔵）と一度面会した記録を述べる以外の大半を、ただ一人との交友関係を描くことに費やしている。その人物は頼襄《のぼる》（山陽）。

高瀬は、頼が大塩に送った詩文五篇を引用紹介しながら、両者の親密な交流を描き出す。それらは彼らが志向を同じくすることを実証する目的での列挙であった。すなわち、まずは初対面の折に「中斎時に陽明全集を出し、良知を説き、太虚を談ず。山陽其説を愛し、乃ち全集を借りて去る。読み畢《おわ》りて七絶一首を賦して之を還す」としてその七言絶句「読王文成公集」を、ついで頼が『日本外史』執筆の参考に大塩が所蔵する南宋胡寅《こいん》の『読史管見』を借り、それを返却する折の詩を、また『日本外史』寄贈の返礼に大塩が贈った刀の礼に詠んだ詩を載せる。ほかは、大塩の書斎に頼が書き残した詩と、大塩が尾張への旅の途次に頼宅に立ち寄ったのを送り出す文章で、この節の最後に『古本大学刮目』出版にあたって頼が序文を寄せる約束をしていたのに、やがて重篤となり、大塩がその病床に駆けつけた晩に逝去したことを叙す。高瀬がここまで詳細に両者の交際を紹介する意図は、彼の次の文章に現れている。

山陽且つ賛し且つ戒む。賛する所は、精勤修養に在り。戒しむる所は、太急過鋭に在り。

＊15　以下の高瀬についての記述は、平成二九年五月一四日開催の日本儒教学会第二回大会での報告で発表した内容であり、『日本儒教学会報』第二号（平成三〇年）に「明治後半期の陽明学発掘作業」と題して掲載されている。

＊16　高瀬武次郎『日本之陽明学』（鉄華書院、明治三一年）一五〇—一五七頁。

世に山陽の資性気格を知る者極めて多く、中斎の真価を知る者極めて少し。惟彼等が管鮑の交情を推さば、則ち中斎を誤解するの失を去るを得ん。*17
山陽嘗て私《ひそ》かに中斎の大急過鋭《ママ》を憂へしが、果然中斎は、之が為に軽挙、事を誤りぬ。*18

大塩の「太急過鋭」がのちの蹶起《けっき》に連なるものと解せられていることは贅言を要しない。高瀬はそれを「軽挙」と評し、否定的に見ている。しかしながら、大塩の思想そのものは我が国の陽明学を代表するものとして高く評価されており、なおまだそうした評価が充分ではないことに対する異議申し立てとして、当時令名高き頼山陽を借りて大塩中斎が優れた人物であったことの証拠としているのだ。

師の井上の方も、『日本陽明学派之哲学』の大塩についての章でわざわざ「批判」という一節を設けて、その思想を批判している。彼は客観的研究を軽視したため、「物理に暗く、時に迷信に類することなしとせず」、その太虚論も「哲学としては尚幼稚《ようち》なる観念あるを免れざるなり」。「中斎の学の未だ備はらざるもの少しとせざるを知るべきなり」。*19

第四節　頼山陽への評価

みたび井上哲次郎

井上哲次郎の朱子学・陽明学の枠組みにおいて問題になった一人が、頼山陽の扱いだった。

---

*17　同上、一五四頁。
*18　同上、一五七頁。
*19　『日本陽明学派之哲学』、五一〇―五一八頁。

頼山陽肖像画　福山誠之館同窓会蔵

彼の主著『日本外史』と『日本政記』は幕末の人士に広く読まれ、彼らが体制の現状を批判して尊王攘夷運動に走るのに大きく作用した。その意味では井上の性格規定の朱子学にはなじまない。ただし、彼を陽明学に分類することもなかった。『日本陽明学派之哲学』の「結論」で、井上はわざわざこの点に言及している。[*20] たしかに頼山陽には朱子を批判したり陽明を賞賛したりする詩がある。しかし、それらは詩文についてのもので思想内容の批評ではない。また、大塩中斎との交遊も陽明学信奉者どうしとしてのものではない。井上はそう断言し、彼を陽明学の枠の外に出そうとする。

大正四年（一九一五）、『日本朱子学派之哲学』の増補版を刊行するにあたっては、「頼山陽の精神及び影響」と題する文章を追加している。[*21] そこでは繰り返し頼が「朱子学の空気の中で成長した」ことを強調している。たしかに井上が言うとおり、彼の父頼春水や叔父頼杏坪は篤実な朱子学者として著名だったし、寛政三博士の薫陶も受けている。こうした環境をあげることで論理的に「山陽も大体朱子学者であった」と言う結論を導こうとしている。もっともこれには留保が必要で、頼が一般の朱子学者イメージから遠い理由として「経学者でなくして寧ろ史学文学の方の人であるが為めに尚更窮屈な朱子学者の態度はなかつた」と弁解

＊20　同上、六二四―六二五頁。井上は頼山陽のほか、伊藤仁斎・朱舜水・藤田幽谷・藤田東湖らについても、陽明学からの影響を重視する見解に批判を加えている。

＊21　『日本朱子学派之哲学』訂正増補版、八二一―八三〇頁。また、頼山陽のほか朱舜水と佐久間象山についての章が増えている。象山については、当初は陽明学者に認定して『日本陽明学派之哲学』に入れていたが、その改訂版では彼を省いている。

を加えている。

史学家ではあるけれども、北畠親房『神皇正統記』と水戸の『大日本史』の精神を受け継いで「大義名分を重んずると云ふのは即ち朱子学者の精神である」。なぜなら陽明学や古学派（ただし山鹿素行を除く）では大義名分を言わないからである。[*22] つまり、井上は消去法により、頼は陽明学でも古学でもないので朱子学だと言っているに等しい。

ただ、この論法は『日本朱子学派之哲学』の初版において彼が力説していた朱子学の特徴、「朱子の精神的奴隷」と矛盾する。こうまでして彼が頼山陽を朱子学に近づけて解釈したのはなぜなのだろうか。

明治の頼山陽

明治三一年（一八九八）、民友社から森田文蔵（思軒）の遺稿『頼山陽及其時代』が刊行された。森田はフランス文学の翻訳家として知られていたが、この前年に三六歳で没している。『頼山陽及其時代』には生前親交があった徳富猪一郎（蘇峰）や山路弥吉（愛山）が序文を寄せている。第四章には山路と森田の往復書簡形式による論争を掲載し、「鶏肋篇」として山路の「頼襄を論ず」を掲載する。[*23] この「頼襄を論ず」への批判が森田に頼山陽論を執筆させる動機となったからだ。[*24] そして巻末に山路の「思軒氏山陽論の末尾に題す」という長い跋文を置く。そのなかで山路は頼の経学を評して次のように言う。

＊22　これはあくまでも井上の理解であり、陽明学でも大義名分を強調する場合がある。

＊23　山路弥吉「頼襄を論ず」は明治二四年に書かれた。「文章即ち事業なり」に始まる山路の代表作の一つで、北村門太郎（透谷）との間に文学論争を引き起こした。なお鶏肋とは「余分で無用なもの」という意で、山路の謙遜表現。

＊24　山路と森田の見解の相違は、山路が頼山陽は生前にはあまり高い評価を得ていない、海防問題に疎いのが彼の生きた時期によるとする二点についてだった。

森田思軒　笠岡市教育委員会提供

先生は其詩文に於て当時の学風に反抗したるが如く、其経学に於ても亦当時の学風に反抗したり。蓋し幕府が寛政年間異学の禁を発せしより世は靡然として学統を一にするの傾向に赴きたり。（中略）而して之と共に朱子学は却つて其熱心なる信者を失へり。是に於て乎、朱子学を職業として、而して其心却つて王陽明に向へる者を生じたり。朱子学は敢て之を議すべからずとして、敬して之を遠ざけ、徒らに煩瑣なる考証を以て其博宏を衒《てら》はんとする者をも生じたり。先生が呼吸したる当時の雰囲気は実に此の如くなる者なりき。（中略）先生の経学は直截簡明なる者なりき。[*25]

山路は頼山陽を陽明学の影響下にある人物と捉えている。

井上哲次郎が先述の文章で何度も「朱子学の空気の中で成長した」と述べていたのはこうした見方への反論だった。そしてそれは頼と交友関係にあった大塩中斎との相違を強調するためだったと思われる。その背景には、明治四三年（一九一〇）の大逆事件があった。[*26]井上はかつて明治維新を導いた思想として陽明学を評価していた路線を修正して、体制護持の思想だった朱子学の再評価を行い、その象徴的存在に社会的に高名な頼山陽を選んだと解釈で

*25　森田思軒『頼山陽及其時代』、五八三―五八四頁。

*26　大逆事件とは、幸徳伝次郎（秋水）らが明治天皇暗殺を企てたとして処刑された事件。その中に陽明学関係者がいたことから、井上哲次郎は陽明学を危険思想とする講演を行った。その経緯は拙著『近代日本の陽明学』、一二三―一二五頁、で述べた。なお、現在は冤罪とされている。

きる。大塩中斎が国府種徳によって「社会主義実行者」とされたことを想起されたい。彼らにとって、江戸時代の朱子学と陽明学は、単に歴史的存在ではなく、時勢と密接に関わる思想だった。[*27] この点に、現在との大きな違いがあると言えるだろう。

【参考文献】
井上哲次郎『日本陽明学派之哲学』（冨山房、一九〇〇年）
井上哲次郎『日本朱子学派之哲学』（冨山房、一九〇五年）
大塩事件研究会議編『大塩平八郎の総合研究』（和泉書院、二〇一一年）
濱野誠一郎『頼山陽の思想——日本における政治学の誕生』（東京大学出版会、二〇一四年）

＊27　徳富蘇峰は大正一五年に民友社から『頼山陽』を刊行し、その第一頁に「同時代人のやうに、考えられてならない」と述べている。

═研究の窓═

「中国文学史」の成立

杜　軼文

漢学の変容

中国文学の歴史は数千年という他国と比較を絶するほどの長さを持っているが、中国文学を対象として、その発展史を語る「中国文学史」の歴史はわずか百余年である。「中国文学史」は「西学東漸《せいがくとうぜん》」の産物であり、近代的学術体系の形成をもって出現したものであるが、日本の場合、先行する欧米を手本に、中国人自身による「中国文学史」の編纂に先駆けて、明治三〇年前後に集中的に「中国文学史」（当時は「支那文学史」）が編纂される時期を迎えたことは興味深い。その間の事情を略述してみよう。

明治初年の新学制（一八七二年学制発布）によって、従来の儒教的教育は新時代の教育理念としては否定されたものの、新学制による学校の建設は各地の財政にとっては大きな負担であったので、有名な漢学者は引き続き塾を経営し、新しい漢学塾も相当数設立された。引き続き日本人の「モラルスタンダード」は儒教であり、儒教の原典である中国古典を捨て去ることはできない。日本の文章、とりわけ格調ある文章を書こうとすれば、漢文のスタイルと文法抜きには成り立たないのである。したがって、中等教育では漢文の書き取りや作文がなお必須とされたのである。

一方、明治日本にとって、教育の第一の目的は「国民国家」の構成員たる「国民」の創出である。中国由来の儒教道徳や言葉表現を日本の国民アイデンティティー形成の根幹に据えようとすれば、国粋主義から強い反発を招くことも予想される。明治以降のいわゆる近代漢学は、欧米と「アジア」の間だけではなく、「他国（主に中国）」と自国の国粋主義との間も緊張関係にあり、その新たな世界秩序形成の動揺の中で、自国の文化的アイデンティティーを模索するなかから生みだされた。

「中国文学史」の成立前

今日、日本で用いられている「文学」という概念は、明治期にヨーロッパから移入されたものがもとになっている。

江戸時代までに使用された言葉にも「文学」という語がある。これは古典中国語に由来し、その最初は『論語』「先進」篇に見えている――「文学は子游・子夏」。この「文学」は、「文字」と「学問」との組み合わせであり、「文」の意味が「文字」から「文章」へと延長し、江戸時代までは文章表現を古典中国語に従うことが漢学の素養として要求された。

初めてliteratureが「文学」と接触した痕跡は、慶応三年（一八六七）刊『和英語林集成』に残されている。和語「文学」に対する英訳語が、初版（一八六七）の「Learning to read, pursuing literary studies, especially the Chinese classics.」から、三版（一八八六年）の「Literature; literary studies; especially the Chinese classics.」に変化したことは、この一九世紀末日本の二〇年間に「文学」という和語の内容が「文の学び」という本来の意味から西洋との接触を経ていわゆる「文学」へと変化したことを示している。にもかかわらず、「とくに中国古典の研究をいう」という説明は、初版から三版まで一貫してつけられており、「文学」が従来の漢学的捉え方から完全に離れていなかったことをも暗示する。

一九世紀のヨーロッパにおいて近代歴史学が確立し、そこから派生して文化諸領域の通史が書かれるようになった。「文学史」もその一つである。ところで英語のliterature、フランス語のlittérature、ドイツ語のlit(t)eraturは、ギリシア語で「文法論」の示す語に由来し、西洋の「文学」を示す語においても「文章術」や「修辞学」は重要な要素をなす。特に「文学史」を論じる場合、文字による記録、写本、書籍を含む言語芸術はすべて「文学」と見なされていた。その意味では、東洋における漢学に定義されるところの「文学」と共通する部分も少なくないのである。

末松謙澄『支那古文学略史』

日本人が「文学史」の概念を摂取した嚆矢は、末松謙澄[*1]の『支那古文学略史[*2]』（一八八二年）である。当時日本では「文学史」あるいは「中国文学史」の概念は定着していなかったが、末松がケンブリッジ大学で文学・法学を修めた経歴から見れば、末松が当時ヨーロッパで通用していた「文学史」の認識に基づいてこれを著述したと考えられる。本書は、明治一五年（一八八二）、イギリス留学中の末松が在英日本学生会にて講演した内容に基づいて著したものである。西洋古典学と対照するものとして東洋古典学を提起し、祖国日本を含めた東洋の古典研究の進め方を述べている。末松の「中国文学史」は「文化史」あるいは「文明史」の視点から述べられたものと言える。

論述の範囲は「春秋ノ末ヨリ戦国ノ末マデ」と先秦の時代に限定されており、いわゆる諸子《しょし》百家《ひゃっか》の書物を主な記述対象としている。末松は、中国古文学を東洋文学の核心と認めるとともに、その古文学が東洋文化の淵源であると指摘している。[*3] 末松が東洋文化を西洋文化と対照する視点から、東洋の古典として中国古文学の位置づけをしようとしたことがわかる。

末松の記述では春秋戦国時代を最も重視しているが、その理由はその時代が「人氣ノ最モ發達シ學術文章技藝ノ最モ進歩」しているからである。言い換えれば、末松はこの春秋戦国時代を中国文学のピークと見なしている。その評価は、近代的な進化論によるものではなく、従来の「古を尚《たっと》ぶ」漢学的価値観によるものである。

古城貞吉の『支那文学史』

古城貞吉の『支那文学史』（一八九七初版、経済雑誌社刊）は、「まとまった通史の体裁を採る中国文学史の最も早い著作のひとつ」[*4]と言われている。つまり、古城の『支那文学史』は中国文学全体を初めて史的に著述したものであった。ここでは、近代漢学が古城の著作にいかに影響を与えたかを考察してみよう。

第一には、儒学に対する尊重である。特に、第二章には、「孔門の弟子」という節があり、古城の認識では、儒家思想は中国文学の精神的支柱であるので、儒家思想を全国に伝えた重要な弟子たちの小伝を書く必要があると考えたのであろう。

第二には、中国の文字（漢字）は独特なものであるゆえに、中国文学には漢字で書かれたもの全てを含めるべきだという主張である。古城の『支那文学史』はむしろ「中国文章史」と言ってもよいのである。

また、初版には、作品例に訓点・圏点が附されている。読者が中国文学の作品を読む時、従来の漢文訓読の読み方で読み進むと予測していたのである。まだ従来の漢文学に強く影響されていたことは疑いない。

草創期とともに編纂ブーム

日本の「中国文学史」研究は、その草創とともに編纂ブームの時期を迎えることになった。「草創期」（明治一五―三五年）に日本で出版された「中国文学史」の著作を出版時代順に羅列すると、一二点にのぼる。末松の著作を除けば、それらは約一〇年間に続々と出版された。日本人が中国文学の歴史に対して、早くから高い関心を寄せていたことが窺える。「中国文学史」と言っても、一般的に書肆で売る書籍だけではなく、大学の講義録としての需要も大きかった。

一、末松謙澄『支那古文学略史』一八八二年

二、児島献吉郎『支那文学史』一八九一―一八九二年、

同文社『支那文学』に連載。
三、児島献吉郎『文学小史』一八九五年、漢文書院『支那学』に連載。
四、藤田豊八『支那文学史』一八九六―一八九七？年、「東京専門学校邦語文学科第一回二年級講義録」
五、藤田豊八『支那文学史稿　先秦文学』一八九七年、東京・東華堂
六、古城貞吉『支那文学史』一八九七年、東京・経済雑誌社
七、笹川臨風『支那小説戯曲小史』（一八九七）、東京・東華堂
八、笹川臨風・白河鯉洋・大町桂月・藤田劍嶺・田岡嶺雲共著『支那文学大綱』一八九七―一九〇四年、東京・大日本図書株式会社。
九、笹川種郎『支那文学史』一八九八年、東京・富山房。
一〇、高瀬武次郎『支那文学史』一八九九―一九〇五？年、東京・哲学館。
一一、中根淑『支那文学史要』一九〇〇年、東京・金港堂。
一二、古城貞吉『支那文学史』訂正再版一九〇二年、東京・富山房。

草創期「中国文学史」研究に見られる漢学の影響

上述のように、明治期日本における中国文学史研究は近代的西洋学術の受容と、従来の学問である漢学に対する再評価の調和に基づき、近代学術を確立する営みの一環として自発的に行われていたのである。

日本初の中国文学史である古城貞吉の『支那文学史』に、田口卯吉は序を寄せて次のように言う。

本邦文學、半屬漢文、而漢文之淵源支那、固不俟言也。（中略）故不知支那文學者、未可共語本邦文學也。故不知支那文學者、未可共語本邦文學也、今此書成矣、學者輒得詳彼此文學迭為父子為兄弟之情、而知所以益振作之方法、則其裨益國家

文運、非少小也。（訳：日本文学が、半分は漢文に属し、また漢文の発祥地は中国であるということは、言うまでもないことである。（中略）ゆえに中国文学を知らなければ、共に日本文学を語ることもできない。今この書が完成して、学ぶ者は容易に彼我の文学が互いに父子兄弟のような関係にあることを知り、両国の文学を発展させる方法を理解することができるからには、本書が国家の文運に益する点も少なくない。[*5]）

と。すなわち、中国文学→漢学（漢文学）→日本文学という順で、中国文学は漢学（特に漢文学）を媒介して日本文学と結び付いている。江戸時代まで、漢学は高い地位を占めたため、中国から伝来した文学作品だけではなく、日本人が漢語の文法で書いた作品も含まれている。

すでに、明治二三年（一八九〇）に三上参次《みかみさんじ》・高津《たかつ》鍬三郎《くわさぶろう》共著『日本文学史』によって、日本文学という国家意識を強く体現した文学分類が出現した。明治維新後、西洋由来の文学観の影響をうけて、日本文学では小説ジャンルの地位が上昇したが、なお高名な漢学者・漢詩人の漢文作品も多数含まれる。それらの漢文作品を理解するには、漢語及びその言語の裏づけとなっている文化背景を知らなければならない。そのために、中国本土の文学に対する研究が必要になる。その新たな需要に対して、従来の漢学は近代的な「中国文学」という分野の確立を迫られたのである。

「日本文学史」という文学概念と呼応して、「中国文学史」という形式での中国文学研究がここに開かれたのである。言い換えれば、「中国文学史」の誕生は日本文学の独立を加速することにもなった。

その中国文学史研究の最初の手掛りは、これまで蓄積されてきた漢文の教養である。最初の中国文学史を書いた古城貞吉は大学の教育を受けていなかったが、漢学塾でしっかり漢文を学んでいた。そのほかの研究者たちも漢学塾で漢文を勉強してから、大学へ進学した人がほとんどである。したがって、早期の中国文学史研究は、序論ではしばしば人種・環境・時代背景などの新しい概念を導入して中国文学の特性を考察しているが、本論に入ると、従来の漢学（特に儒学）や漢文の史的構造に基づいて、中国文学史を展開している。そのため、諸子百家の思想文献に関する論述が氾濫し、また書物の真偽に関する考証に紙幅が割かれるなど、今日の目から見て文学の概念から離れた内容が書き込まれてしまうことが往々に見られる。

具体的に言えば、草創期の「中国文学史」には、次のような漢学の影響がよく見出だせる。

一に、古代経学の偏重である。江戸時代まで、孔子を祖とする伝統儒学において、春秋戦国から秦漢までの学問研究は、天下の経営に有益なものとして、その学習と実践が公式に勧奨された。一方、明治期における近代国家の形成によって、近代漢学も学問領域の中心は儒学に収斂した。そのため、草創期の「中国文学史」の編纂においても、上古から秦漢における経学の偏重が顕著になるのであると思う。

二に、詩文の偏重と近世通俗文学の解読力不足である。江戸時代まで尊重され続けた漢学には、漢詩文の鑑賞や創作が含まれる。その基礎である漢文の素読は明治中期まで行われていたので、「中国文学史」の編纂者らは互いに似通った漢文教育の経験を持っていた。そのため「中国文学史」所収の資料のうち、詩文については容易に参考資料が手に入るだけでなく、それに対する批評もよく行き届いている。それに対して、近代通俗文学を代表する小説、戯曲などジャンルは従来の学問研究の領域に含まれることは少なく、書誌や作家の伝記など基礎研究はほとんど空白状態であったから、史的批評を加えることが不可能であった。草創期の「中国文学史」に限れば、小説、戯曲などの文学ジャンルへの言及は少なく、また読解レベルも詩文との差が明らかに存在していたのである。

三には、中国文学史に対する史的な捉え方である。草創期の「中国文学史」研究は、通史より断体史のほうが多い。これは、中国古典に対する研究蓄積が厚く、研究レベルも高かったからである。明治日本においては、漢学塾がなお残存し、明治三〇年代の中国文学史研究者たちは一般に漢学塾に通って漢文を学んだ。文言の中国古典に対する理解力が極めて高かった彼らの中国文学史研究が、文言の中国古典文学を中心に論述するものになったのは当然であろう。古城のように、ほぼ通史の形で中国文学史を論じた場合でも、宋詞、元曲、明清小説などについての考察は見られない。それらは、近代的な文学概念に含まれるジャンルであるが、従来の漢学や漢文学では地位が低いか、もしくは地位が与えられていないものである。それらをどのように考察するかという問題は、早期の中国文学史研究者たちには避けて通れない課題であっただろう。

四には、音韻や文字に関する考察も行われることである。今日の「文学史」では対象とならない音律や文字への関心は、従来の漢学においては重要な領域であった「小学」に影響されていたのである。

おわりに

文学史は「近代国民国家」の成立を出発点とし、漢学の蓄積に基づく「中国文学史」の成立も西洋の「文学史」概念を拡大したものである。

だが、明治期のステイト・ナショナリズムの中で、天皇による国家統治は復古的傾向を帯び、教育現場に深く根を張った漢学は、「古を尚ぶ」という伝統を受け継ぎ、封建性を完全には否定しなかった。その影響を受けて、草創期の「中国文学史」には、封建性に対する称美や宣揚が見られる。

しかしながら､私たちは今日の見方で､草創期の人々の試行を笑うことはできないのではないか。中国文学史研究が容易でないことを自覚しつつも、かつての日本の研究者たちは自身の研究に自信を持っていた。市《いち》村瓚次郎《むらさんじろう》は英人ジャイルの支那文学史と児島のものとを比較し、次のように述べている。[*6]

英人の支那文學史を知るは難く、従ひてその蘊奥を究め難きが故なり。然らば支那文學史を編すべきものを支那以外に求むれば、我が邦人を措きてまた何れにかある。

このように、中国文学史研究の領域においては、日本人は西洋人より高いレベルにあると信じていた。西洋から摂取した方法によって日本文学史を明治二三年『日本文学史』（三上参次・高津鍬三郎共著）、同二四年『本邦文学之由来』（黒木安雄著）と刊行した後、長い漢学伝統を有するがゆえに日本人は西洋人より中国文化・中国文学を熟知していると自ら信じ、西洋的な研究法を用いた中国文学史研究は自分たちこそが開拓できると考えてそれを実践したのである。

【註】

＊1　末松謙澄（一八五五―一九二〇）、号は青萍、文学博士・法学博士。伊藤博文を支える要職（逓信大臣など）を歴任し、日露戦争中はイギリスに在駐してイギリスの世論を情報操作する特命を帯びた。一方、文学的才能を発揮し、『支那古文学略史』、『希臘理学一斑』、『日本文章論』、『演劇改良意見』、『青萍詩存』、『民法詳解』、『国歌新論』など多数の著作を残した。特に『防長回天史』は維新の貴重な資料とされる。

＊2　国会図書館近代デジタルライブラリーによれば、末松謙澄『支那古文学略史』は二種類がある。（1）一八八二年（初版、出版元不明）、（2）一八八七年（再版、文学社）。

＊3　末松謙澄『希臘古代理学一斑』（出版元不明、一八八二年）一丁表。

＊4　浅見洋二「資料編・古城貞吉」川合康三編『中国の文学史観』（創文社、二〇〇二年）三七頁。

＊5　田口卯吉「序」古城貞吉著『支那文学史』（冨士房、一九〇二年）、三―四頁。

＊6　市村瓚次郎序、児島献吉郎著『支那文学史綱』（冨山房、一九一二年）二―三頁。

【参考文献】

『東京大学百年史　部局史一』（東京大学百年史編集委員会、

一九八六年）
川合康三編『中国の文学史観』（創文社、二〇〇二年）
三浦叶著『明治の漢学』（汲古書院、一九九八年）

第Ⅲ部　漢字文化圏の近代と漢文教育

第一章　外地の「漢文」教科書について
――台湾を例として

川邉雄大

第一節　台湾における漢文教科書とその研究

明治二八年（一八九五）、下関条約により台湾は清国から日本へ割譲された。日本統治下の台湾では、明治二九年（一八九六）に現地子弟（漢人）向けに日本語教育を行う国語伝習《でんしゅうじょ》所が設置されたが、明治三一年（一八九八）に「台湾公学校令」が発布され公学校となり、昭和一六年（一九四一）に小学校と統合して国民学校となるまで継続した。

この公学校では昭和一二年（一九三七）まで漢文の授業が行われていたが、一方で清朝から続く書房と呼ばれた私塾においても、漢文の教育が行われていた。

戦前期の台湾における教育について、「日本植民地・占領地の教科書に関する総合的比較研究―国定教科書との異同の観点を中心に―」（科研費・基盤研究B・宮脇弘幸・平成一八―二〇年度）などの先行研究があるが、漢文教育および漢文教科書に関する研究は他教科と比して少ない。

本稿は、主に玉川大学教育博物館（以下、玉川大）・国立台湾図書館・国立台北教育大学図書館に所蔵する戦前期（明治・大正・昭和）の台湾、とくに公学校で使用された漢文教科書をもとに、その特徴や変化などについて考察するものである。

なお、玉川大に所蔵する台湾の漢文教科書については、【附録：玉川大学教育博物館所蔵・台湾漢文教科書一覧】として、本稿末尾に掲載した。

第二節　台湾における漢文教育

ここでは、まず日本領有前すなわち清代の台湾における漢文教育について見ていきたい。*1

清代台湾の教育は、おもに書房において漢文を中心に行われていた。

書房は、「民学」・「私学」とも呼ばれ、おもに①読み書き、②科挙の受験教育が行われていた。教育内容はおもに、読書（音読・諳記）・習字からなり、テキストは『三字経《さんじきょう》』・『四書《ししょ》』などが使用され、音読にあたっては文言音（台湾〈閩南《びんなん》〉語8・客家《はっか》語2）が使用された。

日本割譲後は、②科挙の受験教育は行われなくなったが、①読み書きについては、台湾総督府の規制を受けながらも、初等教育が義務教育化される昭和一八年（一九四三）まで存続した。

明治二九年（一八九六）、台湾では現地人向けに国語（日本語）を教育するために、伊沢《いさわ》

---

*1　本章執筆にあたっては、呉宏明「日本統治下台湾の日本人教員」（一九八八年）、洪郁如「読み書きと植民地：台湾の識字問題」（二〇一二年）等を参照した。

*2　伊沢修二（一八五一―一九一七）は元高遠藩士・文部官僚。米国留学時に、日本人で初めて金子堅太郎と電話で通話したことが知られる。台湾総督府民政局学務部長心得として台湾に赴任し、芝山巌学堂を設立するなど、台湾人子弟の教育にたずさわった。このほか、明治三五年（一九〇二）に泰東同文局を設立し、『東語初階』・『東語真伝』など中国人向けの日本語教材を出版した。弟の伊沢多喜男（一八六九―一九四九）は内務官僚・政治家で、第一〇代台湾総督（一九二四―一九二六）や東京市長（一九二六）をつとめた。

修二《しゅうじ》[*2]が中心となって国語伝習所（のち公学校）が設置された。

国語伝習所の日本人教員の採用にあたって、筆記試験は漢文のみであり、①日本語の漢訳、②白文訓点、解釈が行われた。このほか事前教育として、台湾語の習得、救急法や動植物採集法の教育が行われた。

しかし、依然として書房に通学する児童の方が多く、公学校では現地子弟の進学を促進する意味もあって漢文教育が導入された。

当時、台湾における初等教育の体系は以下の通りである。

①書房（おもに漢人）→一九四三年（昭和一八）、廃止
②小学校（主に内地人）→一九四一年（昭和一六）、国民学校へ統合
③公学校（主に漢人）→②小学校に同じ
③蕃人学校（原住民）

第三節　台湾で使用された漢文教科書の特徴

戦前期、日本統治下の台湾で使用された漢文教科書は、主に三期に区分することができる。第一期は明治期から大正期までで、使用された教科書の名称は『台湾教科用書漢文読本』となっている。玉川大所蔵分のNo.1から6までがこれに該当し、装幀は線装本で朱色の表

紙となっている。『台湾教科用書国民読本』[*3]一二巻（巻一―六は一九〇一年刊、巻七～九は一九〇二年刊、巻一〇―一二は一九〇三年刊）の題材を漢訳したものが目立ち、授業時間は週五時間であった。

第二期は大正期（おそらく昭和初期を含む）で、『公学校用漢文読本』と改称された。玉川大所蔵分のNo.7から12までと、No.19から21までがこれに該当し、装幀は洋装本で灰色の表紙となっている。後述するように、授業内容は削減され、授業数も週五時間から二時間へと削減され、台湾人社会から反撥を招いた。

第三期は昭和期（一九三七年まで）で、玉川大所蔵分のNo.13から18までがこれに該当し、教科書の名称や装幀は第二期と同じである。

戦前期、内地（日本国内）での漢文教育は、主に中等教育から開始され、日本人および中国人の漢詩文を中心に収録した教科書を使用していた。

しかしながら、台湾では内地とは異なり、初等教育から漢文教育が始まり、その教科書に収録する題材は日本人および中国人の漢詩文などが、必ずしも中心となっていない点が大きな特徴である。

第一期から第三期までを通して見ても、採録されたものは『論語』・『孟子』や漢詩などわずかで、教科書全体に占める比重は低い。

『論語』は、第一期では巻五に一四則、巻六に二〇則、第二期では巻五に五則、第三期で

＊3　本書はおもに、各課が日本語文（表音式仮名標記）・応用文（日本語）・土語（台湾語・カタカナ表記）および挿絵からなっている。なお、本書は『台湾総督府日本語教材集』五巻（冬至書房、二〇一二年）に影印されている。

は巻六に六則採録されるのみである。また、高等科用では巻一に五則採録されるにとどまっている。

次に、教科書に収録する題材について見ていきたい。

第一巻は、数字・身の回りの単語（山・川・水・木・日・田・男・女・牛・魚・父・母、上・下・大・小、我・彼）・文法からはじまる。巻二（二年生）も同様で、徐々に高度化していく。

題材は主に、家庭内（起床、着替え、洗顔、掃除、食事、挨拶、剃髪、買物、農作業、炊事、洗濯、水汲み、薪割り、家畜への餌やり）・学校内（登校、授業、運動会）・遊び（目隠し、コマ、釣り）など日常生活を扱った文章が多い。

また、ほぼ各課に挿絵が掲載されている。挿絵の多くは台湾人を描いたもので、男性は辮髪、女性は纏足をしているものや、台湾の農村風景・農耕などが描かれている。

しかしながら、これらに混じって日本の故事（昔話・偉人伝）などが掲載され、日本人を描いた挿絵が添えられている。以下、第一期（№1〜6）を例として具体的に見ていきたい。

巻三（三年生）：桃太郎・小野道風・猿蟹合戦。このほか、イソップ寓話のアリとキリギリスを収録する。

巻四（四年生）：楠公《なんこう》・貝原益軒《かいばらえきけん》・塩原《しおばら》多助《たすけ》・中村直三《なおぞう》・塙《はなわ》保《ほ》己《き》一《いち》。

巻五（五年生）：仁徳天皇・二宮尊徳・粟田真人・田中平八・醍醐天皇。

巻六（六年生）：濱田彌《や》兵《へ》衛《え》・野中兼山《けんざん》。

このほか、大正期に刊行された高等科用（巻一）では、野中兼山・上杉謙信を採録する。また、天長節（巻三）・紀元節（同）・宮城（巻四）・大日本（同）・東京（巻五）・上野公園（同）・我国（同）・京都（同）・国旗（巻一・二、巻六）・国史（巻一～四、巻六）・日本三景（巻六）・日本海之海戦（同）・明治之世（同）といった、日本あるいは日本国内に関する項目がある。

中国の故事・人物を題材としたものでは、司馬光の瓶割り（巻二）・孟母断機《もうぼだんき》（孟母三遷、巻三）・諸葛亮（巻六）・孔子（同）がある。

台湾の故事・人物を題材としたものに、楊志甲（巻四）・朱成功（鄭成功、巻五）・和蘭人（巻六）・濱田彌兵衛（既出、巻六）があるほか、茶（巻四）・闘船（同）・台湾神社（同）・台湾（巻五）・生蕃《せいばん》（同）・自基隆到神戸《きーるんよりこうべにいたる》（巻一・二、巻五）・婦女纏足《てんそく》（同）・台湾（同）・台北（同）・自台北到台南（一・二、巻五）・台南（巻五）・塩（巻六）・台湾一周（同）・樟脳（同）・台湾総督府（同）など、地理や特産品をあつかった課がある。

このほか地理・歴史などを題材にしたもののほか、人体・伝染病・衛生意識など近代的知識を啓蒙するような内容も多数収録されており、のちに朝鮮の漢文教科書に再録された。台湾で同時期に使用された国語（日本語）教科書『台湾教科用書国民読本』[*4]と共通するものが多く、挿絵がそのまま使用され、文章も漢訳されたものが使用されているものが多数見られる。

そして、漢文による手紙や書類の書き方など、実用的なものを収録している点が日本の漢

＊4　『台湾教科用書国民読本』の編輯および検定については、酒井恵美子「台湾総督府文書と日本語教育史研究―「台湾教科用書国民読本」の編纂を例に―」（中京大学社会科学研究所台湾史研究センター編『台湾総督府の統治政策』【社研叢書四三】、創泉堂出版、二〇一八年）、同「植民地台湾における教科書検定の性格―明治三〇年代公学校用図書審査より―」（同センター編『台湾総督府文書の史料論』【社研叢書四四】、創泉堂出版、二〇一八年）に詳しい。なお、同論文によると、当時台湾総督府は『台湾教科用書国民読本』のほか、本稿で取扱う『台湾教科用書漢文読本』や、『台湾教科用書国民習字帖』を編纂している。

文教科書とは大きく異なる点である。

そのため、筆者がはじめて本教科書を見た時は、漢文教科書というよりもむしろ中国語あるいは時文・尺牘の教科書に、日本の故事などを漢文で記したものが入った雑多な印象を受けた。

具体的には、領収書・契約書・督促状・手紙・年賀状・悔やみ状・礼状・封書および葉書の書き方などの例文が収録されている。さらに高等科用では、台湾各地の雅称のほか、対岸の上海（申江）（滬上）・華南《かなん》（福州《ふくしゅう》〈榕城〉〈閩垣〉・泉州《せんしゅう》（桐城）・厦門《アモイ》（鷺江）・汕頭《スワトー》（鮀江）・広東《カントン》（粤省）、東南アジア各地の雅号（ラングーン〈仰光〉・シンガポール〈実力〉・ペナン〈檳榔嶼〉・スマトラ〈蘇門答臘〉・バタビア〈加拉巴〉・ジャワ〈三寶壟〉・スラバヤ〈泗水〉・セレベス〈西里伯〉・マカッサル〈望加錫〉・ボルネオ〈波羅州〉・タワオ〈斗湖〉・サンダカン〈山塔港〉）が採録されているが、これは主に台湾人と同じく閩南語（台湾語）を解する華僑（福建・潮州・海南など）との交易を想定したものと思われる。

また、台湾語や日本語がそのまま使用された例が見られる。以下、第一期教科書（№1）の例を挙げる。

たとえば、一二課では、シャボン玉に「雪文球《スァブンキゥ》」（雪文は石鹸の台湾語）という台湾語が使用されている。

曜日については、「星期」あるいは「礼拝」といった中国語ではなく、日月火水木金土曜日という、日本語の呼称が使用されている。このほか、教師は「老師」ではなく「先生」が、学習は「読書」「看書」などではなく「勉強」が使用されている。

このように、台湾における漢文は、内地や朝鮮とは大きく異なる点として、古典や道徳を学ぶというよりも、台湾人にとって漢文は母語（書き言葉）という側面があり、さらには台湾内外の交易という観点も加わり、実用的なものが求められたという事情があったといえよう。

第四節　題材の変化

さて、次に収録された題材の変遷などについて見ていきたい。

前述の通り、第一期教科書は明治期から大正期まで使用されたが、大正期半ば頃から新たに第二期教科書が使用された。

なお、第一期教科書（巻三・五・六）は大正二年（一九一三）に修正印刷がなされているが、これは改元にともなう措置である。このため、巻三「天長節」は一一月三日から八月三一日に改められた。また、巻五「東京」・巻六「国史」四および「明治之世」では、「今上」になっていた表記が、「明治天皇」に変更された。

『台湾公学校教科書使用上ノ注意』（台湾総督府民政部、一九一三）には、「台湾教科用書漢

文読本使用上ノ注意」として、大正二年に新たに書き換えられたり、削除された部分の巻・丁・行について、新旧対照表を用いて明示している。本書によると、このほかに誤植や変更された国名（清国→支那）や地名（鶏籠嶼→基隆嶼）などが修正されている。

第一期で採録された、桃太郎・猿蟹合戦・小野道風などは台湾人に理解されにくかったためか、第二期では日本の人物・故事が大幅に削除された。

一方、従来採録されていた、天長節・紀元節のほかに新たに、明治天皇・昭憲皇太后・始政紀念日・教育勅語・戊申詔書《ぼしんしょうしょ》（高等科）が加わった。

また、当時すでに辮髪は廃止され、新たに纏足をする台湾人はいなくなったため挿絵中には登場しない。服装についても従来の中国服よりも近代化されたものや、学生服・背広などを着用しているほか、校舎なども近代的になっている（第三期になると、さらに服装などがモダンになる）。そして、第一期と較べると高学年用では挿絵はほとんどなくなってきている。分量も三七課ないし四〇課あったものが二六課へと減少したが、教材は尺牘類が以前よりも増加し、全体のかなりの部分を占めている。

なお、この時期に使用された玉川大所蔵の教科書には台湾人児童による書き込みがあり、カタカナおよび反切法による台湾語の発音表記、日本語の意味などが記されている。おそらく本文を読むにあたっては訓読を用いず、台湾人教師の指導のもと台湾語で直読したものと思われる。

親族および農具の呼称については、「広東語」（客家語）の名称が併記されるなどの配慮がなされている点が興味深い。

これらの点について、洪郁如《こういくじょ》「読み書きと植民地：台湾の識字問題」は、漢文教科書が第一期から第二期へと移行した時期に漢文をならった洪掛（明治三九年〈一九〇六〉生、大正四年〈一九一五〉公学校入学、大正一〇年〈一九二一〉卒業）の体験を、『看台湾成長：洪掛回憶録』（洪掛口述、黄玉峯整理、允晨文化、一九九六年）に基づき以下の通り述べている。貴重な証言であると思われるので、引用しておきたい。

しかし日本語学習の消極的な態度とは対照的に，彼（※洪掛）は漢文の授業には積極的だった。「なぜなら，これはわれわれの言葉」であった。洪掛によれば，漢文の授業が始まったのは三学年であり，学校側に招聘された地元の「漢学先生」は，台湾語（閩南語）で授業を行っていた。教科書の中に「一人大，一人小，一山低，一山高……」のような内容が書かれていた。五学年になると，赤い表紙の漢文読本（※筆者註、第一期）は黒い表紙のもの（※筆者註、第二期）に変わり，これまでの分量から一冊減らされ，年間一冊となった。漢文の授業が半減された結果，学習内容も限られたものしか教えられず，漢文能力は応用する程度には至らなかったという。

第五節　朝鮮の漢文教科書

ここで、戦前期の朝鮮で使用された漢文教科書についてふれておきたい。

朝鮮では、一九世紀末に近代教育の導入が始まり、大韓帝国政府内に教育行政を司る「学部」[*5]が設置された。一九〇六年（光武一〇）には普通学校令が制定されたが、その教科の中に漢文があった。一方、民間では台湾と同様に私塾「書堂」が各地に置かれ、漢文教育が行われていた。

明治四三年（一九一〇）八月、日韓併合により学部は廃止され、朝鮮総督府内務部に学務局が設置された。

明治四四年（一九一一）八月、「朝鮮教育令」の公布にともない、朝鮮人向けに普通学校（四年）が設置された。当時、日本国内（内地）の小学校では漢文教育は行われていなかったが、朝鮮では漢文教育は「朝鮮語及漢文」（教科名）として教育されることになった。教科書編纂にあたっては、日本人官僚のほかに朝鮮人が参劃しているが、その結果「吐」（朝鮮式の訓点・送り仮名の類）が附されることとなった。

この時期に刊行された漢文教科書に、『普通学校学徒用漢文読本』（『普通学校漢文読本』）・『高等朝鮮語及漢文読本』がある。

＊5　隈本繁吉は、明治四一年（一九〇八）に韓国学部書記官となったが、明治四四年（一九一一）に台湾総督府学務課長に転任しており、韓国での経験がのちに台湾での国語（日本語）・漢文教育や教科書編纂に影響を与えたものと思われる。なお、本章の執筆にあたっては、辻大和「朝鮮総督府の教育政策における漢字・漢文―小倉進平旧蔵資料を中心に」（学習院大学東洋文化研究所『東洋文化研究』第一九号、二〇一七年）などを参照した。

大正一〇年（一九二二）に公布された第二次朝鮮教育令では、就業年数が四年から六年となり、朝鮮語及漢文は朝鮮語と漢文に分類され、前者は正規科目に、後者は随意科目となった。この時期に刊行された漢文教科書に、『中等教育朝鮮語及漢文読本』がある。

次に、朝鮮の漢文教科書に採録された作品・作者について見ていきたい。

「朝鮮語及漢文」の教科書は前半が朝鮮語[*6]、後半が漢文となっている。

漢文は各文の末尾に典拠が示されており、『論語』・『小学』・『後漢書』といった中国の古典や、『国史略』・『先哲叢談《せんてつそうだん》』といった日本漢文のほか、『東国通鑑《とうごくつがん》』・『三国史記』・「訓民正音」などの朝鮮漢文（地理・歴史を含む）が比較的多く採録されており、朝鮮側の参劃が伺える。

このほか、たとえば「貯金」・「動物」・「草木」・「石炭」（大正一三年〈一九二四〉、いずれも『新編高等朝鮮語及漢文読本』巻二）のように、台湾総督府発行の漢文教科書『台湾教科用書漢文読本』から採録したものが含まれる。

このほか、玉川大には昭和一七年（一九四二）再版（昭和一六年〈一九四一〉初版）『中等漢文』（著作権発行者朝鮮総督府）を所蔵するが、これは訓点・送り仮名附となっている。

第六節　今後の展望と課題

以上、戦前期に台湾で使用された漢文教科書について見てきた。

＊6　『新編高等朝鮮語及漢文読本』巻三の朝鮮語には、「台湾の夏」・「経学院の釈奠」などが採録されており興味深い。

今回使用した教科書は、当然のことながら、当時台湾で使用された教科書の中のごく一部分に過ぎない。しかしながら、これまで注目されなかった漢文教科書について、ある程度の特徴や傾向が明らかになったと考えている。

戦前期、日本国内（内地）では中等教育から漢文教育は開始され、題材は日中の古典が中心で、道徳的なものが多く取り上げられた。

しかし、台湾では初等教育（公学校）から漢文教育が開始されたが、訓読をともなわない、台湾語あるいは客家語の文言音による直読（音読）であった。これは台湾人にとって漢文が母語（書き言葉）であり、そのため題材は漢詩文といったものよりも、むしろ日常の生活や手紙・書類の書き方など、実用性に重きが置かれている側面があった。

しかしながら、昭和一二年（一九三七）に漢文の授業だけでなく、新聞からも漢文欄が廃止され、漢詩欄のみが残された。

一方朝鮮では、一九世紀末から近代的教育を導入するため「学部」が設置され、普通学校では漢文が教育されていたが、民間では「書堂」において漢文教育が行われていた。日韓併合後、普通学校では「朝鮮語及漢文」という教科名で漢文教育が行われた。編纂にあたっては、朝鮮人も参劃し、「吐」が附されることとなった。

今後は、教科書の題材などを詳細に見ていくだけでなく、台湾の学堂（書房）における漢文教育や、台湾で使用された国語（日本語）や修身教科書などを更に比較検討し、日本政府（文部省）や台湾総督府の政策の影響、教科書作成に関わった日台双方の人物、朝鮮・満洲との漢文教育・漢文教科書・制度・制作・編者の相違、などについて検討を深めていく必要があると考えている。

【附録：玉川大学教育博物館所蔵・台湾漢文教科書一覧】

1『台湾教科用書　漢文読本』巻一
※全三七課、挿絵あり。線装本、版心に「民政部学務課」とあり。
明治四十五年六月十六日印刷、明治四十五年六月十六日発行、著作兼発行者　台湾総督府

2『台湾教科用書　漢文読本』巻二
※全三七課、挿絵あり。線装本、版心に「民政部学務課」とあり。
明治三十八年三月二十日第一版印刷、明治三十八年三月二十五日第一版発行、大正六年八月二十日第十五版発行、著作兼発行者　台湾総督府

3『台湾教科用書　漢文読本』巻三
※全三七課、挿絵あり。線装本、版心に「民政部学務課」とあり。
明治三十八年三月二十日第一版印刷、明治三十八年三月二十五日第一版発行、大正二年九月二十七日修正印刷、大正三年七月十五日第十七版発行、著作兼発行者　台湾総督府

4『台湾教科用書　漢文読本』巻四

※全三七課、挿絵あり。線装本、版心に「民政部学務課」とあり。
明治四十二年九月廿八日印刷、同年九月三十日発行、著作兼発行者　台湾総督府

5『台湾教科用書　漢文読本』巻五
※全四〇課、挿絵あり。線装本、版心に「民政部学務課」とあり。
明治三十九年七月二十一日第一版発行、明治三十九年七月二十五日第一版発行、大正二年九月二十七日第十版修正印刷、大正二年九月三十日第十版修正発行、著作兼発行者　台湾総督府

6『台湾教科用書　漢文読本』巻六
※全四〇課、挿絵あり。線装本、版心に「民政部学務課」とあり。
明治三十九年七月二十一日第一版印刷、明治三十九年七月二十五日第一版発行、大正二年九月二十七日修正印刷、大正四年六月三十日第十三版発行、著作兼発行者　台湾総督府

7『公学校用　漢文読本』巻一
※全二六課、洋装本、挿絵あり、日本語・台湾語の書込あり。
大正八年八月八日第一版印刷、大正八年八月十日第一版発行、大正十四年十二月二十五日第八版発行、著作兼発行者　台湾総督府

8『公学校用　漢文読本』巻二
※全二六課、洋装本、挿絵あり、日本語・台湾語の書込あり。

大正八年八月八日第一版印刷、大正八年八月十日第一版発行、大正十四年十二月二十五日第七版発行、著作兼発行者　台湾総督府

9『公学校用　漢文読本』巻三
※全二六課、洋装本、挿絵あり。
大正八年八月八日第一版印刷、大正八年八月十日第一版発行、大正十四年十二月二十五日第七版発行、著作兼発行者　台湾総督府

10『公学校用　漢文読本』巻四
※全二六課、洋装本、挿絵あり。
大正八年八月八日第一版印刷、大正八年八月十日第一版発行、昭和七年一月三十日第十三版発行、著作兼発行者　台湾総督府

11『公学校用　漢文読本』巻五
※全二六課、洋装本、挿絵あり、書込あり。
大正八年八月八日第一版印刷、大正八年八月十日第一版発行、大正十年一月三十日第三版発行、著作兼発行者　台湾総督府

12『公学校用　漢文読本』巻六
※全二六課、洋装本、挿絵あり、書込あり。
大正八年八月八日第一版印刷、大正八年八月十日第一版発行、大正十四年十二月二十五日

第七版発行、著作兼発行者　台湾総督府

13『公学校用　漢文読本』巻一
昭和七年三月二十日印刷、昭和七年三月二十日発行、著作兼発行者　台湾総督府
※全二六課、洋装本、挿絵あり。

14『公学校用　漢文読本』巻二
昭和七年三月二十日印刷、昭和七年三月二十日発行、著作兼発行者　台湾総督府
※全二六課、洋装本、挿絵あり。

15『公学校用　漢文読本』巻三
昭和七年三月二十日印刷、昭和七年三月二十日発行、著作兼発行者　台湾総督府
※全二六課、洋装本、挿絵あり。

16『公学校用　漢文読本』巻四
昭和八年三月二十五日第一版発行、昭和八年十月十七日第二版印刷、昭和八年十月二十日第二版発行、著作兼発行者　台湾総督府
※全二六課、洋装本、挿絵あり（一点）。

17『公学校用　漢文読本』巻五
※全二八課、洋装本、挿絵あり（六点）。
昭和八年三月二十三日第一版印刷、昭和八年三月二十五日第一版発行、昭和八年五月二十

日第二版発行、著作兼発行者　台湾総督府

18『公学校用　漢文読本』巻六

※全二八課、洋装本、挿絵あり（三点）。

昭和八年三月二十三日印刷、昭和八年三月二十五日発行、著作兼発行者　台湾総督府

19『教師用　公学校漢文読本』巻一―六　台湾総督府（表紙墨書）

※洋装本、挿絵なし、奥付なし（※大正期の刊行か）

20『公学校高等科用　漢文読本』巻一

※全三二課、洋装本、挿絵なし、書込あり。

大正八年八月八日第一版印刷、大正八年八月十日第一版発行、大正十五年十二月二十五日第三版発行、著作兼発行者　台湾総督府

21『公学校高等科用　漢文読本』巻二

※全三二課、洋装本、挿絵なし、書込あり。

大正十二年三月二十三日第一版印刷、大正十二年三月二十五日第一版発行、大正十二年十二月二十五日第二版発行

22『稿本　漢文教程』第一巻

※全一五八課、洋装本、挿絵なし。

大正三年四月十五日印刷、大正三年四月十六日発行、著作兼発行者　台湾総督府国語学校

校友会

23『稿本　漢文教程』第四巻

※全七二課、洋装本、挿絵なし。

大正六年二月十八日印刷、大正六年二月二十日発行、著作兼発行者　台湾総督府国語学校校友会

24『撮要　漢文読本　全』

※全一四八課、洋装本、挿絵なし。

大正十五年四月六日印刷、大正十五年四月九日発行、編纂兼発行者　台湾総督府台南師範学校校友会

25『師範学校台語科用　漢文読本　全』

※全一四八課附五課、洋装本、挿絵なし。

大正十五年四月六日印刷、大正十五年四月九日発行、昭和二年四月十三日改訂再版印刷、昭和二年　四月十三日改訂再版発行、編纂兼発行者　台湾総督府台南師範学校校友会

26『師範学校台語科用　分類尺牘入門　全』

※全一四課、洋装本、挿絵なし。

昭和二年九月五日印刷、昭和二年九月九日発行、昭和三年六月二日改訂再版印刷、昭和三年六月六日改訂再版発行、編纂兼発行者　台湾総督府台南師範学校校友会。

27『台湾適用書牘文教授書』下巻　明治三十年十月一日、台湾総督府民政局学務部撰、同発行。
※『台湾適用書牘文』上巻（台湾総督府民政局学部撰、明治三十年三月発行、発行者山中留吉（東京））は和文。

【謝辞】本稿執筆にあたって、玉川大学教授中村聡氏・同大学教育博物館白柳弘幸氏・台湾大学教授黄美娥氏・台北教育大学教授翁聖峯氏には、資料の閲覧等に御高配を賜りました。厚く御礼申し上げます。

【付記】本稿は、拙稿「戦前期台湾公学校の漢文教科書について」（王小林・町泉寿郎編『日本漢文学の射程―その方法、達成と可能性』、汲古書院、二〇一九年）を加筆・訂正したもので、科研費「戦前期に日本国内（内地）・台湾・朝鮮で使用された漢文教科書に関する基礎的研究」（基盤研究C・研究課題番号18K02316・研究代表者：町泉寿郎二松学舎大学教授）の研究成果の一部をなすものである。

第二章　日韓併合前後の漢文教育
――諸教育令と教科書の内容からの考察

張　三妮・町　泉寿郎

第一節　近代朝鮮半島における言語接触と教育

朝鮮半島の近代における言語教育は、日本との政治的関係の推移と密接に結びついていた。韓国と日本を含む東アジア諸地域では漢字を歴史的・文化的に共有してきたが、韓国と日本では現在に至る西欧主導の近代化過程の経験が相異なるばかりでなく、日・韓相互の葛藤も深刻な水準に達した。朝鮮半島の近代は一八七六年の江華島《こうかとう》条約による朝鮮独自の発意を基盤とする先進文化摂取から出発したが、一九〇五年のいわゆる保護政治、ひきつづく一九一〇年の日韓併合という政治的条件の変化により、複雑な屈折を見せる。

近代朝鮮半島における言語接触については、日韓両国間で韓国語・日本語を中心に議論が進められているが、漢文自体は大きく扱われていない。韓国側では近代国語史の枠組みで漢文教育の変遷を見ている研究はあるものの、戦前期日本の影響を「圧迫」と「同化」のみで捉える傾向があることは否めない。併合後、日本統治が進むなかで、韓国語と漢文がそれぞれ危機的状況に晒されていたのは事実であるが、日本語の普通文として漢字かな交り文が使用され続けるため、漢字・漢文が温存されることにも注目したい。

日韓の教育関係に関する研究では、併合前、特に一九〇五年からの保護時代と、日韓併合後の植民地朝鮮期（日帝強占期）とに分けて、言語政策と教育政策を論じたものもあれば、併合前後の言語政策と教育政策の断絶と連続を見ようとするものもある。普通学校令（一九〇六年）によって「漢文科」は独立した一教科としてスタートしたが、二年後の改正によって「国語及漢文科（韓国語）」に統合されていった。したがって、漢文教育に関しても同様にこの時期の言語政策・教育政策に配慮する必要がある。

漢文教科書を見てみると、学部編纂『漢文読本』（一九〇七年）という教科書はいくつかの添削・変更を経ながら、総督府学務局編纂『普通学校朝鮮語及漢文読本』（一九一五年）が版行されるまで普通学校で使用され続けた。統監府《とうかんふ》開庁（一九〇五年）後、渡韓したばかりの日本人学務官僚が韓国教育の将来や植民地教育支配の将来を見越した十分な計画を持ち合わせていたとは考え難いが、それでも、なおこの時期の漢文教科書には、彼らが韓国に日本の教育制度のどの部分を持ち込もうとしたか、また韓国の教育事情に鑑みてどの部分を新しく創設したかといった教育政策上の意図を窺うことができるように思われる。

そこで、『漢文読本』（一九〇七年）から『普通学校朝鮮語及漢文読本』（一九一五年）への変遷を通して、日本の権力が拡大していく過程において、どのような教育内容の改変を行ったかを段階別に具体的に考察する。さらに、本稿の紙幅では手に余る問題であるが、併合前後の朝鮮半島の初等学校における漢文教育の状況を調べるために、それと連動する関係にあったはずの日本国内の漢文教育との関連において考察する必要がある。

以上の点から、本稿においては、まず、日韓併合前後の朝鮮半島における漢文教育を教育令および諸学校規則上から概観し、次に朝鮮人子弟のための『漢文読本』（一九〇七年）から『普通学校朝鮮語及漢文読本』（一九一五年）にいたる漢文教科書の内容面から検討してみることとする。言いかえれば、日韓併合前後の朝鮮半島における朝鮮人子弟のための漢文教育を、法令面[*1]からと教科書内容の実際面からの二方面から吟味するのが本稿の課題である。

第二節　教育令における漢文の位置付け――「国語」との関連

一九〇六年発布の「普通学校規則」により、従来の「読書」「作文」「習字」は「国語」と「漢文」となり、これまでの「外国語」（＝日本語）は、随意科目から必須科目の「日語《ママ》」となって初年級より課されることとなった。この時期の国語（朝鮮語）、漢文、および日本語の教授要旨は次のとおりである。

「普通学校施行規則」、学部令第二三号、一九〇六年九月四日

国語ハ日常須知ノ文字と文体ヲ知ラシメ正確ニ思想ヲ表出スル能力ヲ養ヒ兼テ徳性ヲ

＊1　朝鮮語原文の各教育規定は定まった日本語訳がない。本稿では朴貞蘭『「国語」を再生産する戦後空間』（三元社、二〇一三年）を参照。

涵養シ普通知識ヲ教授スルヲ以テ要旨トス

漢文ハ普通ノ漢字及漢文ヲ理解シ兼テ品性ヲ陶冶スルニ資スルヲ以テ旨トス

日語ハ平易ノ日語ヲ了解シ且ツ使用スル能力ヲ得セシメ処世ニ資スルヲ以テ要旨トス

漢文の教授要旨は次のように続いている。

漢文ハ国語ト係絡スルコトニ務メ時時国文ニ翻訳セシムヘシ

一方、日本語の教授要旨は次のようである。

日語ハ国語と連絡スルコトニ務メ時時国文ニ翻訳セシムヘシ

これによって、国語（朝鮮語）は「思想の表出」する能力が重んじられており、漢文は「漢字漢文の理解」のほか「品性ヲ陶冶スル」ところに、日本語は「日本語の理解」のほか「処世ニ資スル」ところに教授要旨が置かれていたことがわかる。漢文と日本語はそれぞれ「国語」＝朝鮮語と「連絡」をとりつつ習熟させるとされていた。

「普通学校令施行規則」改正、学部令第六号、一九〇九年七月九日

国語及漢文ハ日常須知ノ言語文章ヲ知ラシメ正確ニ思想ヲ表出スル能力ヲ養ヒ兼テ知徳ヲ啓発スルヲ以テ要旨トス

日語ハ平易ノ日語ヲ了解シ且ツ使用スル能力ヲ得セシメ処世ニ資スルヲ以テ要旨トス

このように、「国語」と「漢文」が統合され「国語及漢文」に改定されていた。「国語及漢文」は「知徳ヲ啓発スル」ところに、そして日本語は「処世ニ資スル」ところに、それぞれ

の教授要旨を置いていたことがわかる。「国語及漢文」の下に、「漢文」は「平易ナル文章ヲ教授シ其ノ章句ノ意義ヲ明確ニシ兼テ文理結構ニ注意スヘシ」と規定されて「国語ト連絡ニ務メ」という文句が消されていた。

また、日本語の教授要旨は次のように続けられている。

> 日語ハ学徒ノ知識程度ニ伴ヒ日常須知ノ事項ヲ選ヒ教授シ常ニ実用ヲ主トス可ク又発音ニ注意シ国語ト連絡ヲ取リ正シキ会話ヲ熟習セシムルコトヲ務ム可シ

すなわち、「漢文」は「国語」との関連が軽薄され、「日語《ママ》」は日常須知の事項を選んで教授し、常に実用を主とし、「国語」＝朝鮮語と「連絡」をとりつつ習熟させるようにと規定されていた。ところが、日韓併合を経ると、この部分の規定は逆に、そのまま「朝鮮語」の規定へと転移し、「朝鮮語」は日常須知、実用を旨として「国語」＝日本語と「連絡」を保つべきものとされるに至ったのである。

一九一〇年の日韓併合を境として、朝鮮半島の国語は、それまでの「国語」＝朝鮮語から、「国語」＝日本語へと変換をとげた。併合後、朝鮮総督府は、一九一一年一〇月に「普通学校規則」を定めたが、その中から日本語教育をとりあげれば次のとおりである。

> 国語ハ国民精神ノ宿ル所ニシテ且知識、技能ヲ得シムルニ欠クヘカラサルモノナレハ何レノ教科目ニ付テモ国語ノ使用ヲ正確ニシ其ノ自在ナラシメムコトヲ期スヘシ

このように、「国民精神ノ宿ル所」である国語を、「何レノ教科目ニ付テモ」その「使用ヲ

正確ニシ其ノ応用ヲ自在ナラシム」るために、併合後の学校教育における教授用語はすべて日本語となり、かつ教科書用語も朝鮮語及漢文読本を除くすべての教科書が日本語で書かれることとなった。いわゆる保護政治期の「処世ニ資ス」るための日本語が、この時期になると、「忠良ナル国民ノ養成」のための「国語」へと大きく方向転換されたわけである。

これに対して同規則における「朝鮮語及漢文」の教授要旨は以下のようである。

朝鮮語及漢文ハ普通ノ言語、文章ヲ理会シ日常ノ応対ヲ為シ用務ヲ弁スルノ能ヲ得シメ兼テ徳性ノ涵養ニ資スルコトヲ要旨トス

朝鮮語及漢文ハ諺文ヨリ始メテ漢文交リ文及平易ナル漢文ヲ授ケ其ノ材料ハ国語ニ準シテ選択（スベシ）……（中略）朝鮮語及漢文ヲ授クルニハ常ニ国語ト連絡ヲ保チ時トシテハ国語ニテ解釈セシムルコトアルヘシ。

「朝鮮語及漢文」の教授要旨は、いわゆる保護政治時代の「知徳ノ啓発」からこの時期には「徳性の涵養」となっている。また、保護政治時代においては、「漢文」は品性涵養を、「日本語」は日常須知・実用を旨として、「国語」の朝鮮語と「連絡」を保つべきものとされていたが、普通学校令改正により、「漢文」は教育内容が軽減され、「国語」と統合された上で、「国語」（朝鮮語）との関連」が求められなくなった。

併合後に「朝鮮語及漢文」の方が、「日常ノ応待ヲ為シ用務ヲ弁」じ、その教材も「国語（日本語）ニ準シテ選択シ」、「常ニ国語ト連絡ヲ保チ時トシテハ国語ニテ解釈セシムルコトアル

ヘシ」となった。すなわち、「国語」の意味転換に伴って、国語の関連の仕方についての教授要旨も主客が逆になったのである。併合後は朝鮮語と漢文を授けるとき、「国語」との連絡を求められていたことがわかる。そして、教授用語がすべて日本語でなされる諸教科目のなかで、唯一の例外である「朝鮮語及漢文」の時間においても、常に日本語（＝国語）と「連絡」を保ち日本語で解釈することとなったのである。

第三節　『漢文読本』（一九〇七年）――『童蒙先習』との比較

一九〇六年に渡韓し、普通学校用教科書をひとりの手で作ったという三土忠造《みつちちゅうぞう》（一八七一―一九四八）は、韓国学部の学政参与官に任命された。三土は明治三〇年（一八九七）に東京高等師範学校文科を卒業して同附属中学校の教諭となり、後に明治三五―三九年（一九〇二―〇六）のイギリス留学を経て、東京高等師範学の教授を務める。前任の学政参与官である幣原坦《しではらたいら》は、教科書編纂の推進力が無いことを理由に解任されたともいうから、日本側が如何に教科書編纂を重要視していたかが解る。三土は渡韓前、教育家として活動しており、日本で『国文典』など数多くの字典や教科書編纂などに従事した経験がある。漢文教科書編纂に関して「重野安繹同竹村鍛纂漢文入門を批判す」という一文を投稿したこともあり、漢文教科書編纂に一家言を持っていた。

三土は韓国人教育のための教育課程の編成と同時に、それに見合った教科書の編纂も手掛けたのであるが、『漢文読本』（一九〇七年、全四冊）を普通学校で使用されていたところ、韓国人教員側からその内容が難解だと疑問視する意見が取り沙汰されるようになっていた。[*2]当時、学部本庁に日本人官僚は少なく、三土は教育行政全般の業務を行っていたが、とりわけ官公立普通学校の教育課程の編成や教科書の編纂に心血を注いでいた。三土は学部の教科書編纂を主導したが、普通学校において「漢文科」の教科を設定すること自体について否定的であった。一九〇八年六月二〇日に行われた官立普通学校職員会で、この点について説明する以下のような演説を行っている。[*3]

元来四個年程度の初等教育を施す学校において漢文を課するは抑も理由の無き事なり。漢文は世界中にて最も難学の国語にして、此を幼少の児童に教ふるはもっとも困難なり。然れども韓国にては幾百年以来の久しき学問と謂へば漢文を学ぶこと、教育と謂へば漢文を教ふること、思ひ、漢文を教へて教育の能事茲に畢れりと信ずる者多きが故に、漢文を教科目に加へざれば父兄たる者が其の子弟を普通学校に入学せしめざる実況なり。因りて韓国現状に照し今日にも普通学校において漢文を課する必要有り。

漢文科の設置については、当初なかなか普通学校に朝鮮人入学希望者が集まらず、その募集が困難だった背景もあり、[*4]朝鮮の伝統的な教育機関である書堂に対抗する必要性を踏まえて、現実的配慮から漢文教授の必修化を決定したと考えられる。三土は韓国の現状を考えて、

＊2　高橋濱吉『朝鮮教育史考』（帝国地方政学会朝鮮本部、一九二七年）一七六頁。

＊3　高橋濱吉『朝鮮教育史考』（帝国地方政学会朝鮮本部、一九二七年）一七五頁。

＊4　古川宣子（一九九三年）の推計によると、朝鮮人の普通学校への就学率は一九一〇年で一・〇%、一九一一年で一・五%という。ちなみに書堂への就学率の推計は一九一一年時点で六・六%である。

漢文科を学科目中にあくまで暫定的に入れたのである。韓国社会世論の反発などを考慮して漢文科を設置し、しかも、従来の漢文教材より一歩進んだ教科書を作ったと信じていた。

然るに普通学校教員に漢文読本は童蒙先習、千字文等に比して解し難しと言ふ人の尠からざると聞き実に異常たることに思ふ。抑々千字文は漢文中に頗る解し難きものにして詩、書、易経等に比すべきものなり。千字文は千字中に同字が一も無く四字式韻文を著けて宇宙間の萬象を記述したるものにして、前後脈絡関係が無く其意義甚だ解し易からざるものなり。次に童蒙先習は千字文に比すれば難易の度を同じうせず、支那の歴史と韓半島の歴史の大要と人倫道徳の綱領とを極めて簡略に叙述したるが故に児童をして此を理解せしむるは到底不可能なり。（中略）元来漢文を学ぶに惟だ文字のみ読みて其の意義を深く探らず、文字のみ読み得れば乃ち漢文を能く読みたるものと思ふは韓国人士の通有たる謬見なり。単に文字のみ知るに止まらず、千字文、童蒙先習の意義を探らんとせば何者も頗る解し難しきものなり。書堂教師中にも能く千字文の意義を解得する者は多からずと信ず。彼等は真箇千字文、童蒙先習を教授するにあらず、宛然僧侶の誦経の如く素読するに止まるのみ。（中略）[*5]

朝鮮半島において初学教育に使用された教科書は、まず中国伝来の『千字文』があり、ついで朴世茂《パクセイモ》（一四八七―一五六四）撰にかかる『童蒙先習《どうもうせんしゅう》』が行なわれていた。『童蒙先習』の内容は、序、五倫、儒学総論、中国および朝鮮の歴代要義（歴史）からなっている。本文

＊5　高橋前掲書、一七六頁。

は朝鮮独自の「吏読《イドゥ》」による〝吐〟を割注として入れている。三土は従来の初学用書『千字文』『童蒙先習』などが児童に理解できないと主張しており、従来の学習が仏典の読誦のようなものに過ぎないと見ていたのである。そして、新しく作った『漢文読本』（一九〇七年）に関して、前述した職員会において「嘉言善行《かげんぜんこう》」を「なるべく学び易い順序に配列した」と説明したのである。韓国社会の好評を期待したのだろうが、実際の世論がそうでなかったため、困惑したものである。

日本国内における漢文教育は、中等学校以上の教育機関を中心に行われた。明治初期には江戸期刊行の漢籍の素読や漢作文などが主要な学習手段として行われていたが、明治中期に「国語」教科が形成されるとともに漢作文は不要となり、道徳教材へと傾斜していった。そこで旧来の丸本教科書ではない近代的なさまざまな編集型漢文教科書が登場することとなる。ところが、漢文学習の長い伝統を持つ朝鮮半島においては、三土が考えた日本での一般的な教材

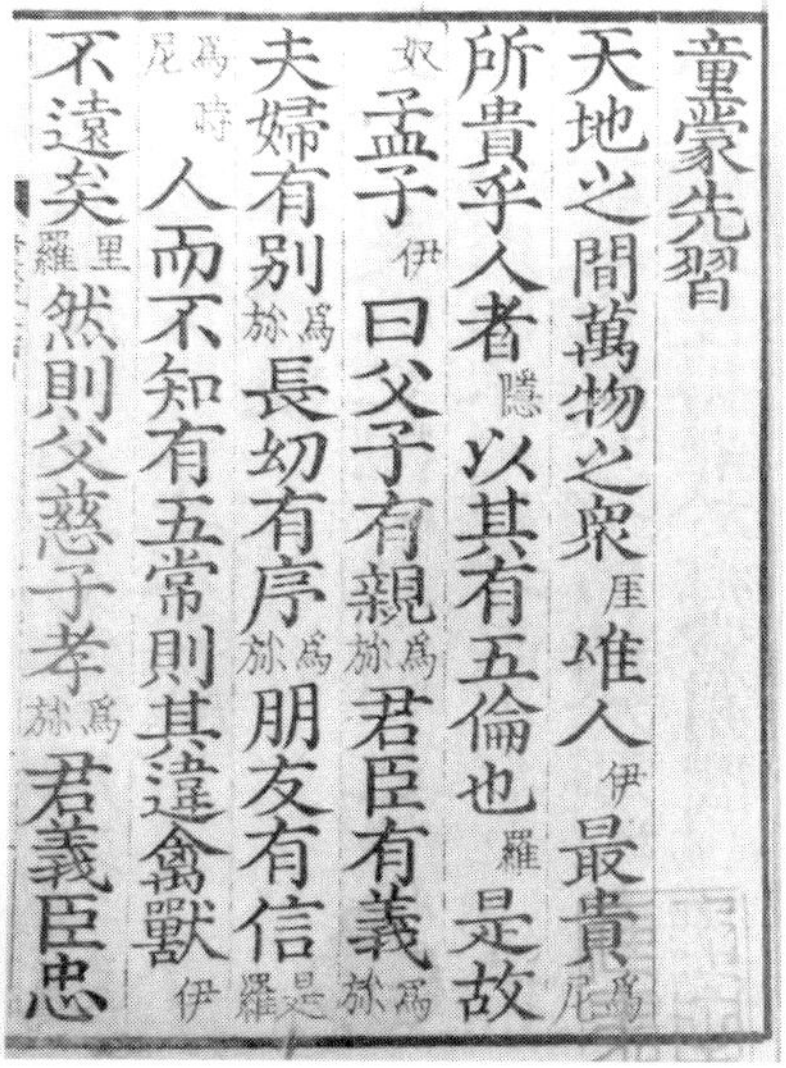
童蒙先習
天地之間萬物之衆厓惟人伊最貴爲尼
所貴乎人者隱以其有五倫也羅是故
孟子伊曰父子有親爲旀君臣有義爲旀
夫婦有別爲旀長幼有序爲旀朋友有信是羅
人而不知有五常則其違禽獸伊
不遠矣里羅然則父慈子孝爲旀君義臣忠

図１　朝鮮刊本『童蒙先習』　国立国会図書館蔵

や編集理念が必ずしも馴染みがない等の理由から、韓国の教育現場において齟齬が生じたのであった。韓国人教員の『漢文読本』が難解だといった意見に、三土は次のように反論している。

普通学校諸君が漢文読本を千字文童蒙先習に比し解し難しと云ふは、学徒を本位として思ふにあらずして、自己が解し難しと思ふに因りて学徒も亦解し難かるべしと思ふにすぎざるなり。[*6]

新しく編纂された漢文教科書が韓国人側から不評であったことに対して、三土は韓国人教員が難しく感じられたのは自分たちに馴染みが薄いだけであり、子供本位の判断ではないと抗弁している。それについて남궁원（二〇〇六年）では、当時朝鮮半島では『千字文』『童蒙先習』を学習する際に達成の速度よりも学習内容を完全に暗唱しそれを内面化しないうちに次に行かない教育伝統があった。それを踏まえず、経典を適宜編集して膨大な量の文章を収録した三土『漢文読本』が好評を博する可能性は最初からなかった[*7]という厳しい見解が示されている。

三土の主導の下に作られた『漢文讀本』の内容が難しすぎるという批判を解消しようとする目的から、また初歩的な漢文読解能力を伸ばす必要が痛感されたために製作されたのが『漢文入門』（一九〇八年）である。前述の「普通学校施行規則」（一九〇六年）で示された「嘉言善行」の適宜配列という編集方針が、漢文教科書においてどのように具体化され、推移した

＊6　高橋前掲書、一七七頁。

＊7　남궁원『한국개화기한문과교육의전개과정과교과서연구』서울：성신여자대학교대학원、二〇〇六年、一四四頁。

かについて、『漢文読本』（一九〇七年）と『漢文入門』（一九〇八年）を例に検討したい。

学部編纂『漢文読本』（一九〇七年）の現物は、巻一と巻四のみ確認できるが、両巻とも標題が存在せず、各学課に課数がつけられているのみである。またその学課が担っている徳目や主題は標題という形では明示されていない。巻一は全五十二課で、懸吐を施さない漢文体である。以下、巻一の第一課を見ていこう。

第一課

孔子名丘、魯人也。

孟子名軻、鄒人也。

曾子孔子之弟子也。

子思孔子之孫也。

子思師曾子。孟子師子思。

第一課は孔子、孟子、曽子と子思についての単文である。第二課以下各学課の内容は、『論語』『孟子』『史記列伝』『戦国策』『古今辞文類集』『列女伝』『太平御覧』『宋史』『春秋』など、中国の古典籍の中では比較的簡単、かつ教訓的なものを選択している。第二課と第五十二課を見てみよう。

第二課

人一能之、己百之。

人十能之、己千之。
一尺布尚可縫。
一斗粟尚可舂。
回也、聞一以知十。
賜也、聞一以知二。

第五十二課

虞芮之君相与争田、久而不平。乃相謂曰、西伯仁人也、盍往質焉。乃相与朝周。入其境、則耕者譲畔、行者譲路。入其邑、則士譲為大夫、大夫譲為公卿。二国之君感而相謂曰、我等小人、不可以履君子之庭。乃相譲以其所争田為閒田而退。天下聞而帰之者四十余国。

第二課は『中庸』『史記』『論語』から教材を採っており、第五十二課は『史記・周本紀』の「虞芮の訟」から短縮されたものである。先行研究でも『漢文読本』（一九〇七年）の内容上の特質は「賢哲の嘉言善行」[*8]と結論づけられている。これらの内容の選択と単元の組織は、一九〇六年九月一日に発表された「普通学校令施行規則」による漢文科の教授要旨と一致する編纂である。しかも、漢籍の丸本を超えて、内容の選択・改変を行っており、巻一から巻四への教材の分量と配列は三土が言う「勝事美談等を集めてなるべく学び易き順序に配列」するという易から難への教育的配慮を持っていると言えよう。三土が主導した学部編纂の『漢文読本』が、朝鮮在来の『千字文』『童蒙先習』と大きく異なっていることは言うまでもないが、

＊8　남궁원『한국개화기한문과교육의전개과정과교과서연』、二〇〇六年、一四一―一四二頁。ハングル。

教材の選択・配列にも「易から難への教育的配慮」と「品性を陶冶する」という編集者の意図が明確に表れている点でも特徴的である。

これに対して、『漢文入門』は『漢文読本』（一九〇七年）が発刊されてから一年余り過ぎた一九〇八年四月に発行された。[*9]『漢文読本』は難易度順という編纂理念が徹底しているものの、韓国社会の教育伝統が顧みられなかったため、強い反発を招くことを避けられなかった。その翌年に編纂した『漢文入門』は漢文の文章構造を学ぶことによって言語運用と読解能力を拡張することに主眼を置いており、日本の漢文教育の近代性を色濃く反映するものになった。当時、儒学者や私立学校の漢文教師が作った教科書類がたくさん出版されていたが、문규영（二〇一四年）もそれらに比べて『漢文入門』は「系列性」「連繫性」「位階性」「문장은 편찬자가 직 창작（新製漢文）[*10]」による漢文法の段階的な解説になっている点で、画期的な教科書であったと評価している。

先に述べた「普通学校令」（一九〇六年）以降の諸法令によって編纂された漢文教科書は、それ以前のものと大きく区別される。一九世紀末から二〇世紀初頃は、現実社会に対応した漢文の位置が模索された時期であった。統監府設置後、日本人官僚が韓国の学部を掌握し、日本の強い影響が見られる教育制度の整備が進行した。国家主導のもと、漢文教育が「嘉言善行」の方針で国民道徳としての役割を担うようになったのである。『漢文読本』（一九〇七年）と『漢文入門』（一九〇八年）はいくつかの訂正・删削を経て『普通学校学徒用　漢文讀

＊9　『漢文入門』は再び発行されず、『普通学校学徒用漢文讀本』（一九〇九年）の巻一として吸収された。

＊10　문규영『「普通学校学徒用汉文読本」研究』、二〇一四年、三二―三五頁。ハングル。

本』（一九〇九年、全四冊）という題で学部より再刊され、日韓併合初期の一九一三年まで普通学校で使用された。これらの学部編纂の漢文教科書が、植民地期に入っていく激変の時代の中で、暫く使用され続けることとなった。

第四節　『普通学校朝鮮語及漢文読本』（一九一五―二一年、全六冊）――教材採録と表記法

保護時代（一九〇五年―）の法令改正により、教育全般の中で漢文の位置が低下したとも言えるが、併合後（一九一〇年―）の朝鮮半島では長く続いた身分差別から民衆が解放されたことや開化期の教育拡大にともなって、漢文教育が社会全般に普及・拡大したとも見ることができる時期である。[*11]

第二節では併合前後の「普通学校令」、「朝鮮教育令及諸施行規則」などに見える漢文教育政策を「国語」（併合前の朝鮮語と併合後日本語が当たる）との関連を通して分析した。第三節では併合前の教科書[*12]の構成と特徴を検討した。それを受けて、本節では併合後に作られた漢文教科書に見られる教材の採録・配列について考察する。この作業を通して、併合後、日本の権力が拡大化していく過程においてどのような漢文教科書の改変が行われたかを具体的に考察し、朝鮮半島における漢文教育の特徴や日本における漢文教育との連動性を見出した

＊11　丁世絃「近代韓国における儒教の展開―経学院を中心に」関西大学学院論文、一三二頁。

＊12　教科書は『漢文読本』という名前の独立型と、『朝鮮語及漢文』という名前の統合型がある。この両者のうち、併合後は統合型が広く使われていた。

い。

後に総督府内務部学務局編輯課長を務めた小田省吾《おだしょうご》は、併合初期の教科書編纂の概要について『朝鮮総督府編纂教科書概要』を残している。漢文教材の採録について小田の言葉で裏付けると、次のようなことが分かる。

（五）漢文教材は動もすれば抽象的に陥り易きを以て成るべく具体的材料を選び、小学・論語・孟子等より取れるものあるも、また慎思録・先哲叢談の如き日本の漢籍より取れるもあり、富士山・中江藤樹の如き我国の事物史伝をも加ふ。また朝鮮に於いては漢文には句読を施さざるも、その代わりに「吐」を附する例にして、之なきときは学修極めて困難にして、時としては教授を誤ることあるを以て、同読本中の漢文教材には尽く「吐」を附し、又各文章の典拠を示せり。*13

併合後の変化として、漢文教材は小学・論語・孟子といった儒教の経典だけでなく日本の漢籍からも取材されていることと、懸吐を導入していることが述べられている。

「漢文は懸吐なしには学修は極めて困難である」という小田の言葉を引くと、三土の学部編撰『漢文読本』（一九〇七年）はなぜ懸吐なしの白文であったかという疑問を抱くかもしれない。実際、玉川大学教育図書館所蔵の『漢文読本』巻四（一九〇八年印刷）には、本文の行間にハングルによる書き込みが至る所に施されている。これを見る限り、やはり普通学校段階で白文は学習し難かったと考えられる。

＊13　小田省吾『朝鮮総督府編纂教科書概要』朝鮮総督府、一九一七年、一六頁。

一九〇九年八月の「普通学校令改正」により、新たに「朝鮮語及漢文」が教科として定められたが、併合まではその教科書は編纂されていない。併合後の教科書編纂準備過程において、総督府では朝鮮語の綴字法を規定するために、五回も朝鮮語調査会議を開いていた。そのメンバーは国分《こくぶ》象《しょう》太郎《たろう》（総務部人事局長、東京外国語学校朝鮮語学科出身）、塩川《しおかわ》一《いち》太郎《たろう》（総務部取調局事務官、東京外国語学校朝鮮語学科出身）、小田省吾（内務部学務局編輯課長）、玄檃《ヒョンウン》（総務部取調局事務官）、魚允迪《ウユンチョク》（中枢院副参議）、兪吉濬《ユギルチュン》（京城府参事）、姜華錫《カンファソク》、高橋亨《たかはしとおる》（京城高等普通学校教諭）らであった。吐をめぐる議論も行われていたことは、『第三回朝鮮語調査会議議事録』（一九一一年九月一一日）から確認できる。*14 前述したように、〝吐〟は『漢文読本』（一九〇七年）には使用されていなかった。第三回目の会議において、普通学校教科書には〝吐〟を使用することで合意を見た。〝吐〟を通じて漢文の解釈を標準化することについては、日本人、朝鮮人ともに同意したといえるが、漢文の学習伝統に関しては韓国人側の主張には違いも見られた。

魚氏「吐ヲ振ル事ニ賛成ス昔ハ本ニ吐ヲ振ル事ハ学生文理ニ熟達スルコト遅シトシテ之ヲ禁ジタレ共今ハカヽル固陋ノ説ニ耳ヲ貸スノ必要ナケン予ハ高等女学校ニ漢文読本ヲ教授シタリシ時緊切ニ吐ノ必要ヲ感ジタリキ」

国分氏「予ハ今回朝鮮人普通文官試験ノ答案ヲ検シテ彼等ノ吐ノ如何ニモ乱雑ニシテ無学ニ近キコトヲ表白セルニ驚キタリ吐ヲ一定シテ教科書ニ之ヲ振リ置カバ少シク此弊

＊14　この調査会議における綴字法の議論については三ツ井崇の研究に詳しい。漢文、漢字をめぐる議論については、辻大和「朝鮮総督府の教育政策における漢字・漢文」を参照した。

ヲ救フコトヲ得ン乎」

玄氏「普通学校教科書ニハ吐ヲ振ルヲ可トスレ共高等普通学校以上ノ学校教科書ニハ寧ロ吐ナキヲ可トセン」

魚によると、昔は本に〝吐〟を振ることは禁じられていたが、今となってはそのような固陋の説に耳を貸す必要はなく、自分の教授経験から〝吐〟を導入することを提唱している。一方、玄は普通学校教科書に〝吐〟を振ることは構わないが、高等普通学校以上はしてはいけないと主張している。

以下、教科書の一例を見ていきたい。漢文教材は日本漢文である。原典は貝原益軒『慎思録』であるが、本文に吐を振っており、出典も明記している。朝鮮語の学課と同じく、練習を導入している。

『普通学校朝鮮語及漢文』巻二（玉川大学教育図書館所蔵、一九一五年印刷）

第五十八課　漢文　（記誦）

記誦은 是讀書第一法이니 不多讀則不能記하고 不記則無由考究義理라 故로記誦은 誠是學者之要務이나 然 이나 記誦 은必須於幼少之時니　苟到壯年之時면 雖強記誦이나 然이나　易忘失 하야徒勞力而已ㅣ니라

（原文貝原益軒「慎思録」）

練習

一、「讀書百遍 이면其義自現이니라」 하는글의 을말하야라.
二、다음漢字를比較하야보아라.
　己巳 徒徙 至到倒 老孝考

『普通学校朝鮮語及漢文読本』の編纂方針の中で漢文に関する項目[*15]をみると、以下の通りである。

一、本書は従来別々に取扱はれたる朝鮮語との二重教材を一書に取纏めたるものにして全く新規の試みに属す因て両者を適当に排列し相助けて以て学修に便ならしめむことを期せり
二、漢文は漢字より始めて文章に及ほし従来朝鮮児童の普通に学修する小学、論語、孟子等上り成るへく平易の文章を抜粋し又内地の漢籍中よりも採択せり而して朝鮮にては漢文に口讀を施さゝるも「吐」を施す例にして之なきときは学修上極めて困難にして時として教授を誤ることあるを以て本書中漢文には盡く吐を附せり
三、本書の教材は国語と同様国民性の涵養に資すへきものを採り殊に漢文には修身と相待つへき訓言類を選ひまた国語読本中内地の歴史地理教材を加へたると同様の理由により本書中には特に朝鮮の地理歴史教材を加へたり（朝鮮歴史教材は巻五、六に入る）

つまり、一冊の本の中で、漢文は道徳を教えることと、朝鮮語は朝鮮地理を教えることに役割分担され、それぞれに力点が置かれていることがわかる。その教材は小学・論語・孟子

＊15　朝鮮総督府『現行教科書編纂の方針』（一九二一年）、七一八頁。

といった儒教の経典のほかに、日本の漢籍からも取材されていた。このようにしてみると普通学校の漢文教科は、修身と並んで道徳教育に裨益することが図られていたことがわかる。〝吐〟を導入することで漢文教材の解釈の標準化が進んでおり、また本文に次ぐ練習のところで字句の意味確認や字形の確定など「基礎的な応用」に注意が払われ、長文の漢文を読解するのではなく、教材が漢字・句単位に縮小されてきていることが明らかである。

まとめ

日韓併合を契機として朝鮮半島における日本語は外国語から国語に転換し、それに伴い漢文が持つ意味も朝鮮と中国の歴史的文化的文脈から切り離されて、近代の日本語における「国語・漢文」の関係が持ち込まれることになった。日本人学務官僚による普通学校向けの最初の漢文教科書『漢文読本』（一九〇七年）は、朝鮮の伝統的教材との懸隔のために広く支持が得られなかったが、翌年の『漢文入門』は日本の近代的漢文教科書を反映して漢文法に配慮した内容になった。併合後の漢文教科書は道徳教材に傾斜した。日本漢文も収録されて国体論に関する教材も盛り込まれ、また漢文教材の解釈を標準化するために朝鮮特有の「懸吐」も利用された。その結果、『漢文読本』（一九〇七年）における「漢文＝中国古典」という漢文観から遠ざかった漢文観が形成されることになった。

【参考文献】
渡辺学・阿部洋編『日本植民地教育政策史料集成　朝鮮篇』全六九巻（龍溪書舎刊、一九八七―九一年）第四集「教科書編纂関係資料」全七巻

第三章　二〇世紀初頭ベトナムにおける漢字・漢文教育をめぐって

佐藤トゥイウェン

はじめに

漢字がいつごろベトナムに伝播したのかについてはさまざまな異論があったが、漢字がベトナムの地で使用され始めたのは七世紀頃からと考えられる[*1]。これ以降、一九一九年の最後の会試《カイシ》まで、漢字、漢文教育はベトナム社会を語るうえで不可欠なことである。各王朝の漢字漢文教育は教育制度、方針、政策が多少異なっているが著しい程ではない。しかし、一九世紀末からベトナムはフランス植民地になり、フランスは漢字漢文の廃止を目指したため、ベトナムの社会における漢字漢文の役割が薄れてきた。当時、国を愛する先進的な儒者たちは、救国のため民衆に現代科学の知識、維新の思想を教育することが必要であると認識していた。そのため、二〇世紀初頭、ベトナムには「東遊運動」、「維新運動」などの運動が興り、東京義塾の学校が設立された。一九世紀末から漢字漢文教育は衰退する一方であったが、同時に新しい方式の漢字漢文教科書が最も多く刊行された時期でもあるといわれる。本稿を通

＊1　潘文閣・Claudine Salmon（主編）『越南漢喃銘文匯編第一集』北屬時代期至李朝（École Française d' Extrême-Orient、一九九八年）に紹介された最古の資料は「大隋九眞郡寶安道場之碑文」（六一八年）である（五頁参照）。

して、二〇世紀初頭のベトナムにおける実学に向かう新しい方法に従った漢字、漢文教育の状況、フランス植民政権が実施したベトナム植民地の教育制度、近現代のベトナムの知識人の新しい認識、思想を明らかにしてみたい。

第一節　一九世紀末から二〇世紀初頭のベトナムの社会の背景

一九世紀末以降、フランス植民政権がベトナムを支配していた時代、いくつかの教育改革が実施されたが、漢字・漢文教育の状況は第一次教育改革、第二次教育改革で大きく変化した。そのため、本節において、フランスが南圻東部三省《コーチシナ》を占領した後から第一次教育改革以前の時期（すなわち、一八六二年―一九〇五年）、第一次教育改革（一九〇六年―一九一六年）、第二次教育改革（一九一七年―一九二九年）という三期に分けて、漢字・漢文教育の状況の変化を考察する。

（1）一八六二年から一九〇五年まで

フランスは一八六二年に南圻東部三省を占領し、一八六七年に南圻で科挙および漢字、漢文教育を廃止させ、フランス語、国語字（ベトナム語のローマ字化）を教育するため学校を設立させた。*2 そして、一八六九年四月一日から漢文の文献は参考書としての価値のみを認め、

＊2　Nguyễn Tiến Cường, *Sự phát triển giáo dục và chế độ thi cử ở Việt Nam thời phong kiến*『ベトナムにおける封建時代の科挙試験制度および教育の発展』(Giáo dục出版社、一九九八年)、九五頁。

正式の公文書は国語字で書かれなければならないと命じた。[*3] しかしながらこの時期、南圻の儒者たちはフランス植民政権に対抗する態度を表すため子孫をフランスが設立させた学校に通わせず、自宅あるいは Thầy đồ（科挙に合格した挙人あるいは秀才の人で漢字、漢文を教える先生）が開いた教室で漢字、漢文を引き続き勉強させた。そのため、フランス設立の学校には学徒がほとんどいなかった。一八八六年当時の南圻の人口は二〇〇万人であるが、フランスの学校に行ったのは全体の約一％に過ぎず、一方、漢字、漢文教育の私塾には四二六人の Thầy đồ、九〇〇〇人の学徒がいたという。[*4]

フランスは南圻で早期に漢字、漢文教育を廃止させたものの、期待どおりの結果が出なかったため、一八八三年にベトナム全土を占領した後、北圻（トンキン）、中圻（アンナン）には一定の程度で漢字、漢文教育および科挙を維持させた。一八九七年にフランス植民政権は南圻の各省、各大都市に「仏越学校」を設置し、この学校でフランス語を主に学ばせたほか、国語字、漢字、漢文の科目が教えられたと言われた。[*5]

一九〇五年まで、南圻のほとんどの社にはフランス語、国語字を教える仏越《ファップ・ヴィエット》小学校があり、この学校で漢字、漢文科目は選択科目になった。一方、北圻および中圻にはフランス語、国語字を教える学校が少なく、特に、中圻には漢字、漢文を教える学校、教室があちこちで存続していた。[*6]

このように、フランス植民政権の教育制度は、南圻東部三省を占領してから約二五年を経

＊3　Phạm Văn Khoái, *Một số vấn đề chữ Hán thế kỷ XX*『20世紀の漢字のいくつかの問題』（ハノイ国家大学出版社、二〇〇一年）、一七八―一七九頁。

＊4　Phan Trọng Báu, *Giáo dục Việt Nam thời cận đại*『近代時期のベトナムの教育』（Khoa học xã hội出版社、一九九四年）、三三―五三頁。

＊5　＊3前掲、Phạm Văn Khoái, 一八〇―一八一頁。

＊6　＊4前掲、Phan Trọng Báu, 五八頁。

てもなお漢字、漢文教育を圧倒することができなかったといえる。そして、南圻はベトナムにおいて漢字、漢文が最も早く廃止された地域であり、漢字、漢文の役割が北圻および中圻より弱まることになったという指摘がある。

（2）第一次教育改革（一九〇六年から一九一六年まで）

一九〇六年にフランス領インドシナ総督であるポール・ボー（Paul Beau）は原住民教育改革評議会（Conseil de perfectionnement de l'enseignement indigène）を設立する議定を公布し、第一次教育改革を実行した。第一次教育改革においては、原住民の教育改革、北圻、中圻の郷試のプログラムにはフランス語を加えること、教育プログラムにはフランス語、科学の基層的な知識の教育を含めること、南圻の漢字漢文の教育施設を再開すること、フランス植民政権の教育制度に服務する教科書、辞書を編纂すること、必要な場合、東洋史、哲学の古典および近代の文学作品を再出版することなどを規定する。

このことについて岩月氏は、「伝統的な知識人層にとっては漢文・字喃文が学ぶべき書き言葉であり、国語字はその範疇外にあったのである。ところが、二〇世紀初めに植民地体制が安定してくると、まず直接支配下に置かれたコーチシナでフランス語と国語字を操る新たな知識人層が形成され、その後トンキン及びアンナンにおいても同様の知識人層を養成するために、一九〇六年、植民地政庁により「仏越学校」が創設された。これと同時に科挙試験にもフランス語と国語字が課された」[*7]と述べている。また、Dương Quảng Hàm 氏も、「一九〇六年五月三一日の勅諭にもとづき、郷試および会試のプログラムの一部が変わることになった。それは国語字およびフランス語の項目が加わったことである」[*8]と指摘している。

一八八七年から二〇世紀初頭まで、北圻および中圻には伝統的な教育、すなわち漢字漢文の教育は基本的に民衆に幅広く流布した教育であった。一方、仏越学校は通訳者、知識が低い職人を主に育成するところであるため、教育プログラムの中に漢字漢文があったものの重視されなかったようである。さらに、講師、教科書、教育に対する財政が不足したため、仏越学校は漢字漢文の学校を圧倒できず、公教育機関すなわち仏越の教育プログラムに従う学校が日増しに減少し、一方、私塾すなわち社、村にある Thầy đồ の教育施設などが盛んになったという[*9]。

二〇世紀初頭、ベトナムにはフランス植民政権が管理する公教育機関以外に、阮《グエン》朝が管理した公教育機関や Thầy đồ あるいは愛国の先進的儒者たちが開いた私塾も共存した（これらの漢字漢文の教育施設については後述する）。フランスが「仏越学校」を設置したとともに教育改革を実施したのは、次第に漢字、漢文教育を完全に廃止させ、代わりに、植民地政権に服務する人材を育成し、国語字、フランス語を教育するためであった。

このような社会的背景の下で、愛国の先進的な儒者たちは、救国のため民衆に現代科学の知識、維新の思想を教育することが必要であると認識していた。そして、民衆に啓蒙思想な

＊7　岩月純一「近代ベトナムにおける「漢字」の問題」（『漢字圏の近代 ことばと国家』、東京大学出版会、二〇〇五年）一三一―一四八頁。

＊8　Dương Quảng Hàm, *Việt Nam văn học sử yếu*『ベトナム文学史要』（Bộ giáo dục Trung tâm học liệu 出版、一九六八年）九一頁。

＊9　＊4前掲、Phan Trọng Báu, 六〇―六一頁および＊2前掲、Nguyễn Tiến Cường, 九五頁を参照。

どを伝えるため「東京義塾」が設立され、新しい方式の漢字漢文教科書が出版された。そのため、この時期にベトナムの社会には「旧学」および「新学」という二つの派が生じた。「旧学」派はすなわち、漢字、漢文教育を維持したい知識人層である。一方、「新学」派は国語字を学習することを応援する知識人層である。このことについて、チャン・ギアー（Trần Nghĩa）氏は、

この時期の「旧学」が衝突を起こした時期である。フランス植民地化の初期にはフランス領インドシナ総督であるポール・ドゥーメール（Paul Doumer）をはじめ、ポール・ボー（Paul Beau）や続くフランス領インドシナ総督たちは「旧学」の教育政策を維持するよう主張したため、『五経』、『四書』が教えられ続け、「科挙」が一九一九年まで行われた。二〇世紀初頭、愛国の儒者たち、進歩的な儒者たちは、民衆に愛国心を育成すること、文明的かつ進歩的な生活を立てること、新しい学術、思想を伝播することを目指すため、「東京義塾」運動を発動した。一方、東西の文化が融合することを主張する儒者たちは、儒教の倫理道徳および西欧の科学のメリットなどを分析する著作を著わした。例えば潘佩珠（Phan Bội Châu）の『孔学灯』、チャン・チョン・キム（Trần Trọng Kim）の『儒教』が誕生した。ベトナムの社会で東西の文化が接触した結果、ベトナムの儒者が二派に分かれた。一つは「東京義塾」運動のリーダーを代表とする愛国および進歩的儒者であり、もう一つは潘佩珠、チャン・チョン・キムなどを先駆者とし、東西の文化の融合を主張

する民族精神を持つ儒者である。[*10]

と述べている。

第一次教育改革の最後の年である一九一六年には、仏越学校の小学級には学校は七八五校、学徒は四九四六一人、中学級には学校は五校、学徒は四八七人がいた。一方、漢字漢文の学校には幼学級、小学級、中学級を含む学校は八三七校、学徒は一九〇一四人がいた。[*11]

以上に見てきたとおり、一九一六年まで、ベトナムには伝統的な教育、仏越の教育が共存し、第一次教育改革以前と比べて、仏越学校の学徒は漢字漢文の教育施設より二倍多くなった。

（3）第二次教育改革（一九一七年から一九二九年まで）

フランス植民政権は第一次教育改革を実施したが、講師、教科書などが不足するなど様々な問題にぶつかったため、フランス語、国語字、漢字漢文、いずれも精通せず、すなわち、「旧学」の知識も「新学」の知識も薄い人材を育成するという結果となった。そのため、一九一七年一二月二一日にフランス領インドシナ総督であるアルベール・サロー（Albert Sarraut）は完全に漢字漢文教育を廃止させ、植民地を開拓することを目指す新しい教育を設置するため、「学政総規」（Règlement Général de l'Instruction Publique）を設定させる議定を公布した。「学政総規」において、公教育機関はフランス人に対するフランス学校およびベトナム人に対する仏越学校という二種類の学校に分け、教育制度には小学級、中学級、高等・大学級という三

＊10　Trần Nghĩa, *Thử phân loại nho học Việt Nam qua các thời kỳ lịch sử*「歴史時代を通してベトナムの儒学の分類をしてみる」Nghiên cứu tư tưởng nho gia Việt Nam từ hướng tiếp cận liên ngành（『接近の方向から見るベトナム儒家思想の研究』）（Thế Giới 出版社、二〇〇九年）、一六九—一七三頁。

＊11　＊4前掲、Phan Trọng Báu、六五—七九頁、および＊2前掲、Nguyễn Tiến Cường、九六頁を参照。

つのレベルを実施したが、高等・大学級では漢字漢文の教育が実施されなかったようであるから、本稿では高等・大学級での教育の状況には言及しない。その他、小学級、中学級と相当する実業の学校（すなわち職業人を育成する学校）がある。「学政総規」は五五八条例あるが、本稿では漢字、漢文の教育制度に関わる内容と、ベトナム人に対する仏越学校での漢字漢文教育の状況を中心に言及する。

第二節　フランス植民地政権が支配する公教育機関での漢字・漢文教育の状況

第二節で述べたとおり、第一次教育改革において、フランスは仏越学校体系と漢字漢文教育の学校を系統的に改組した。そして、第二次教育改革ではフランスが管理している学校体系をベトナム人に対する「仏越学校」およびフランス人に対するフランスの学校の二種類に改組させた。これらの学校で漢字漢文教育をどのような方法で実施したのかを考察してみる。

（1）第一次教育改革

ア．仏越学校

仏越学校では教育プログラムが小学級、中学級に分けられ、各級では漢字漢文教育が維持されたが、時間が制限されていた。

【①小学級】小学級は四つのクラス（第四、第三、第二、第一のクラス）に分かれ、いずれもフランス語、国語字、漢字漢文が教えられたが、一週間、学習科目の総数時間の二七時四五分の中で第四、第三、第二のクラスは漢字漢文が三〇分しか教えられず、第一のクラスのみ、漢字漢文科目に二時間割り当てられた。

【②中学級】中学級は中学第一級（四年制）、中学第二級（一年制）に分かれ、中学第二級の教育のプログラムには科学班、文学班があった。文学班のプログラムにおいて国語字、漢字漢文が教えられる。しかし南圻では、中学級には北圻、中圻のように漢字漢文が教えられていなかった。[＊12]

イ．漢字漢文教育の学校

漢字漢文教育の学校では教育のプログラムを幼学級、小学級、中学級に分けていた。

【①幼学級】幼学級には三種類の学校がある。中心から離れている遠い村にある一年制の学校では、国語字のみ教えることになっていた。二年制の学校では、国語字および漢字漢文が教えられた。三年制の学校の場合、フランス語、国語字、漢字漢文（「孟子」）が学習できた。幼学級では学徒に漢字（字体）、漢文（儒学の初歩の知識）を中心に養成した。

【②小学級】府県に建立された中学級の学校の場合、教授、訓導の二年間でフランス語、国

＊12　Nguyễn Q. Thắng, *Khoa cử và giáo dục Việt Nam*『ベトナムの教育および科挙』（Văn hóa Thông Tin出版社、一九九三年）、二七〇頁、および＊4前掲、Phan Trọng Báu、六二―六四頁を参照。

語字とともに漢字漢文（「四書」、「南國地與」、「越史總詠」など）が教えられたが、一週間に一〇時間のみであった。

【③中学級】省に建立されている中学級の学校においては、督学《ドックホック》でフランス語、国語字とともに、漢字漢文（「五経」、疏、奏の作成法）が一週間に七時間のみ教えられた。[*13]

このように、漢字漢文は公教育のプログラムで完全に廃止されたわけではないが、過度の道に入って始めるといえる。そして、二〇世紀初頭に、学徒は新しい方式の漢字漢文の教科書をとおして漢字（字体）、漢文（聖賢の教え、道理などを伝える経典）を学習する以外に、民族意識、国語字、現代科学の知識および衛生、歴史、地理などの現代人の常識となる知識を学ぶことができた。例えば『初學問津』、『漢文新教科書』、『幼學漢字新書』、『中學越史撮要』、『南國地輿教科書』、『国民讀本』などである（漢字漢文教育の教科書については後述する）。

（2）第二次教育改革

ア．仏越学校

【①小学級】小学級には全級小学校（trường tiểu học bị thể、École Primaire de Plein Exercises）、初等小学校（trường tiểu học sơ đẳng、École Primaire élementaire）という二種類の学校がある。

・全級小学校

全級小学校には童幼級、予備級、初等級、第二クラス、第一クラスという五学級がある。

＊13　＊12前掲、Nguyễn Q. Thắng, *Khoa cử và giáo dục Việt Nam*『ベトナムの教育および科挙』（Văn hóa Thông Tin 出版社、一九九三年）、二七〇頁、および＊4前掲、Phan Trọng Báu, 六二―六四頁を参照。

各省は少なくとも全学級小学校を開かなければならない。この学校の漢字漢文教育については、地方政権および学徒の父兄の要求があれば、統使あるいは欽使は省の評議会の意見を検討した後、漢字漢文を必須科目としなければならないが、その場合も第二クラスと第一クラスのみで教えられる。

・初等小学校

初等小学校には童幼級、予備級、初等級という三級のみがある。この学校の漢字漢文科目は必須科目ではないため、漢字漢文を教える要望がある場合、学徒の父兄と社の評議会と校長の合意が必要である。漢字漢文科目を担当する先生は社の評議会と校長に選ばれた人である。そして、漢字漢文科目を教える場合は毎週木曜日に九〇分と決められたため、校長は木曜日に欠席することができない。さらに、毎年、統使あるいは欽使はこの学校での漢字漢文教育の状況をフランス領インドシナ総督に報告しなければならないという[*14]。

【②中学級】中学級には高等小学校（四年制）、中学校（二年制）がある。漢字漢文科目には毎週四時間、『三字経』、『幼學漢字新書』、『国文新科本』、莫挺之（マック・ディン・チ、Mạc Đĩnh Chi）、黎貴惇（レー・クイ・ドン、Lê Quý Đôn）の作品などのベトナムの古典文学、『四書』、『五経』、『史記』、李白、杜甫、韓愈、蘇東坡の作品などの中国の哲学、古典文学が教えられた[*15]。

イ．官吏層に西欧の知識などを育成する学校

＊14　Nguyễn Văn Khánh、*Việt Nam 1919-1930: thời kỳ tìm tòi và định hướng*『一九一九年—一九三〇年：ベトナムの探究および方向を定める時期』、（ハノイ国家大学出版社、一九九九年）四九—五四頁、および＊4前掲、Phan Trọng Báu, 八四—八五頁、九〇—九一頁を参照。

＊15　＊4前掲、Phan Trọng Báu, 八三頁、一〇三—一〇六頁。

一九〇三年に北圻統使（Thống sứ Bắc Kỳ）はハノイに候補学校（trường Hậu bổ、École des aspirants-mandarins）を建立させた。科挙に合格した人は官吏に採用されるために、ハノイの候補学校で三年間、国語字および西欧の知識を学習しなければならなかった。[*16]

一九一一年五月五日に維新帝は中圻欽使であるSestier（セッティエー）の補助の下でフエに候補学校を成立させる勅諭を出した。この学校はハノイの候補学校と同様、科挙に合格し、官吏に登用されることを待っている人に西欧の知識などを育成するところである。[*17]

一九一二年、フランス領インドシナ総督はハノイの候補学校を士宦学校《シークァン》（École des mandarins）に改名させた。しかし、封建教育にしたがい官吏層を育成する学校を廃止するため、一九一七年にフランス植民政権はフエの候補学校およびハノイの士宦学校を解散させた。そして、東洋およびベトナムでの植民政権に服務する事務職員を養成しつつ、北圻および中圻の官吏に採用する人材を提供するため、一九一七年にフランス植民政権は法政学校（trường Pháp chính、École de Droit et d'Administration）を設立させた。法政学校は東洋大学に属し、東洋大学の理事長に管理させた。[*18]

このように、第二次教育改革をとおして、漢字漢文をベトナムの社会から完全に廃止すること、生徒に西欧の知識、フランス語および国語字の教育を促進することを目指すフランス植民政権の主張が明瞭に見える。一九世紀末以降は、漢字、漢文に精通することだけが官吏になる条件ではなかったのである。しかし、漢字漢文の役割がこの時期に薄れてきたが生存

＊16　＊12前掲、Nguyễn Q. Thắng, 二七七頁。

＊17　＊12前掲、Nguyễn Q. Thắng, 二八一—二八二頁。

＊18　＊12前掲、Nguyễn Q. Thắng, 二七七—二八八頁。

しているといえる。

第三節　阮朝が管理する公教育機関および私塾での漢字・漢文教育の状況

すでに述べたとおり、フランス植民政権が管理する公教育機関以外に、阮朝が設立した公教育機関がある。一九一七年までに阮朝が設立した教育機関は公教育機関として見なされていたが、グエン・コク・タン（Nguyễn Quốc Thắng）氏は「一九一七年一二月二一日以降、ベトナムにおけるすべての漢字漢文の教育機関は個人が開いた学校とされ、「国子監」のような阮朝が開いた公教育機関さえも私塾に分類された」[*19]と述べている。

そのため、阮朝が設置した一九一七年以前の漢字漢文の教育施設は公教育機関に、一九一七年以降のものは私塾に分類することとする。

（1）公教育機関

ア．集賢院、太平御覧書楼、太平楼

阮朝の各帝は読書や著作のため、いくつかの殿を建立した。一八四九年に嗣徳帝は集賢院を設置して、講官が毎月（一一月、一二月を除く）二日、八日、一二日、一八日、二二

＊19　＊12前掲、Nguyễn Q. Thắng, 二九四頁。

日、二八日に帝に経典を講じた。一八八七年に啓定帝は読書のため、太平御覧書楼を建て、一九一九年に太平御覧書楼を営繕させ、太平楼に改名したという。*[20]

イ．集善堂

集善堂は皇子の学習処である。「国子監」の教育プログラムと同様、幼い皇子はこの講堂で「小学」、「明心寶鑑」などを勉強したが、大きくなった皇子には『五経』、『四書』などが教えられた。集善堂以外にも、正蒙堂、養善堂、育徳堂、廣善堂、廣學堂がある。*[21] しかし、『欽定大南會典事例』によれば、皇子には『五経』、『四書』以外に、『性理大全』が教えられたとある。このことは『欽定大南會典事例』に「集善堂　嗣徳二十五年、……參酌議定條例俾便導循茲請于育徳堂設爲講堂、正中間設書案一、西設講坐席教導二員同一席、又間一席〔明命四年、例設輔導一席、賛善一席、伴讀一席、茲只有教導講習等員應設二席致留空間〕設講習二員同一席、東設該皇子聽講席……」。茲皇子年已長成、單日請講五經、先講正文次及本註再講性理大全書以廣見。聞就中四書五經則毎於次日背讀正文精熟諸史與性理要□通大意仍免其背讀……」とある。*[22]

そのほか、一九二三年に啓定帝が建てさせた四方無事楼があった。四方無事楼も阮朝末の皇子、皇女が学習したところのようである。

＊20　Nguyễn Thế Long, *Nho học ở Việt Nam- giáo dục và thi cử*『ベトナムにおける儒学―教育および試験』(Giáo dục 出版社、一九九五年)、九四頁。

＊21　＊20前掲、Nguyễn Thế Long, 九五頁。

＊22　＊阮朝国史館『欽定大南會典事例』續編巻二八、第二葉裏、第三葉表。〔　〕内は双行注。Viện sử học Việt Nam-Trung tâm bảo tồn di tích cố đô Huế, *Khâm định Đại Nam hội điển sự lệ tục biên tập 6*『欽定大南會典事例』第六冊（Khoa học xã hội 出版社、二〇〇七年）所載影印本による。

ウ．尊學堂

尊學堂は皇室の子孫が学習するところである。皇室の子孫たちはこの講堂で「小学」、経伝、経義、詩、賦、文策、四場文体[*23]などを勉強した。[*24]

幼い公子、公孫たちの場合、府の中で漢字漢文を教えることになった。このことは『欽定大南會典事例』に「公子年幼初學仍留府由各該翊善等員講習、餘何係稱通項現就學堂者、其逐日講例單日講經一、小学一、雙日講傳一、史一。毎月課期以初三、初九、十七、二十五等日炤依郷試題目規式〔第一期用經義二題、第二期用詔表論、第三期用文策五道〕就中何係資質最頴悟學問最通達者請署依會試法增出詩賦各一題庶免拘於一格……[*25]」とある。

エ．国子監《こくしかん》

一八二九年までは皇室の子孫が学習するところであったが、一八二九年以降、四品以上の文武官の子息および五品の文武官の嫡子が国子監で学習することができた。一八三八年に民衆の子孫でも選ばれた優秀な人であれば国子監で学習することができた。国子監での儒学を含む漢文教育は盛んになったが、フランス植民地化の教育が拡大し、次第に衰退していったという。[*26]

国子監での教育課程では主に『五経』、『四書』を勉強させたが、これ以外に、『大南會典《だいなんかいてん》』、『大南一統志《だいなんいっとうし》』、『皇朝律例《こうちょうりつれい》』、『越史綱目全編《えつしこうもくぜんぺん》』、『武經直解《ぶけいちょっかい》』を用いて歴史、法律、地理といっ

*23　「四場文体」は郷試に出した四科目である。嶋尾稔「ベトナムの伝統的私塾に関する研究のための予備的報告」『東アジア文化交渉研究』別冊二（文化交渉学教育研究拠点、二〇〇八年六月、五七頁）により、「郷試の試験内容は、三場ないし四場であった。四場で行われるときは、①制義、②四六（詔表制）、③詩賦、④策問の四科目であった」とある。

*24　*20前掲、NguyễnThế Long, 九六頁。

*25　*22前掲、『欽定大南會典事例』續編巻二八、第八葉裏。〔　〕内は双行注。*Khâm định Đại Nam hội điển sự lệ tục biên tập 6*『欽定大南會典事例』第六冊所載影印本による。

*26　*2前掲、Nguyễn Tiến Cường, 一一二―一二〇頁。

た実学の知識を勉強することが必要であった。このことは『欽定大南會典事例』に「凡學臣日常教授以詩書易禮春秋、令各専治一經仍兼大學論語中庸孟子、正文義註皆要精熟然後遞進旁及諸經諸家、未終通者無易業、至如史籍鉅繁當以漢唐爲主、而外紀及閏代兼之亦要精熟俾之各敦寔學。……監臣竊意、經義者通論經傳義理、若治事者亦是使之専治其事習知辰務而已。仍炤講肄章程、原擬先以經傳、次以諸史固爲明義理、達事蹟之要。然理必見于事、事必底于行方爲有體有用之學。今學者未嘗習辰務是以服官莅政不免生疎向來士夫正坐此病。奉炤大南會、典一統志、皇朝律例及越史綱目全編、武經直解、學者皆所當講。玆請頒考究俾大習之士務得精詳庶期有用[*27]」とある。

さらに、一九世紀末以降、阮朝は漢字、漢文（儒教の経典など）教育以外に技術・科学、実学の教育を重視し、新しい教育方法に注目するようになった。『欽定大南會典事例』には「嗣德三十三年、是年又義準内一款申飭中外學臣加心陶淑行必先於行寔文必本於正文經傳史與夫我國史編類誌、□書既奉準刊行之後亦必以辰講肄至於古今書外國書〔如精巧技藝之類〕民間罕見者有應學習請併與各部書由、臣禮部史館籌擬及早刊刻印給諸學堂俾公傳習以期寔用係居鄉會試期場官導依議定命題以觀所學[*28]」とある。

（2）私塾

南朝高等学堂（Nam triều cao đẳng học đường、Ecole des Hautes étude du Gouvernement Annamite）

---

*27　*22前掲、『欽定大南會典事例』續編巻二八、第三七葉裏、第三八葉表、第四一葉表裏。〔　〕内は双行注。*Khâm định Đại Nam hội điển sự lệ tục biên tập 6*『欽定大南會典事例』第六冊所載影印本による。

*28　*22前掲、『欽定大南會典事例』續編巻二八、第三四葉裏、第三五葉表。〔　〕内は双行注。*Khâm định Đại Nam hội điển sự lệ tục biên tập 6*『欽定大南會典事例』第六冊所載影印本による。

第二節ですでに述べたとおり、一九一七年にフランス植民政権はフエの候補学校および士宦学校を解散させたため、一九二二年に、啓定帝は朝廷の官吏となる人材を養成するため、南朝高等学堂を設立することを命じた。この時期における公教育の教育プログラムでは漢字漢文教育はほとんどが廃止されたが、学部[*29]に管理された南朝高等学堂は、儒学、民間習慣を保存し、必須科目として漢字漢文教育を維持するという役割を果たした。南朝高等学堂では歴史、地理、漢文などが教えられたが、一九二六年に閉校した[*30]。

このように、阮朝はフランス植民政権に支配された時であっても相変わらず漢字漢文教育を重視し、朝廷の人材を育成する手段として見ていた。特に、嗣徳帝の時代以降、実学、科学・技術などの新しい教育方法を実施することが提唱されたといえる。

第四節　私塾での漢字・漢文教育の状況

第三節「阮朝が管理する公教育機関および私塾での漢字・漢文教育の状況」で述べた教育施設以外に、省や府県では盛んに公教育施設が建立された。Nguyễn Thế Long 氏は「嗣徳時代（一八六四年〜一八七五年）にはベトナムが三三一府県を含む三一省に分けられたが、公教育機関は一五八校（中習、大習の学校）あった[*31]」と示摘している。

しかし、社には公教育機関がまだなく、生徒の父兄が自宅で子孫に漢学漢文を教える教室、

＊29　阮朝以前、礼部がこのことを担当した。

＊30　＊12前掲、Nguyễn Q. Thắng, 二九九―三〇〇頁。

＊31　＊20前掲、Nguyễn Thế Long, 九八―一〇一頁。

Thầy đồ や有名な儒者たち、社の政権が開いた私塾が盛んであった。フランス植民政権の教育改革のため、ベトナムの教育制度、政策は大きく変化した。国を愛する維新の儒者たちはフランスに対抗するため、「東京義塾」を誕生させた。

岩月氏は、「もともと「仏越学校」が「伝統」的漢文教育に対抗する性格をもっていた関係上、近代ベトナムにおける漢文知識の継承は、主として公教育の外側で、「家学」ないし私塾を通じ、旧科挙知識人からその子孫、子弟に対して、旧来通りの素読によってなされていた。したがって、公教育の「漢文」科教育のみによってベトナムの漢文教育を評価することはできない[*32]」と述べる。

そのため、本節では漢字漢文の教育施設を三つに分けて考察してみる。

（1）自宅で開いた教室

グエン・テー・ロン（Nguyễn Thế Long）氏は「社、村にある教室にでは子供たちが「蒙学」、「幼学[*33]」、「中習」という段階に分かれて教えを受けた。「蒙学」の段階の対象は七、八歳の子供たちである。二、三年間通った子供たちは「幼学」段階になる。五、六年間通った子供たちは「中習」段階になり、「中習」段階の教育内容に精通した後、「大習」段階の教育を受けるため、省、府県にある教育施設に通う[*34]」と指摘している。

裕福な家庭では、親は初歩の漢字の知識を子孫および近所の子供たちに教えるため、自分

＊32　岩月純一「現代ベトナムにおける「漢字・漢文」教育の定位」、『中国—社会と文化』第二八号（中国社会文化学会、二〇一三年）、二九頁。

＊33　嶋尾稔「ベトナムの伝統的私塾に関する研究のための予備的報告」『東アジア文化交渉研究』別冊二、（文化交渉学教育研究拠点、二〇〇八年六月、五八頁）により、「E.ポワソンは、前近代ベトナムの学校は次の四段階に分けられるとしている[Poisson 2004: 127-128]。すなわち、①「開心」（khai tâm, vỡ lòng）、②「小習」、③「中習」、④「大習」である。

＊34　＊20前掲、NguyễnThế Long, 一〇三—一〇四頁。

の家で教室を開いて、Thầy đồ を呼び、子供たちを指導してもらった。そして、上記に述べたとおり、幼い公子、公孫たちの場合、府で漢字漢文が教えられた。

（2）社が開いた学校あるいは Thầy đồ の教室

社の政権が開いた学校、Thầy đồ の教室では生徒に漢字の読み書き、聖賢の道徳などの初歩の漢字漢文が教えられる。Thầy đồ は秀才になった儒者である。Thầy đồ は生徒に学費として稲の収穫時期にしたがい稲で支払われたが、貧しい生徒は学費が免除されるという。[*35]学田[*36]がある社には学田で収穫された農作物を Thầy đồ の給料にする。学田は社が学校を設立するための部、漢字漢文を教える先生に賃金を払うための部という二部に分けられた土地である。

朝廷は学田を設置することを進め、美俗であると称賛した。『欽定大南會典事例』には「學田　嗣徳六年（一八五三年）奉準奉炤向來京外諸社村間有摘取公田或別買私田置爲學田亦是美俗擬應準從民便豪彊里役毋得率以私意妄行抑遏[*37]」とある。

このように、学田および社の学校を開くこと、すなわち私塾の設立が阮朝で推進され、これは阮朝が漢字漢文教育を重視することの証明の一つになるといえる。

（3）有名な儒者たち、愛国の先進的な儒者たちが開いた学校

この学校は有名な儒者たち、愛国の先進的な儒者たちによって開かれ、生徒が多く、教科

＊35　＊2前掲、Nguyễn Tiến Cường、一三二―一三六頁。

＊36　学田および Thầy đồ については嶋尾稔「ベトナムの伝統的私塾に関する研究のための予備的報告」『東アジア文化交渉研究』別冊二（文化交渉学教育研究拠点、二〇〇八年六月、五三―六六頁）およびNguyễn Hữu Mùi, *Học xá điền thổ bi ký tấm bia đề cập đến việc dựng trường dân lập và đặt học điền sớm nhất ở nước ta*「學舍田土碑記―我が国に最も早い学田の設置および私塾の建立を言及する碑文」、『漢喃学報告』（漢喃研究院、二〇〇八年、七〇〇―七〇七頁）に詳しい考察がある。

＊37　＊22前掲、『欽定大南會典事例』續編巻二八、第六三葉表。*Khâm định Đại Nam hội điển sự lệ tục biên tập 6*『欽定大南會典事例』第六冊所載影印本による。

書が十分であり、充実した設備が整った教育施設である。この儒者たちは官吏になることに興味持たず、郷貢あるいは進士に合格した人であり、もしくは進士に合格せず次回の試験を受けるため自宅で漢字漢文を教えつつ予習する人であり、あるいは進士に合格して官吏になったが官職をやめた人、解職された人である。偉い人物を養成した有名な私塾が多くあった。たとえば、阮式自（グエン・トゥック・トゥ、Nguyễn Thức Tự）、阮輝徳（グエン・フイ・ドク、Nguyễn Huy Đức）などの儒者たちの有名な私塾である。阮式自の学徒には、潘佩珠（Phan Bội Châu）、鄧元謹（Đặng Nguyên Cẩn）、呉徳繼（Ngô Đức Kế）などの愛国の維新的な儒者である学徒が多くいた。東京義塾を設立した主催者の一人である梁文玕（Lương Văn Can）は阮輝徳（Nguyễn Huy Đức）の学徒である。

その他、愛国の先進的な儒者たちが創設した東京義塾は当時の有名な私塾である。東京義塾は民衆を啓蒙するため現代科学の知識、実学を教えることを目指した。東京義塾の教科書は『國民讀本』、『新訂倫理教科書』、『南國地輿』などで、民族の認識を起こし、新しい学術、思想を伝播する内容である[*38]（教科書については後述する）。

以上に見てきたとおり、漢字漢文教育の網が中央から地方まで、皇室から民衆まで広く流布されたといえる。仏越学校での漢字漢文教育の状況は廃止される傾向にあるが、一方、阮朝が管理する公教育機関、私塾、特に、儒者の家庭では盛んに漢字漢文教育を保存し、維持しようとしていた。

---

*38　*20前掲、Nguyễn Thế Long, 一〇二—一〇四頁、および*12前掲、Nguyễn Q. Thắng, 五七—五九頁を参照。

第五節　二〇世紀初頭のベトナムにおける漢字・漢文教育の教科書について

上記に概括したとおり、一九世紀末から二〇世紀後半までベトナムにおける漢字、漢文の教科書は種類が豊富である。ベトナム人が編纂したものおよび中国人が著したものがある。既に述べたとおり、ベトナム人が編纂した教科書は三種類に分けられている。一つはもとと中国の漢字漢文教育の教科書をベトナム人が字喃および国語字に翻案したもの（『陽節演義』、『明心寶監釋義』、『明道家訓』）、ベトナム人が漢字のみに編纂したもの（『新訂倫理教科書』、『南國地輿』、『國民讀本』、『啓童説約』、『裴家訓孩』）、ベトナム人が漢字・字喃および漢字・国語字、漢字・字喃・国語字に編纂したもの（『初學問津』、『三千字解音』、『五千字譯国語』、『漢文新教科書』）などである。

当時の社会の背景は教科書の内容に明瞭に反映されている。そのため、本節では二つの時期に分けて各時期どのような教科書を使用したのかを考察しつつ、一九世紀末から二〇世紀初頭にベトナム人によって編纂された代表的な教科書を紹介したい。

（1）阮朝初期から一九〇五年に至るまで

阮朝初期から第一次教育改革までは、七、八歳になった子供は漢字についての一定の知識があるため、中国人によって編纂された教科書である『千字文』、『明心寶鑑』、『孝経』、『明道家訓』、『三字經』およびベトナム人によって編纂された『一千字』、『三千字』、『五千字』をThầy đồから勉強した。そして、『初學問津』、『幼學五言詩』が教えられた後、儒教の経典の一つである『五經』、『四書』を勉強できた。[*39] 皇子の場合、幼い皇子は「小学」、『明道家訓』を、大きくなった時には、国子監と同様、『五經』、『四書』、『性理大全』を勉強した。[*40]

そして、Trần Bá Chí 氏は「かつてベトナムの教科書の中で、元の郭居業が編纂した「二十四孝」は正式な教科書ではなく、科挙の試験問題にも出ないが、どの学校でも教えられ、必須の参考書と見なされた。特に学生は返答の文および弔文を書くとき、よく引用し、貴重な資料とした」[*41]と述べている。さらに、Phan Đại Doãn 氏は、

> 天下を統治するため「孝」を道具として使用したのは儒教の影響下にあるほとんどの封建朝廷、特に阮朝の文化・政治路線であった。教科書とされた『四書』、『五経』以外に、黎・阮朝はまた『孝経』の導入を強調した。阮朝は「二十四孝演歌」を印刷させ、全国に公布した。今世紀の半ばまでに（引用者注：一九九八年刊行当時）、「二十四孝演歌」のいくつかの説話は北部から南部まで各地の小学校の教科書に導入された。[*42]

と指摘している。

筆者の研究によれば、「二十四孝演歌」は正式的な教科書ではないが、前近代に漢字、漢文教育において用いられてきたものの一つであり、王室から民衆まで広く読まれたものであ

＊39　＊4前掲、Phan Trọng Báu, 一四―一六頁。

＊40　＊20前掲、NguyễnThế Long, 九五頁。

＊41　Trần Bá Chí, *Những tấm gương hiếu thảo thời xua*（『昔の孝行の鑑』）（Văn hóa dân tộc 出版社、二〇〇四年）、二二頁。

＊42　Phan Đại Doãn 編, *Một số vấn đề nho giáo Việt Nam*『ベトナム儒教のいくつかの問題』（Chính trị quốc gia Hà Nội 出版社、一九九八年）、一三八、一四〇頁。

る[*43]。

　このように、王室の子孫に教えられる漢字漢文の教科書は民衆の子孫に教えられたものと多少異なっているが、いずれも漢字（字体）、儒教の思想、特に、「宋儒」の思想を中心に教育する内容である。

（2）第一次教育改革から第二次教育改革に至るまで（一九〇六年―一九二九年）

Phan Trọng Báu 氏は「第一次教育改革の時期の幼学級の教科書は『四書』、『越史総詠』、『安南初學史畧』、『南國地輿』であり、中学レベルの教科書は『五經』である[*44]」と述べている。

教育改革の影響で漢字、漢文教育の教科書が前世紀と異なっている。公教育の幼学級、小学級、中学級に対する新しい方法にしたがい漢字、漢文の教科書、歴史、地理の多くの教科書が編纂された。たとえば、『幼学普通説約』、『幼学説』、『幼学文式』、『幼学越史四字』、『論語菁華幼學』、『南國地輿幼學教科書』、『幼学漢字新書』、『小學國史略編』、『小學北史略編』、『小學四書節略』、『小學格致』、『中学越史撮要』などである。フランス植民政権の学校および朝廷の教育施設の教科書とともに、東京義塾で教えた人たちである愛国の先進的な儒者たちが編著した教科書である『國民讀本』、『新訂倫理教科書』、『南國地輿』などがあった[*45]。

　既に述べたとおり、二〇世紀前半まで仏越学校などの公教育、阮朝の教育施設、私塾ないしは Thầy đồ の教室で用いられた教科書以外に、『一九四五年以前のベトナム教育の考察[*46]』、

＊43　佐藤トゥイウェン「ベトナムにおける「二十四孝」と字喃文献」『東アジア文化交渉研究』東アジア研究科開設記念号、関西大学東アジア文化研究科、二〇一二年二月、二四三―二六二頁。

＊44　＊4前掲、Phan Trọng Báu, 六六―六七頁、一〇六頁。

＊45　＊3前掲、Phạm Văn Khoái, 二三〇頁。

＊46　Vũ Ngọc Khánh, *Tìm hiểu nền giáo dục Việt Nam trước 1945*『1945年以前のベトナム教育の考察』（Giáo dục 出版社、一九八五年）、一三五―一三九頁。

＊47　Trần Văn Giáp, *Tìm hiểu kho sách Hán Nôm tập 1*『対漢喃書庫的考察』第一冊（Văn hóa 出版社、一九八四年）、二六一―二七六頁および *Tìm hiểu kho sách Hán Nôm tập 2*『対漢喃書

『対漢喃書庫的考察』[*47]、「かつての幼い子供たちに対する漢字の教科書」[*48]、『ベトナム漢喃遺産—書目提要』[*49]によれば、漢字漢文の教科書として「指南玉音解義」、「日用常談」、「大南國語」、「初學指南」、「字學求精歌」、「字學四言詩」、「字學訓蒙」、『嗣德聖製字學解義歌』、「南方名物備攷」、『國朝史撮要』、『启童說約』、『裴家訓孩』、『陽節演義』、『朱子小學略編』、『中學五經撮要』、『冊孟學塩高中學教科』、『漢文新教科書』、『越史新約全編』がある。

一九世紀末から二〇世紀初頭に出版されたこの類の漢字、漢文の教科書のうちで、内容、師範方法などが好評であったものが多くある。たとえば、レー・トウオク（Lê Thước）の『漢文新教科書』、『國民讀本』、范復齋の『启童說約』、裴楊歴の『裴家訓孩』などである。

①『漢文新教科書』は「童幼級」、「予備級」、「初等級」、「高等級」を含む漢字・国語字の書物である。この本について岩月氏は「テキストとして取り上げられた文章は漢文古典にとどまらず、日常生活の場面や現代の政治・社会に関するものも含まれている点が特徴的である。これは日本とは異なり、漢字教育が「国文科」ではまったく行われなかったため、「漢文科の方が森羅万象をくまなくカバーしなければならなくなった事情によるものと考えられる」[*50]と指摘している。そして、Phạm Văn Khoái 氏も「年齢に適した知識を提供しつつ、「新学」の知識をもつ知識人を養成することを開基したものとである」[*51]と強調した。

②『启童說約』および『裴家訓孩』は漢字、漢文だけではなく常識の知識をも勉強できる文献である。『启童說約』には天地人、歴史などの実学知識を伝える内容を頼っているため、

庫的考察』第二冊（Khoa học Xã hội 出版社、一九九〇年）、八一―二五頁。

＊48　Thế Anh, *Sách học chữ Hán cho học sinh nhỏ tuổi ngày xưa*「かつての幼い子供たちに対する漢字の教科書」、『漢喃雑誌』第一号（三〇）（漢喃研究院、一九九七年）、七〇―七二頁。

＊49　Viện Nghiên cứu Hán Nôm và Học viện Viễn Đông Bắc Cổ Pháp, *Di sản Hán Nôm Việt Nam - thư mục đề yếu*『ベトナム漢喃遺産―書目提要』第一、二、三冊（Khoa học Xã hội 出版社、一九九三年）を参照。

＊50　岩月純一「「ベトナム語意識」における「漢字／漢文」の位置について」『ことばと社会』第一号（三元社、一九九九年）、一六〇頁。

＊51　＊3前掲、Phạm Văn Khoái, 二九三―二九九頁。

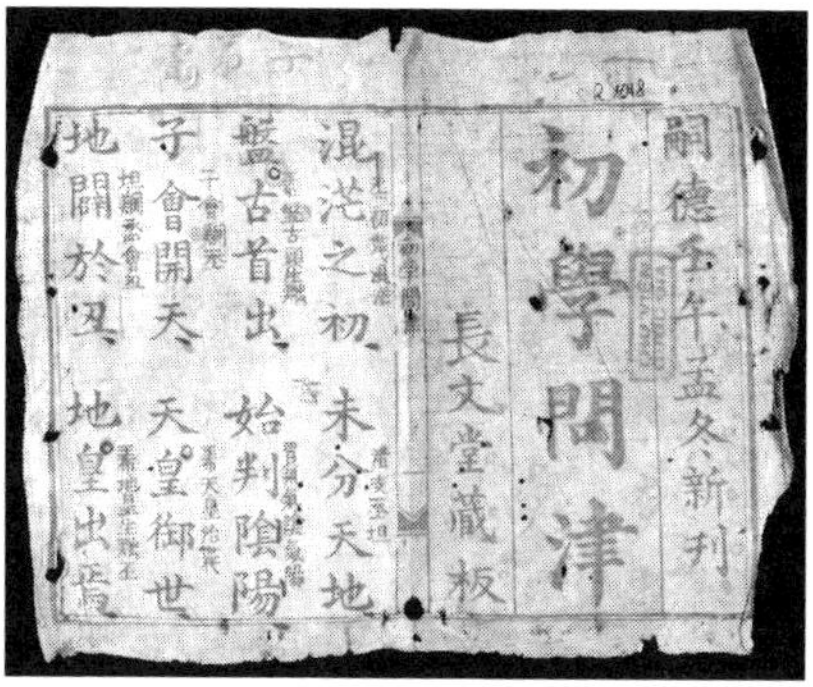

図４

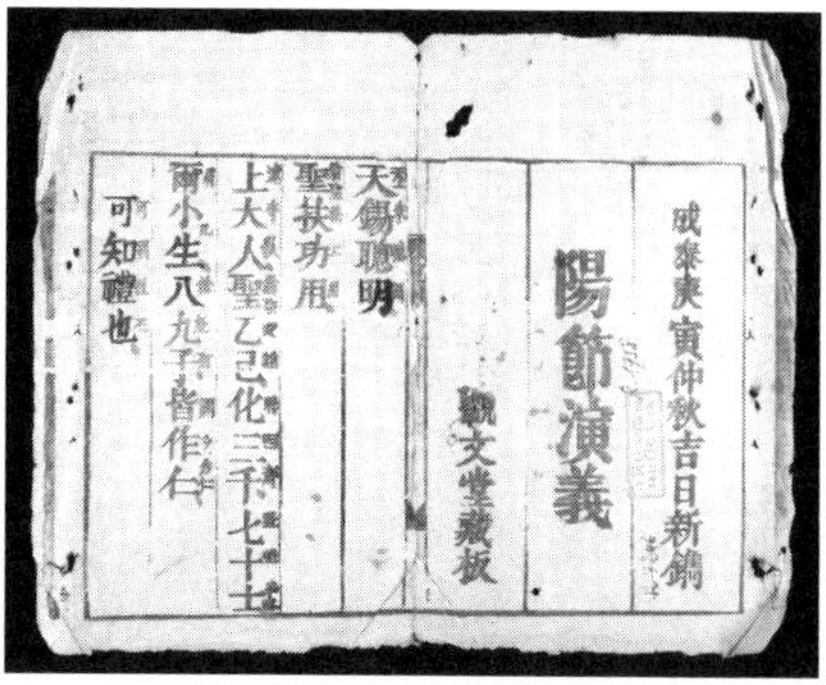

図１

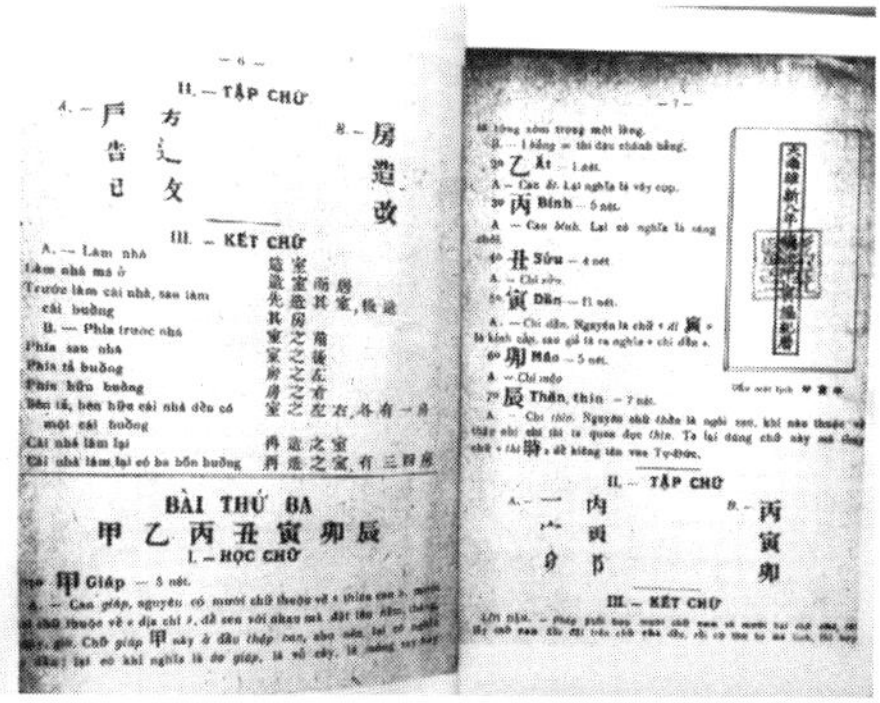

図５

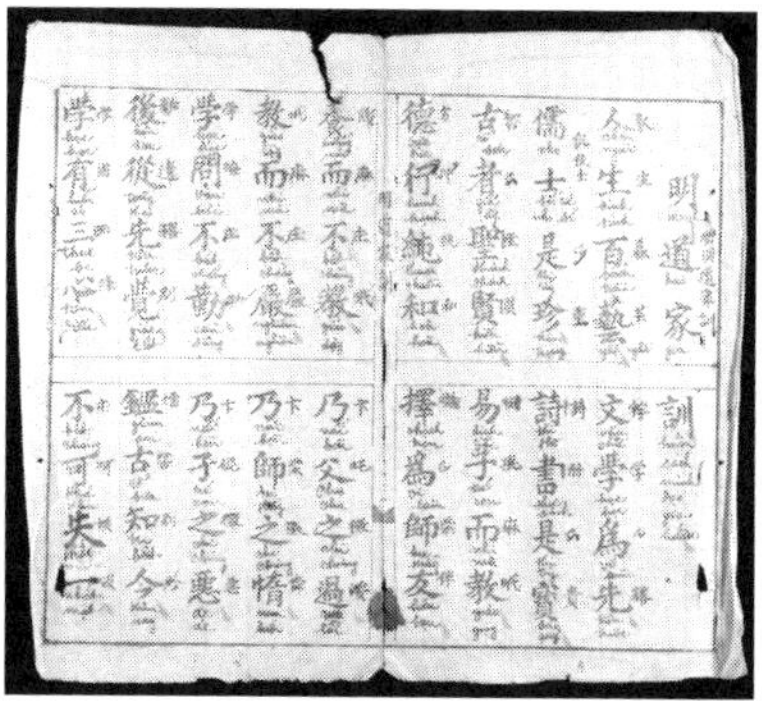

図２

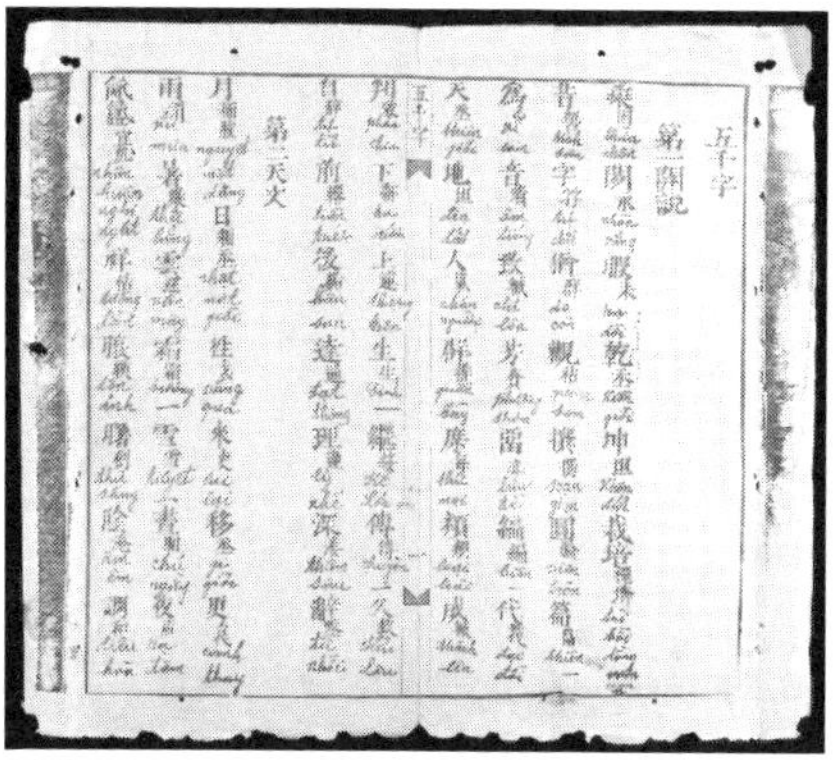

図６

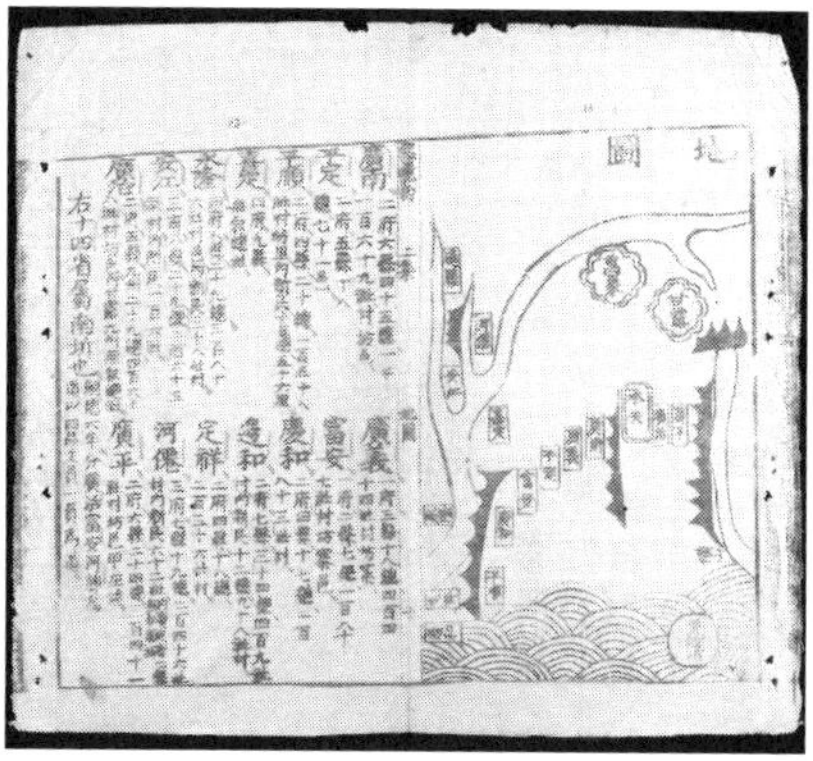

図３

図１　『陽節演義』（NLVNPF-0766・R.1958、ベトナム国家図書館の電子文）、1890 年、第１葉表裏。
図２　『明道家訓』（NLVNPF-0663・R.1555、ベトナム国家図書館の電子文）、1931 年、第１葉表裏。
図３　『啓童說約』（NLVNPF-0617・R.562、ベトナム国家図書館の電子文）、1853 年、第９葉表裏。
図４　『初學問津』（NLVNPF-0732・R.1018、ベトナム国家図書館の電子文）、1882 年、第１葉表裏。
図５　『漢文新教科書』予備級、1930 年、第６頁、７頁、ベトナム国家図書館所蔵。
図６　『五千字釋國語』（NLVNPF-0683・R.1554、ベトナム国家図書館の電子文）、1909 年、第３葉表裏。

難しい漢字が多いが、この書を通して作者の「詞章学」より科学知識を重視した主張が明らかに見える。このことは『啓童説約』の序に「余童年、先君子從俗、命之先讀三字經。及三皇諸史、次則讀經傳。習時學業文字[52]。求合場規。取青紫而已、其於上之天文、下之地理、中之人事。及本國之世次先後。未有一日講也。幸蒙嚴訓、承先蔭。紹治元年辛丑恩科預鄉薦。言乎三才則似童穉、深自慚悔、承之南眞幸得縣小民稀。琴堂少事、搜集群書。僅窺一二。爰摘取天文、地理、人事之大槩。歴代之世次。編成一集、分爲三部。每句四字、四句二韻、平昃換更。俾便誦讀。顔曰、啓童説約、使家童習之。庶得畧知三才之緒餘。本國之要約、亦以自廣疇曩之見聞耳、若曰通三才而謂之儒、則余烏乎敢。皇朝嗣德萬年之六葵丑李春三月立夏前序[53]」と記されている。

そして、『啓童説約』について嶋尾氏は「本文の内容は、天地人に関する記述の後に、ベトナムの地理や歴史の概観が続いている。かなり高度なものである[54]」と示唆している。

さらに、『裴家訓孩』も歴史、天地人、道学、子供の学習方法などの常識について言及している。このことはこの書の序に「余嘗居鄉、見人家訓孩、多用周興嗣千字熟讀、終無所得。或易以孝經小學而句法參差不齋。孩又苦其難。余謂孩有記性、而神識尚短。不限爲格律、則口吻佶滯而怠心易起、不示以旨趣。則心知罔象。而持守不真。爰輯其要略。上自天地人物之生。継以帝王歴数之叙我越分合之迹、次及道學相傳之統。末及小子為學之方。折衷羣先儒□明講貫之說。便文協韻平昃相錯。為四言句讀。凡二千句。使家門孩提初學者學焉。孟曰裴家

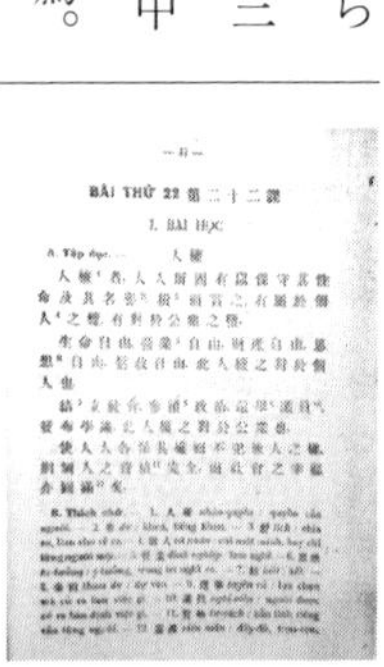

図7　ベトナム国家図書館所蔵『漢文新教科書』高等級、一九二九年、表紙、第四七頁。

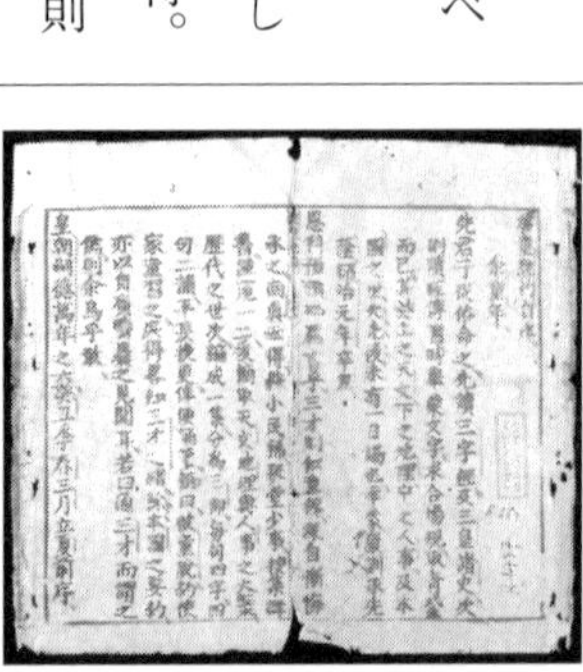

図8　『啓童説約』冒頭（NLVNPF-0617・R.562、ベトナム国家図書館の電子文）、一八五三年。

訓孩。蓋欲順孩之性而□導之。非為径約也[*55]」と明瞭に見える。

幼い子に教えるための教科書である『明道家訓』、『三字經』と比べると、この二書は画期的な教育の方法、観点があったという[*56]。

③『國民讀本』は常識となる知識を教える漢字漢文教科書である。この書物は五つの問題に言及している。それは共同のイデオロギー、国家民族の問題、国民の問題、現代的な国家制度の問題、現代的な国の教育、政治、経済の問題である。『國民讀本』は近現代の国、民族を設立する綱領、および現代的な文化についての一般の教科書として見られるものである。そのため、『國民讀本』は二〇世紀初頭にある漢字漢文の文献の中で特別な位置を占めていた。この書物は一三、一四歳以上の少年に対するものであり、現代的な知識について深く説明しなかったが、ベトナムの『新爾雅』として見られるという[*57]。

このように、一九世紀末から二〇世紀初頭までベトナムにおける漢字漢文の教科書はベトナム人が編纂した三種類のものが主に用いられた。一つは漢字のみのものであり、もう一つは漢字・字喃のものであり、最後は漢字・字喃・国語字のものである。そして、内容としてはこの時期の教科書は現代人の常識、実学の内容を伝えるものが多い。この時期の新しい方法に従い教科書を編纂し、出版したことは、ベトナムにおいて「旧学」を「新学」に転向する過度時期であるといえる。

＊52　これは嗣徳帝の名である阮福時の「時」の諱の同音の「時」を避けるため欠筆して「時」としている。このことは『欽定大南会典事例』に、「紹治七年十月日　議奏恭照　御名字臨文改用臨讀避音人名地名不得用冒該三字〔一字左從日右從寺改用序、字上從山下從日同、又如寺刻之類照随文義通暢凡係應改之字其義甚廣名以例推……〕。偏旁諸字臨文改用、人名地名仍不得冒用三十一字〔一字上艹頭左從日右從寺、一字左從氵中從日右從寺、一字左從魚中從日右從寺、一字左從土中從日右從寺……〕」とある。阮朝國史館『欽定大南会典事例』（天理大学図書館所蔵）巻百二一、第一四葉裏以下を参照。

＊53　『啓童說約』（NLVNPF-0617-R.562、ベトナム国家図書館の電子文）、第一葉表裏。

＊54　＊33前掲、嶋尾稔、六三頁。

おわりに

二〇世紀初頭のベトナムにおける漢字、漢文教育の状況は、フランスの教育改革のため、日増しに衰退してきたが、愛国の先進的な儒者たちには実学を重視する傾向がみえる。この時期の漢字漢文の教育施設は二種類が共存していた。一つはフランス植民政権、阮朝が管理した公教育機関であり、もう一つは社の政権、生徒の父兄、Thầy đồが開いた教室あるいは愛国の儒者たちが設立した私塾である。教育の網は中央から地方まで、王室から民衆まで広く流布していたといえる。この時期の教科書は漢字（字体）、漢文（聖賢の教え、道理などを伝える経典）を教える機能があるだけではなく、現代科学の知識および衛生、歴史、地理などの現代人の常識となる知識、新しい学術、思想をも伝え、さらに、国家・民族などの問題に関する民衆の認識をも高める役割を果たしたのである。

本稿を通して、二〇世紀初頭のベトナムにおける新しい方法に従った漢字、漢文教育の状況、フランス植民政権が実施したベトナム植民地の教育制度、近現代のベトナムの知識人の新しい認識、思想を明らかにできたと思われる。さらに、本稿において教育史に重要な役割を果たすベトナムの近代教育について概括した情報を提供するものとなろう。

＊55　漢喃研究院蔵『裴家訓孩』（維新茂申年）第一葉表―第三葉表。

＊56　＊46前掲、Vũ Ngọc Khánh, 一一八頁。

＊57　＊3前掲、Phạm Văn Khoái, 二三五―二五六頁。

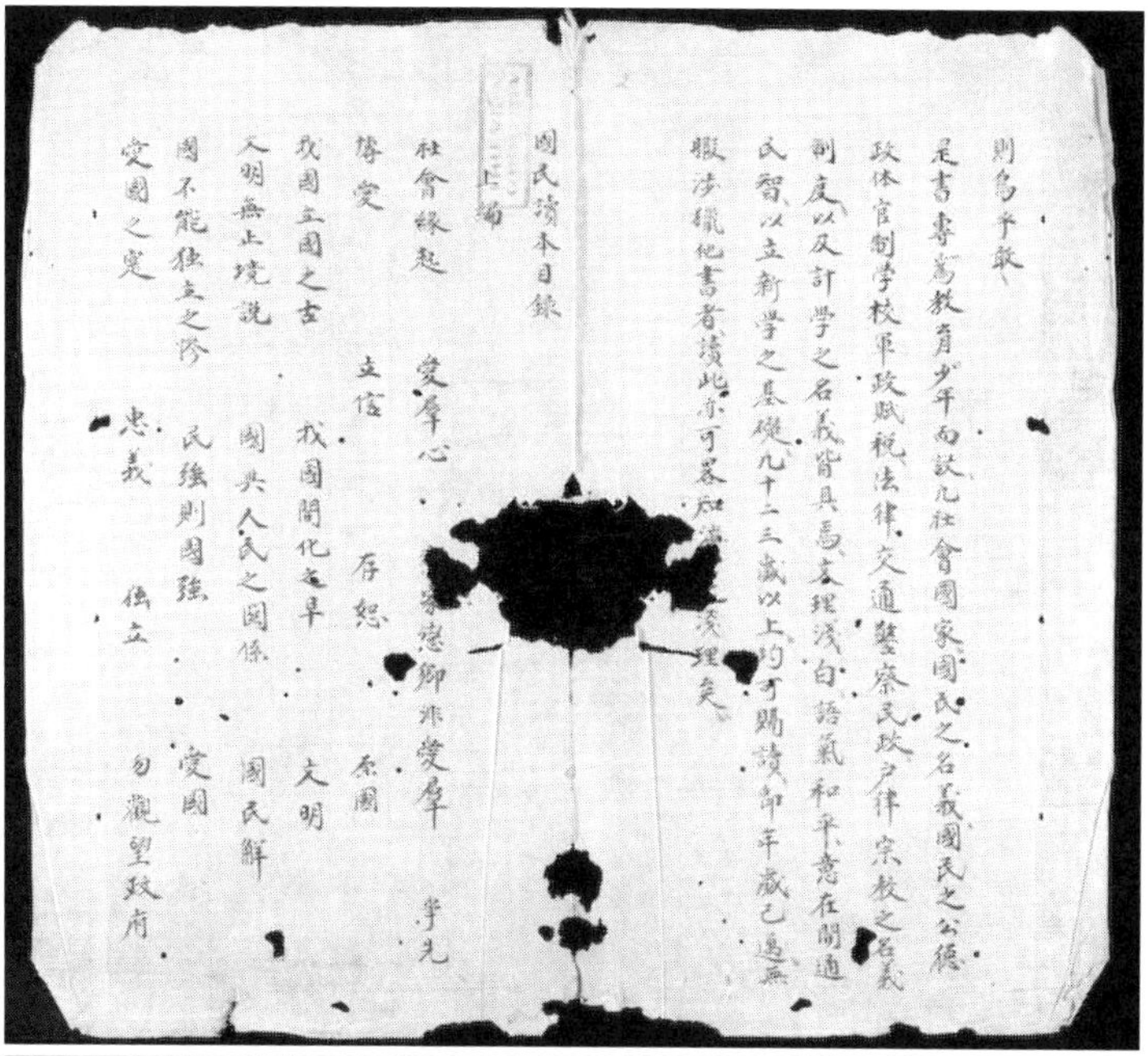

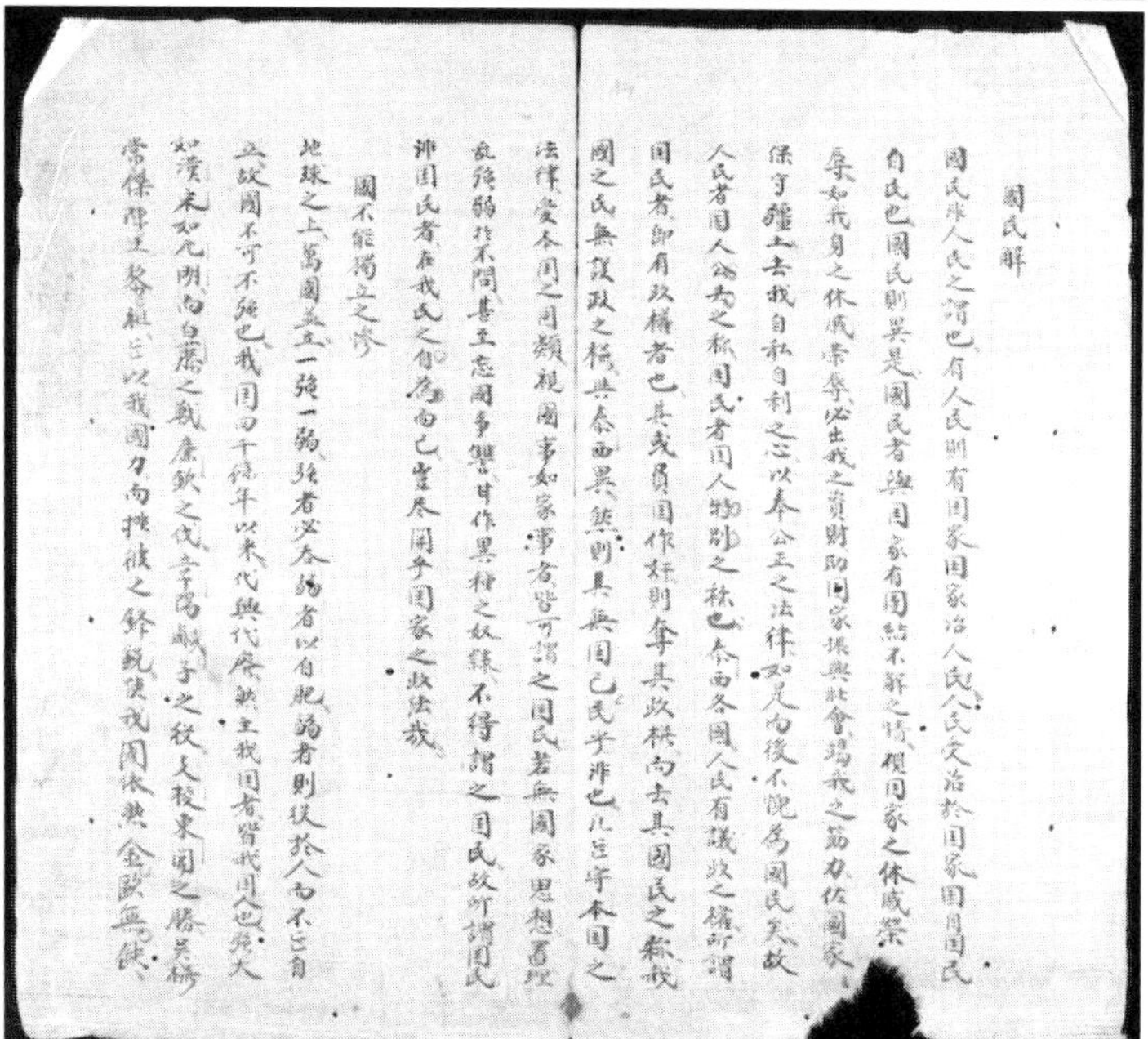

上：図９　『國民讀本』（NLVNPF-0897・R.1753、ベトナム国家図書館の電子文）、第２葉表裏。
下：図 10　『國民讀本』（NLVNPF-0897・R.1753、ベトナム国家図書館の電子文）、第 14 葉表裏。

【参考文献】

Vũ Ngọc Khánh, *Tìm hiểu nền giáo dục Việt Nam trước 1945*『一九四五年以前のベトナム教育の考察』（Giáo dục 出版社、一九八五年）

Phan Trọng Báu, *Giáo dục Việt Nam thời cận đại*『近代時期のベトナムの教育』（Khoa học xã hội 出版社、一九九四年）

Nguyễn Văn Khánh, *Việt Nam 1919-1930: thời kỳ tìm tòi và định hướng*『一九一九～一九三〇年：ベトナムの探究および方向を定める時期』、（ハノイ国家大学出版社、一九九九年）

岩月純一「「ベトナム語意識」における「漢字／漢文」の位置について」（『ことばと社会』第一号、三元社、一九九九年）

Phạm Văn Khoái, *Một số vấn đề chữ Hán thế kỷ XX*『二〇世紀の漢字のいくつかの問題』（ハノイ国家大学出版社、二〇〇一年）

岩月純一「近代ベトナムにおける「漢字」の問題」（『漢字圏の近代 ことばと国家』、東京大学出版会、二〇〇五年）

嶋尾稔「ベトナムの伝統的私塾に関する研究のための予備的報告」（『東アジア文化交渉研究』別冊2、文化交渉学教育研究拠点、二〇〇八年）

佐藤トゥイウェン『ベトナムにおける「二十四孝」の研究』（東方書店、二〇一七年）

［漢字・字喃資料］

阮朝國史館『欽定大南会典事例』（天理大学図書館所蔵）巻百二十一

『國民讀本』（NLVNPF-0897・R.1753、ベトナム国家図書館の電子文）

『啓童說約』（NLVNPF-0617・R.562、ベトナム国家図書館の電子文）、一八五三年

『陽節演義』（NLVNPF-0766・R.1958、ベトナム国家図書館の電子文）、一八九〇年

『初學問津』（NLVNPF-0732・R.1018、ベトナム国家図書館の電子文）、一八八二年

『五千字釋國語』（NLVNPF-0683・R.1554、ベトナム国家図書館の電子文）、一九〇九年

『明道家訓』（NLVNPF-0663・R.1555、ベトナム国家図書館の電子文）、一九四一年

研究の窓

国士舘の漢学

川邉雄大

戦前・戦後の国士舘と漢学

本稿では、国士舘の漢学について、漢学・漢文やそれに関連する学科目と教員を、私塾・中学・専門学校・高等学校・短期大学・大学を中心に見ていく。

国士舘（國士館）は、大正六年（一九一七）一一月四日に東京市麻布区笄町《こうがい》一一八番地に私塾として創立された。その母体は、大正二年（一九一三）に創設された青年大民団であり、さらには福岡県出身の武道系学生・青年を中心に組織された、社会教化・啓蒙団体「思いやり会」・「筑前学生会」に遡るとされる。

創立時の国士舘は、「活学」を一つの売り文句としていたが、早稲田騒動で退いた天野派の教授陣が教鞭をとっていた。そのさまざまな科目にまじって、宮島《みやじま》大八《だいはち》（一八六七—一九四三）によって『孟子』の講義が行われており、のちに大講堂には彼が所蔵していた「大学聖経」（北京国子監）の拓本が掲げられた。このほか、梶川乾堂・浅井正純《あさいまさずみ》が漢文を担当している。その後、大正一四年（一九二五）には中学校が設置され、浅井が漢文の教師となっている。

昭和四年（一九二九）、国士舘専門学校が設置された。これは武道専門学校（明治四四年〈一九一一〉）・日本女子体育専門学校（大正一五年〈一九二六〉）に次いで全国で三番目の「体育」（当時の教員免許は、「体操」・「撃剣」・「柔道」の三種）の専門学校であった（このほか、東京高等師範学校などにおいても「体育」教員の養成が行われていた）。

同校は、国漢柔道科・国漢剣道科の二コースからなっており（のち国漢弓道科を増設）、武道（柔道・剣道）のみならず国語・漢文の教員免許が取得できるというものであった。漢文の学科目には、専任として真藤義《しんとうよし》丸《まる》（一八七七—一九三七、早稲田大学出身、のち国士舘理事、一二コマ）、松本洪《まつもとこう》（一八七六—一九六五）・川田《かわだ》瑞穂《みずほ》（一八七九—一九五一、大東文化学院中退）が、兼任として内田周平《うちだしゅうへい》（一八五四—一九四四、東京帝大卒、四コマ、のち専任）が教員となっている。ちなみに、修身は渡辺海旭《わたなべかいきょく》（一八七二—一九三三）が、国語は橘《たちばな》純一《じゅんいち》（一八八四—一九五四）・峯村三郎《みねむらさぶろう》（ともに二松学舎専門学校教授）が担当している。

昭和八年（一九三三）には、柔道・剣道については教員の無試験検定が認可されたものの、国語・漢文については不認可であった（のち国語は昭和一一年（一九三六）、漢文は昭和一三年〈一九三八〉認可）。

国士舘専門学校は、戦前・戦中に数度の学科改編が行われたが、敗戦により昭和二一年（一九四六）一月一日、至徳専門学校と校名変更を余儀なくされ、学科も国語・地理・歴史科に改編され、昭和三〇年（一九五五）に廃止された。

この至徳専門学校で漢文教員となったのは新田美喜《にったみき》男《お》（興、一八九一—一九七七）・中島利一郎《なかしまりいちろう》（一八八四—一九五九）・矢澤邦彦《やざわくにひこ》（一八八三—一九五四）・土屋敏《つちやとし》雄《お》であった。当時の国語科のカリキュラムを見てみると、一年次は論語・孟子・史記・日本外史・大学中庸・唐詩選・漢文法及漢作文、二年次は左伝・古文真宝《こぶんしんぽう》・老子・詩経・書経・支那文学概論・漢文教授演習となっている。

昭和二八年（一九五三）、新たに国士舘短期大学（国文科・経済科）が設置された。国文科で漢文教員となったのは、漢文学は竹田復《たけださかえ》（一八九一—一九八六、専任）・野村岳陽《のむらがくよう》（一八八五—一九六四、同）・大森悟（一九一三—?、同）・水沢利忠《みずさわとしただ》（一九一八—?、兼任）、外国語（中国語）教員は昭和二四年（一九四九）に東京文理科大学を卒業した飯田吉郎（一九二二—?、兼任）であった。国文科という名称ではあったが、中国語が必修となっていただけでなく、授業には日本漢学史・中国文学史・

中国文学講義・中国文学演習があり、国文学のみならず中国文学が強化された。

なお、国士舘中学校は昭和二一年（一九四六）に至徳中学校と改称されたが、昭和二八年（一九五三）に国士舘高等学校となった。漢文は新田興が担当していたが、のちに成井弘文（早稲田大学高等師範部卒）が担当となった。

昭和三二年（一九五七）、国士舘大学（体育学部）が設置された。新田・成井が漢文講読担当、飯田吉郎が中国語担当、新田が中国文学担当となっている。

昭和三五年（一九六〇）には、大学に政経学部が設置され、一般教養科目として新田が中国文学史・中国文学講義を、成井が日本漢文学史・中国文学講義をそれぞれ担当している。

昭和四〇年（一九六五）、政経二部が設置されたが、一般教科目として文学を成井（短大国文科教授・漢文学）と新田（同教授・漢文講読）が担当している。

このように、戦後の国士舘は専門学校に加えて、高等学校・短大・大学（体育・政経・政経二部）と拡大を図ってきたが、教職・一般教養科目としての漢文（学）・中国文学などを担当していたのは、主に新田と成井であったことが分かる。

文学部における「漢学」専攻の設置

その後、国士舘大学は拡大の一途をたどり、昭和三八年（一九六三）には工学部が、昭和四一年（一九六六）には文学部および法学部が設置された。

文学部では文学科の中に「漢学」専攻（定員二〇名）が置かれ、新たに招聘された宇野哲人（一八七五―一九七四）が文学部代表教授となった。翌昭和四二年（一九六七）には『東洋道徳教本』（前・後編、国士舘大学出版部）が刊行された。これは、日本・中国の漢詩文を、修己・誠・謙虚・大丈夫・廉恥・報本反始・五倫・五常・正名・治人・天命・間適・漢学の一二章に分けて抄録したもので、凡例には「漢籍古典及び著名な漢詩の中から、東洋道徳の涵養に資すべきものを精選した」、「主として高等学校及び大学の一般教養用として編輯した」などの旨が記されている。なお、冒頭に総長柴田徳次郎名義の刊行の辞が附され、本書刊行ならびに漢学専攻設置の意義を次のように述べている。

> （前略）わが国が夙に漢学を輸入し、その長を摂取して、わが国の文化を形成し、わが国民道徳を培養して来たことは、改めて論ずるまでもないことであり、今日漢籍古典が、わが国の古典として尊重されるのも、まさにこの故である。されば、わが国古来の伝統的国民精神を理解するには、先づもって漢学の精神を明らかにしなければならない。しかも漢学の研究は、ひとりわが国の過去の文化と伝統精神の理解に役立つばかりでなく、新文化を創造し、新国民道義の樹立に資すること極めて大であることを確信する。本学園が昭和四十一年度より、大学文学部に漢学科を創設せる所以はここに存するものであり、今ここに「東洋道徳教本」前後二編を編修する所以もまたここに存する。本書により、広く東洋道徳本来の姿とわが国民精神の基づくところとを理解し、もって新文化の創造と新国民道義の建設に資せられんことを切望してやまない。

同書奥付には、編集員として発足当時の教授陣が見えるので挙げておきたい。

> 宇野哲人、高田眞治、市川本太郎、山崎道夫、阿部吉雄、福島正義、宇野精一、原田種成、鎌田正、許常安、廣野行甫（年齢順）

柴田徳次郎は、もともと宇野・高田のほか、諸橋轍次を専任の教授として召喚する予定であったという。しかし、諸橋は白内障が悪化したため、原田種成《たねしげ》を推薦したという。

なお、福島は体育学部の所属であり、山崎は昭和五三年（一九七八）に教養部へ移籍したほか、教養部に俣野太郎（一九一八―一九九二）がいた。

漢学専攻設置にともない、昭和四三年（一九六八）に国士舘大学漢学会が発足し、昭和五二年（一九七七）には『漢学紀要』が創刊された。創刊号の執筆者と論文題目等は下記の通りである。

創刊のことば　市川本太郎
詩経に関する若干の考察　巨勢　進
論語と伝神　杉山金夫
孟子の民主的思想　市川本太郎
韓非子とマキアベリーの類似性　中島千影
王陽明と了庵和尚―日本文化の交渉　鈴木由次郎
儒教の日本的展開と漢字文化圏内諸国の当面の課題　阿部吉雄
尊攘堂の今昔　山崎道夫
上海中国書局印行「佳人之奇遇」について―特に清議報登載の「佳人之奇遇」と比較して

彙報
国士舘大学（中国文学）専攻開設講座
国士舘大学漢学会の歩み
国士舘大学漢学研究会会則
あとがき

許勢常安

一方、専攻の設置に先立つ昭和四〇年（一九六五）、山崎道夫の尽力により、附属図書館に楠本正継旧蔵書（総数九二七点、五九七二冊）が「楠本文庫」として受入が行われた。これは、山崎闇斎学派三宅尚齋の学統である楠本端山・海山・正継、端山の弟である碩水の書籍からなり、昭和四八年（一九七三）に『楠本文庫漢籍目録』（編輯兼発行者、国士舘大学附属図書館）が刊行された。

昭和五一年（一九七六）には、専攻名が「漢学」から「中国文学」へ変更された。これは、山崎道夫の提案によるものであったという（故廣野行甫先生ご教示）。

平成一六年（二〇〇六）には、「中国語・中国文学」専攻と改称され、平成二八年（二〇一六）には「専攻」が「コース」へと変更されたが、平成三〇年（二〇一八）度より学生募集を停止した。

また、平成一三年（二〇〇一）には大学院「人文科学研究科」修士課程が、平成一五年（二〇〇三）には同博士課程が設置されたが、中国文学は「東洋文学」として「人文科学専攻」において教育・研究が行われることとなった。

おわりに

以上、国士舘の漢学について概説してきた。

前述のように、国士舘は発足当初から漢文の講義があり、私塾・中学・専門学校・高等学校・短期大学・大学には、つねに漢文関係の教員が配置され、のちに大学では文学部に漢学（のち中国文学）専攻が設置された。

国士舘大学中国語・中国文学コースのホームページには「専攻の沿革」として、「本専攻の歴史は、昭和4年に開設された国士舘専門学校にさかのぼります。（中略）戦前の国士舘専門学校では、武道と国語・漢文を中心に講義が行われていました。そうした伝統を継承し、本専攻は昭和41年に文学部が設置されたおり、「漢学専攻」として誕生したのです。」とある。

こうしてみると、国士舘において漢学・漢文は、創設当初からつづく学問の一つであり、武道（柔道・剣道）・国文学とならんで建学の精神を占めるようにも見える。

しかしながら、国士舘の創設当初、中学校設置、専門学校設置、短大・大学設置と、時代ごとに漢学・漢文の意味合いは、それぞれ異なる。塾時代は修身のための古典という位置を占め、中学校では教科として、専門学校では教員免許取得のため、短大では国文学の中に置かれ、大学では一般教養科目のほか、一つの専攻として位置付けられたということができる。

また、国士舘における歴代の教員を見ると、東大系統（内田・宇野哲人・宇野精一・高田）、闇斎学系統（内田・山崎）、大東文化学院系統（松本・川田・鈴木・山崎）、東京文理科大学（東京教育大）系統（竹田・市川・鎌田ら）の人物が比較的目立つものの、どういった経緯でこれらの人物が教員となったかについては、学内でも伝わっていないし、先行研究や資料からは充分に読み取ることできない。

くわえて、度重なる学内騒動があったことも理由の一つに挙げられるだろう。例えば国士舘創設期の主要メンバーを見ると、渡辺海旭や花田大助・長谷川《はせがわ》良信《りょうしん》（マハヤナ学園創立者）ら仏教者、さらには農本主義者の権藤成卿《ごんどうせいきょう》（一八六六―一九三七）らがいるが、後に袂を分かっている。漢文についても内田周平は、昭和一六年（一九四一）に蓑田胸喜《みのだむねき》（英語・倫理・真理）・橘純一（国文学）らとともに辞職しており、幾度か断絶があったものと思われる。

また、体育・武道の活躍に比べると、漢学が国士舘の学問や伝統を主体的に牽引してきたとは言いがたい。少なくとも今日、国士舘大学建学の精神の一つが漢学であるとは、一般的に学内外に認識されていない。漢学が国士舘における建学の精神であるという点については、今後詳細な検討が必要であろう。

【参考文献】
『東洋道徳教本』前篇・後篇（国士舘大学出版部、一九六七年）
国士舘大学附属図書館編『楠本文庫漢籍目録』（国士舘大学附属図書館、一九七三年）
国士舘大学文学部『国士舘大学文学部創設三十年史』（国士舘大学文学部・同創設三十周年記念行事実行委員会、一九九六年）
国士舘大学文学部『国士舘大学文学部創設四十年記念誌』（国士舘大学文学部・同創設四十周年記念行事実行委員会、二〇〇六年）
国士舘百年史編纂委員会専門委員会編『国士舘百年史』（国士舘、二〇一五年）

国士舘百年史編纂委員会編『ブックレット　国士舘100年のあゆみ』（学校法人国士舘、二〇一七年）
国士舘百年史編纂委員会専門委員会・国士舘史資料室編『国士舘史研究年報　楓原』（国士舘、二〇〇九―二〇一八年）一号―九号

【謝辞】本稿執筆にあたって、学校法人国士舘・国士舘史資料室の熊本好宏氏よりご教示を賜わりました。厚く御礼申し上げます。

研究の窓

桜美林大学の漢学

平崎真右

「漢学」という視点

桜美林《おうびりん》学園（以下、桜美林）は二〇二一年に創立一〇〇年を迎えるが、その起源は、大正一〇年（一九二一）に中国・北京市内の朝陽《ちょうよう》門外に設立された「崇貞《すうてい》平民女子工読学校（のち、改称して崇貞学園。以下、崇貞学園）」にある。この学校の特質は、当時スラム化していた朝陽門外の中国人・満州人子女に読み書きや裁縫・刺繍を教えることで、貧困からの脱却を目指した社会事業的な営みがあげられる。この背景には、創立者である清水安三《しみずやすぞう》（一八九一―一九八八。以下、清水と表記）が、日本組合基督教会の牧師見習いとして中国伝道（一九一七年渡中）に従事していたクリスチャンであった事実が想起されるが、戦後の昭和二一年（一九四六）に設置された桜美林（当初は高等女学校。一九五〇年に短期大学、六六年に大学を設置）の建学理念も、「キリスト教精神に基づいた、教養豊かな識見の高い国際人への扉を開く」（大学公式ＨＰ）と明言されるなど、桜美林はキリスト教精神にもとづく学校であることが内外には明らかである。

その桜美林を「漢学」という視点から眺めることは、一見すると奇異であるかもしれない。しかしその奇異さは、「桜美林のモットー」として「学而事人《がくじじん》（学びて人に事《つか》える）」という漢語風の言葉が今なおオフィシャルに掲げられる様子と、よい対照をなしてもいる。この「学而事人」は、清水が大正一三年（一九二四）に留学したアメリカのオハイオ州オベリン・カレッジの校名の由来である、ジャン＝フレデリック・オベリン（Jean Frederic Oberlin 一七四〇―一八二六）が提唱した"Learning and Labor"の思想にもとづく、あるいは重なると主張される（大学公式ＨＰ）。しかし一方で、清水の経歴やその事業に伏流する志向をふり返るとき、オベリンの思想だけには回収しきれない余地を読み込むことも可能ではないだろうか。その余地、つまりは「桜美林の漢学」を考えていくための視点を、創立者である清水の足跡を軸にしながら、以下に描出してみたい。

清水安三なるクリスチャン

まず、崇貞学園設立までの清水の経歴を確認しよう。明治二四年（一八九一）六月に滋賀県高島郡新儀《しんぎ》村（現、高島市）で生まれ、五歳の頃に父親を亡くした清水は、翌年の明治三〇年（一八九七）、伯父に連れられ中江藤樹《なかえとうじゅ》二五〇周忌に参加したという。のちに、「私の尊敬する人々」（清水安三『中江藤樹』）として藤樹への私淑《ししゅく》を憚《はばか》らなかった素地は、すでに幼少期にあった。

安井川尋常小学校、安曇《あずみ》高等小学校を経て、明治三九年（一九〇六）に滋賀県立第二中学校（膳所《ぜぜ》中学校）へ入学すると、そこで毎週木曜日に英語を教えに来ていたW・M・ヴォーリズ（William Merrell Vories 一八八〇―一九六四）と出会う。この出会いが転機となり、二年後の明治四一年（一九〇八）には日本組合大津基督教会において洗礼を受ける。この受洗には、同年に行われた組合派による大津の集中伝道が関係しており、説教者の一人である牧野虎次《まきのとらじ》（一八七一―一九六四）には特に大きく影響されたようだ。牧野が語る新島襄《にいじまじょう》（一八四三―一八九〇）の言葉（「神は同志社のキャンパスにころがっている石ころさえも、なおよく新島襄とはなしうる」）に感化された清水は、膳所中学を卒業後、明治四三年（一九一〇）に同志社（当時は専門学校）の神学部へと入学する。この同志社在学中に、徳富蘇峰《とくとみそほう》『支那漫遊記《しなまんゆうき》』の記述や、鑑真《がんじん》、さらにはホレス・ペトキンなる宣教師の事跡に触発されて中国行きを決意するが、同志社卒業後の一年半にわたる軍隊生活を経て、大正六年（一九一七）六月には大連《だいれん》そして奉天《ほうてん》（現、瀋陽《しんよう》）へと渡中する。同地では翌年に児童館を開設して子守りや日本語の教授などを行うが（児童の内訳は中国人・朝鮮人・日本人が三分の一ずつ）、この事業が中国における清水の社会事業の第一歩であった。

北京での研鑽《けんさん》と「現代支那」への志向

奉天で始まりを告げた清水の活動は、北京へ移ったのちは、崇貞学園へといたる社会事業について多くが語られる。ここでは、崇貞学園および教育事業に関する具体的な紹介については既刊の研究や書籍に任せ、清水の北京における知的な研鑽や、その交友などを辿ることで、彼の「漢学」に対する姿勢や位置取りについて考えていきたい。

奉天時代に横田美穂《よこたみほ》（一八九六―一九三三）と結婚した清水は、大正七年（一九一八）一一月に北京へと移った。その地で清水は「支那語と支那事情の研究」（清水安三『朝陽門外』）のために大日本支那語同学会（以下、同学会）へ入る。同学会とは、北京在住の邦人に対する中国語塾「支那語研究舎」（一九〇三年八月）を前身とするが、清水と同時期に同学会に所属していた人物としては、中国学研究者の武内義雄《たけうちよしお》（一八八六―一九六六）のほか、のちに軍人や高等学校の教授となったもの、また銀行や外務省からの留学生では支店長や書記官・領事になったものたちがいたという。清水は同学会での学びについて、以下のようにふり返っている。

大日本支那語同学会に入れて貰うや、その翌日から支那語と支那事情の研究に没頭した。当時同学会には武内義雄氏が居られた。（中略）漢学の素養に乏しいわたくしが、何れの時代の研究に手をつけても鋤鍬持たずに畑を耕す程に至難であった。そこで止むなく手をつけたのが、現代支那

> 思潮の研究であった。そして陳独秀《ちんどくしゅう》を研究し、胡《こ》適《てき》の書くものを読み、周作人《しゅうさくじん》の随筆に親しみ、魯《ろ》迅《じん》の小説を読み耽り、さては銭玄洞《せんげんどう》の文学革命などを調べた。そして一冊を書き上げたのが『支那新人と黎明運動』である。それには康有為《こうゆうい》や孫《そん》文《ぶん》の思想までも取扱った。（清水安三『朝陽門外』。ふりがなは引用者）

ここには、武内義雄を引き合いに出しながら自身の漢学（古典中国学）への疎さを吐露するとともに、疎いからこそ、「現代支那」つまりは同時代の中国に対して興味関心を向けたことが述べられる。この「現代」への視点こそが、清水における「漢学」を考えていくうえでのポイントとなる。

引用中にみられる『支那新人と黎明運動』は、大正一三年（一九二四）九月に大阪屋號書店から刊行された、清水にとって初の単著である。同じ年の一一月には『支那当代新人物』も同書店より刊行された。この二著は、学校経営の資金繰りを大きな動機として精力的なジャーナリスト活動を行っていた時期に、主に『北京週報』に寄稿された論文をもとに編まれたものだ。多くの初出論文が掲載された『北京週報』とは、大正一一年（一九二二）一月から昭和二年（一九二七）一一月にかけて、極東新信社が北京で発行していた日本語の週刊誌を指す。ここでは二著で取りあげられる目次と人物とを、それぞれあげてみよう。

『支那新人と黎明運動』

一、緒論
二、孔教改革と新儒教
三、思想革命と新憲法
四、文學革命と其將來
五、漢字革命と新字母
六、學生と民衆運動
七、排日の解剖
八、婦人問題と其運動

九、支那の主義者總まくり
一〇、現支那の文學
一一、支那思想界近状
一二、現支那の教育事情
一三、支那基督教批判

なお、題目のもう一方である「黎明《れいめい》運動」とは、清朝を倒壊させた辛亥《しんがい》革命以後に顕在化した、諸方面における運動を指している。

次いで、『支那当代新人物』で立項される人物たちを、記載順に挙げれば以下になる。宣統帝《せんとうてい》、黎元洪《れいげんこう》、曹《そう》錕《こん》、張作霖《ちょうさくりん》、呉佩孚《ごはいふ》、呉子玉《ごしぎょく》、馮玉祥《ふうぎょくしょう》、顔恵慶《がんけいけい》、王《おう》正廷《せいてい》、顧維鈞《こいきん》、王寵恵《おうちょうけい》、汪栄寶《おうえいほう》、辜鴻銘《ここうめい》、柯劭忞《かしょうびん》、康有為、梁啓超《りょうけいちょう》、胡適、魯迅、周作人、周建人《しゅうけんじん》、陳独秀、李大釗《りだいしょう》、李石曾《りせきそ》、江亢虎《こうこうこ》、孫文、蔡元培《さいげんばい》。そして最後に「支那の人物」として結論を置く。

この二著のうち、特に後者ではその副題に「旧人と新人」と付されていた。清帝国の「ラストエンペラー」宣統帝、黎元洪や辜鴻銘・柯劭忞といった清末民初にかけての軍人や学者から、孫文はもとより胡適や魯迅、李大釗や江亢虎といった民国時代の政治家や学者など、新旧の交錯する変動期の中国社会に広く接していた、清水の立ち位置がよくわかる構成となっている。ただし、『支那新人と黎明運動』の副題も「新儒教、新文学、新運動」と記されていたように、清水自身は「新」すなわち「現代支那」に焦点化していく様子がうかがえる。概略的にみるとき、清水にとっての「漢学」とは、いわゆる「旧人」のみではなく、「新人」「新人物」たちに志向された学術や傾向としてある。その一面を、清水が詠んだ漢詩を取りあげながらさらにみていきたい。

清水による漢詩

以下にみるのは戦後の、清水が桜美林を設立して以降の節目節目に詠まれた漢詩ではあるが、例えば次のようなものがある（出典はすべて清水安三『石ころの生涯』より）。

破家

落壁破窓任風雨　三年営々注心血
誰説此校是破家　不知邦家亦如此

これは桜美林設立三年目に詠まれた試筆だが、次に「白話詩《はくわ》」と題された三首をあげる。

老桜

前年移植一老桜　去年出葉不開花
今年三月果如何　期待而迎此新春
桃栗三年柿八年　酸梅得等十三年
別説此林長的慢　学校総要五十年
幼木成叢老桜蔭　何時出芽如此繁
新陳代謝是世常　祈求此枝永遠存

また、昭和四一年（一九六六）一月に大学認可を受けた際、さらに三〇周年を迎えた際には、それぞれ以下の漢詩を詠んでいる。

蔵何我有一野心　刻苦精励五十年
挫折蹉跌不一再　今日得成其宿願
烏兎匇々三十年　此間学一字曰忍
窓外老松抜林聳　千年耐風雪泰然

さて、右にあげた漢詩は、学校運営の労苦や過程を率直に表す点に目がいくが、ひと目するかぎり、すべて七言絶句《しちごんぜっく》の体裁をとっている。そこで試みに、その漢字の平仄《ひょうそく》や韻をみると、例えば「破家」では次のよ

うになる。（○／●は平／仄を、カッコ内は韻を示す）

落壁破窓任風雨　三年営々注心血
●●●○●○●（麌）　○○○○●○●（屑）
誰説此校是破家　不知邦家亦如此
○●●●●●○（麻）　●○○○●○●（紙）

ここからは、古典中国詩としての平仄や押韻《おういん》のルールから外れていることがわかるが、この傾向は、先に挙げた漢詩すべてに共通している。清水自らがそれらを「白話詩」と述べていたことは、古典的な規範に則った「旧」い詩ではなく、「新」しい詩としての意味が込められていたのではないだろうか。そうとはいえ、七言絶句の体裁をとるあたりには、自ら「疎い」とは言いつつも、新旧の交錯する中国社会で活動した清水が抱え込んだ、「漢学」への志向が読み取れるかもしれない。その「漢学」とは、前節でみた著作に引きつけて考えるとき、「新」と「旧」どちらの人物や価値観にも接した清水だからこそ表現しえたもの、と捉えることもできる。

なお、清水と漢詩の関係については、自らの作詩を魯迅（一八八一―一九三六）に添削された際に、「よしなさいよ。無韻詩を作ることはよいが、日本人には無理だ」（『石ころの生涯』）と評された経験が、エピソードとしては象徴的である。彼の「現代」志向の底流には、自身で吐露した古典中国学としての「漢学」への疎さとともに、魯迅の言葉にもみえる「現代」中国人たちとの交流から得られた経験も、あずかって大きく影響していたのだろう。

「漢学」という基層

「現代支那」に軸足を置く清水の営みには、他にもまだみるべき点がある。崇貞学園の掲げる「工読《こうどく》」「工且読書《こうしょどくしょ》（注・工は耕をもじったもの。意味は、耕し且つ書を読む）」あるいは「学而事人」のテーゼは、同時代の日本社会でムーブメントを起こしていた大正新教育と、その問題関心や営みが重なる点もみられ、さらには戦時下中国における清水の時局との関わり方など、ここで触れることのできなかった論点は多い。

　また「漢学」との関わりについて補足しておけば、日本へと一時帰国していた際には（一九二七―三三年）、母校・同志社で「支那哲学」（神学専門部）のほかに、「修身」（英語師範部）や「漢文」（女子専門学校）を教えていたことや、私淑する中江藤樹に関する研究（「江西学に関する一考察―藤樹学探源」一九三〇年七月、『中江藤樹の研究』一九四八年など）も持続的に発表している。キリスト者による中江藤樹への言及は、早くは内村《うちむら》鑑三《かんぞう》（一八六一―一九三〇）の『代表的日本人』（一八九四年。はじめ〝Japan and the Japanese〟の英題・英文での発表）が著名だが、清水による藤樹の取りあげ方を検討することも、彼にとっての「漢学」がどこを向いていたかを考えるヒントになるだろう。

　繰り返しにはなるが、清水をして「現代支那」に向かわしめた動機は、古典中国学としての「漢学」への疎さと、疎いからこそ同時代の「現代支那」社会に向き合おうとした結果としてあった。その志向の先に、学問のための学問に終わるのではなく、学んだことをもって人に事える、さらには世の中に及ぼしていくという、「学而事人」なる発想も生れ出たのである。たしかに、「あらゆる方面に学而事人で行けば社会は改造し得る」、「崇貞学園は実に「学而事人」の精神をもって社会改造の源泉となさねばならぬ」（清水安三『石ころの生涯』）という考えそのものは、清水が米国に留学し学んだ、オベリンの説く思想と共鳴するものがあったであろう。しかしその下地には、同郷の先人・中江藤樹に対する私淑のみならず、清水が変動期の「現代支那」社会に向き合い、新旧のはざまに生きたことで培われた、彼なりの「漢学」が控えていたのであると、ここでは捉えてみたい。

【参考文献】
清水安三『支那新人と黎明運動―新儒教、新文学、新運動―』大阪屋號書店、一九二四年
清水安三『支那当代新人物―旧人と新人―』大阪屋號書店、一九二四年
清水安三『朝陽門外―伝記・清水安三―』大空社、一九九六年（原著、一九三九年）
清水安三『中江藤樹』東出版、一九六七年
清水畏三編『石ころの生涯―清水安三遺稿集―』（覆刻第一版）桜美林学園、一九九一年
李紅衛『清水安三と北京崇貞学園―近代における日中教育文化交流史の一断面―』不二出版、二〇〇九年
太田哲男『清水安三と中国』花伝社、二〇一一年

【執筆者一覧】（掲載順）

町泉寿郎　別掲。

野村純代（のむら・すみよ）
東洋大学大学院文学研究科中国哲学専攻博士後期課程単位取得済退学。修士（文学）。現在、普連土学園中学校・高等学校講師。
主な著作に、「中村正直『敬天愛人説』訳注稿付解説―儒教とキリスト教の架け橋を探る試み―」（二〇〇七年度東洋大学大学院紀要第四十四集）、「中村正直『請質所聞』訳注稿（一）」（二〇〇八年度東洋大学大学院紀要第四十五集）、「中村正直と『同人社文学雑誌』」（普連土学園研究紀要第一四号、二〇〇七年）などがある。

佐川繭子（さがわ・まゆこ）
二松学舎大学大学院博士課程単位取得退学。現在、國學院大學教育開発推進機構准教授。
主な著作に、「関於漢代〝二王之後〟問題―漢家与経学」（方光華・彭林主編『中国経学論集』、陝西人民出版社、二〇〇九年）、「劉歆「世経」における王朝交替について」（『國學院雑誌』第一一四巻第九号、國學院大學、二〇一三年）、「「漢文教授ニ関スル調査報告」の基礎的研究」（『日本漢文学研究』一四、二松学舎大学東アジア学術総合研究所日本漢学研究センター、二〇一九年）などがある。

水野博太（みずの・ひろた）
現在、東京大学大学院人文社会系研究科博士課程。
主な著作に、「漢学と「支那」の距離――井上（楢原）陳政の「実用支那学」論を中心とした明治期の漢学改革論について――」（『中国哲学研究』第三〇号、東京大学中国哲学研究会、二〇一九年）、「東京開成学校及び草創期の東京大学における漢学の位置と展開」（『東京大学文書館紀要』第三六号、東京大学文書館、二〇一八年）、水野博太「「高嶺三吉遺稿」中の井上哲次郎「東洋哲学史」講義」（『東京大学文書館紀要』第三六号、東京大学文書館、二〇一八年）などがある。

藤田高夫（ふじた・たかお）
京都大学大学院文学研究科博士後期課程東洋史学専攻退学。現在、関西大学文学部教授。
主な著作に、「東アジア史をめぐる言説について—歴史研究の枠組としての東アジアを考えるための覚書—」（井上克人編『近世近代日中文化交渉の諸相』所収、関西大学出版部、二〇一七年）、「木簡の行方—唐代木簡の存否を考えるための覚書」（角谷常子編『東アジア木簡学のために』所収、汲古書院、二〇一四年）、「東亜的共時性」（中文）（王勇主編『東亜座標中的書籍之路研究』所収、中国書籍出版社、二〇一三年）などがある。

牧角悦子 別掲。

小島毅（こじま・つよし）
東京大学大学院人文科学研究科修士課程修了。現在、東京大学大学院人文社会系研究科教授。
主な著書に、『近代日本の陽明学』（講談社、二〇〇六年）、『父が子に語る近現代史』（ちくま文庫、二〇一九年）、『儒教の歴史』（山川出版社、二〇一七年）などがある。

杜軼文（と・いつぶん）
文学（博士）。現在、早稲田大学日本古典籍研究所招聘研究員、横浜市立大学非常勤講師。
主な著作に「笹川臨風（種郎）の中国文学研究」（『二松学舎大学人文論叢』八〇輯、二〇〇八年）、「児島献吉郎『支那文学史綱』に関する考察」（大学院紀要『二松』第二五集、二〇一一年）、「试论明治时期日人所著中国文学史中的汉文学意识」（《东亚视域中的汉文学研究》、（中国）上海古籍出版社、二〇一三年）などがある。

川邉雄大（かわべ・ゆうたい）
二松学舎大学大学院文学研究科博士後期課程中国文学専攻修了。博士（文学）。現在、二松学舎大学文学部・国士舘大学体育学部非常勤講師。
主な著作に、『東本願寺中国布教の研究』（研文出版、二〇一三年）、『近代日中関係史人名辞典』（共編、東京堂出版、二〇一〇年）、『浄土真宗と近代日本——東アジア・布教・漢学』（主編、勉誠出版、二〇一六年）などがある。

張三妮（ちょう・さんじ）
北京師範大学日本語言文化研究科博士前期課程修了。二松学舎大学文学研究科中国学専攻博士後期課程在籍。現在、中国・河南理工大学外国語学院日本語科講師。
主な著作に、「中日におけるヘルバルト「個性」の受容」（『河南理工大学学報人文刊』二〇一四年）。町泉寿郎「芳野金陵と清国駐日公使館員の筆談資料」（翻訳、『日語学習與研究』二〇一九年）などがある。

佐藤トゥイウェン（さとう・とぅいうぇん）
ベトナム国立・ホーチミン市社会人文科学大学東洋学部卒業。関西大学大学院文学研究科博士課程前期課程総合人文学専攻国文学専修修了、同大学院東アジア文化研究科博士課程後期課程文化交渉学専攻修了。博士（文化交渉学、関西大学）。
現在、関西大学文学部非常勤講師、関西大学東西学術研究所非常勤研究員、大阪大学外国語学部非常勤講師。
主な著作に、『ベトナムにおける「二十四孝」の研究』（単著、東方書店、二〇一七年）、主な論文に「ベトナムにおける「二十四孝」と字喃文献」（『東アジア文化交渉研究』東アジア研究科開設記念号、関西大学東アジア文化研究科、二〇一二年二月）、「ベトナムにおける儒教と「二十四孝」」（『東アジア文化交渉研究』第八号、二〇一五年三月）、「ベトナムの「家訓」文献」（吾妻重二編『文化交渉学のパースペクティブ』所収、関西大学出版部、二〇一六年七月）などがある。

平崎真右（ひらさき・しんすけ）
二松学舎大学大学院博士後期課程単位取得満期退学。現在、二松学舎大学SRF研究助手、日本漢学研究センター助手。
主な著作に、「モダン、ロマン、カレーライス―「共栄堂のスマトラカレー」と「中村屋のカリー・ライス」―」（『ショッピングモールと地域』――食をめぐる文化・地域・情報・流通』ナカニシヤ出版、二〇一八年所収）、「戦時下の郵便メディア―中島一太関連「軍事郵便」を中心に―」（『中島醫家資料研究』第一巻第一号、二〇一八年五月）、「国士舘とその時代―私塾、大正、活学の系譜―」（『国士舘史研究年報 楓原』第九号、二〇一八年三月）などがある。

あとがき

「漢学と学芸」と題した本巻では、第一部「幕末明治期における漢学の変容」、第二部「漢学から哲学・史学・文学へ」において、幕末明治前期から戦前までの約半世紀間における漢学の変容を示す一つの視座として、大学（文学部）における学問研究の展開を制度史とその中における具体的な学問研究の形成を中心に述べた。一方で、議論を日本国内にとどめず、より広範な視座から近代「漢学」を考えるために、第三部「漢字文化圏の近代と漢文教育」として、台湾・韓国・ベトナムの教育政策と漢文について叙述した論考を配した。まず、貴重な論考をお寄せいただいた各位に深甚なる感謝の意を表する。

これは拙稿に対する反省をこめて言うのであるが、大学などにおける学問研究が国内外の諸状況、諸課題と切り離しては考えられないことは、一〇〇年前も今も変わりがない。したがって、学問研究の形成をそれ自体の閉じた世界だけで語るのではなく、グローバルな視点や超域的な視点がどうしても必要である。筆者による叙述（第一部第一章〜第三章）などは、日本だけの孤立的な枠組みで議論している傾向が強く、その点は筆者の能力の限界としてご寛恕いただくしかないが、近代「漢学」というテーマは伝統学術がウェスタンインパクトによって変容し、それがさらに国を越えて伝播し、反響していくといった点に面白さがあるのだと思う。本巻所収の諸論にみる東洋哲学、儒教倫理、東洋史、中国文学などの諸分野は既存の自明のものとしてあったのではなく、一面では学者個人の営みによって開拓されたものであり、一面では東アジア圏の近代化という実験室からの要請でもあった。このテーマに基づくバリエーションはまだまだ追求の余地があるはずである。

現在、冷戦体制崩壊後三〇年を経て、我々をとりまく環境は劇的に変化している。ＩＴの技術革新がその変化をさらに促進し、「国家」の存立さえも動揺を来すかに見える。上述の諸研究領域が国民国家の形成や日本の対外政策を含む東アジア情勢と密接に関わっていたことは本巻所収の諸論にも明らかであるから、その前提となっていたものが動揺するときに、そこから生み出された学問領域も動揺を来し、再編が促進されることも何ら不思議ではない。要は、これからの再構築に向けて、過去の回顧がどれほど有効かどうか、ということに尽きる。本書がそうした現在の問題に少しでも寄与することを願うばかりである。

なお、「学芸」と題しながら、紙幅の関係もあり、本巻では多様な「芸」に関して十分に配慮できなかった。次の機会に譲るしかないが、本講座以外に漢詩文に関する資料集（研文出版『近代日本漢籍影印叢書』『近代日本漢学資料叢書』）も公刊しているので、ぜひあわせて高覧を仰ぎたい。

二〇二〇年一月

第四巻　責任編集　町　泉寿郎

【編者略歴】

牧角悦子（まきずみ・えつこ）

九州大学大学院文学研究科博士課程中国文学専攻中途退学。文学博士（京都大学）。

現在、二松学舎大学文学部教授。文学部長・文学研究科長。

主な著書に『経国と文章—漢魏六朝文学論』（汲古書院、2018年）、『角川ビギナーズクラシックス 中国の古典 詩経・楚辞』（角川学芸出版、2012年）、『中国古代の祭祀と文学』（創文社、2006年）などがある。

町 泉寿郎（まち・せんじゅろう）

二松学舎大学大学院文学研究科博士後期課程国文学専攻修了。博士（文学）。

現在、二松学舎大学文学部教授。SRF研究代表者。

主な著書に『日本漢文学の射程—その方法、達成と可能性』（編著、汲古書院、2019年）、『渋沢栄一は漢学とどう関わったか』（編著、ミネルヴァ書房、2017年）、『曲直瀬道三と近世日本医療社会』（編著、武田科学振興財団杏雨書屋、2015年）、『近代日中関係史人名辞典』（編著、東京堂出版、2010年）などがある。

装丁：堀 立明

講座《こうざ》 近代日本《きんだいにほん》と漢学《かんがく》 第《だい》4巻《かん》

漢学《かんがく》と学芸《がくげい》

二〇二〇年三月一〇日　初版初刷発行

編　者　牧角悦子
　　　　町 泉寿郎

発行者　伊藤光祥

発行所　戎光祥出版株式会社
東京都千代田区麹町一-七
相互半蔵門ビル八階
電　話　〇三-五二七五-三三六一（代）
FAX　〇三-五二七五-三三六五

編集協力　株式会社イズシエ・コーポレーション

印刷・製本　モリモト印刷株式会社

https://www.ebisukosyo.co.jp
info@ebisukosyo.co.jp

ISBN978-4-86403-344-2